Money錢

Money錢

重新找回自己

Find Yourself Again

不完美也沒關係！
你不用活成別人眼裡的100分

陳海賢 著

Money錢

重新找回自己

　　我有很多朋友，他們的主要「用途」，是作為我的寫作素材，來說明各種道理。

　　比如，我有一個朋友，他是業界著名的專家。他開設了一門課，有很多用戶，很多同學把他的課程講義列印出來，作為參考教材。他去很多地方講課、做諮詢，都會被問道：「你的書什麼時候出？」

　　按理說，他已經有了很多的素材和專業基礎，要出一本書一點都不難，他也曾這麼想，可是幾年過去了，這本書還沒有問世。

　　其實，書早已寫得差不多了，只是寫到最後一章的時候，他忽然就沒有動力繼續往下寫了。他開始到處遊蕩，一邊為自己製造拖延的理由，一邊分析自己拖延的原因。

　　原因不難分析出來。他是一個對自己要求極高的人，反映在書上，這種高要求就變成了很難達到的高標準。他總想寫一本書，能夠真正代表他自己。以這種高標準看，他越看自己的書越不順眼，其中不順眼的一點，是他去講課和做諮詢時，常常會很犀利。

在那些場合，他需要用尖銳的邏輯去刺破問題的本質，用尖銳的言辭來引發大家思考。可是言辭變成一本書時，這種尖銳就變成了高高在上的說理，他很難接受這樣的自己。

他覺得是自戀導致了拖延，問我有什麼克服自戀的辦法。

我想了想說：「你不可能寫出一本能真正代表你的書。這本書不能，別的書也不能。不管你寫的書有多好，它都只是局部的、片面的、靜止的，而你的自我卻在不停地發展。怎麼能用一杯水，去代表一條奔騰不息的河呢？」

「至於你不喜歡自己高高在上的樣子，」我說：「這不是自戀，這是很好的反省。你應該專門設一章，把你自己的這種反省寫進書裡。你可以這麼告訴讀者：如果你不喜歡我的書，那沒什麼了不起，因為我自己也不喜歡！而且我還能批評得比你們更加專業！」

這位朋友聽了頻頻點頭，覺得很有啟發。

我沒跟他說的是，我也有一本書從簽訂合同決定再版，到真的問世，已經有 2 年多了。重新修訂花了 1 年，修訂完想題目又想了 1 年。最後只剩自序了，寫自序又花了 2 個月。我也沒告訴他：「你們不喜歡我有什麼了不起，我有時候也不喜歡我自己」，這句話不是我臨時想出來的，是我經常用來安慰我自己的話。

時至今日，我也不知道我的話對他是否真的有啟發——反正我還沒見他的書問世。但我的話，對我自己倒是很有啟發。這次談話以後，我就開始完成這本拖了 2 年還沒完成的書——也就是你面前的這一本；開始動手寫那篇拖延了 2 個月還沒動手寫的序——也就是你現在正在讀的這篇序。

這本書的原版，是我的第一本書。它第一次出版，是在 2017 年。那時候它的名字叫《幸福課：不完美人生的解答書》，入選了豆瓣當年的高分圖書榜單（社科・心理）。這幾年，也有不少讀者跟我說，這本書幫助他們度過了生命中艱難的階段，並問我書什麼時候再版。這是我願意再版這本書的原因。

　　但如果你在進步，重讀以前寫的書，總會有些不好意思。就像一個已經長大的人看自己青春期的日記，除了為當時的血氣方剛所感動，還會因其中的不成熟而羞愧。所以，我做了大量修訂工作。除了文字的修正和素材的更換，我做的最重要的工作，是在每章最後增加了「多年後的回望」環節，寫了我多年後重讀這一章，對這一主題新的思考和感悟。這樣，你不僅可以看到一個作者怎麼吐槽自己的書，還可以從他的吐槽裡一窺他這幾年的思想變化。

　　當我透過這本書回望過去的自己，我告訴自己，不要要求完美，無論對你自己還是對一本書——尤其這還是一本教讀者「如何接納不完美」的書。我看到了很多真誠，也看到很多生澀。對於生澀的部分，我勸自己說：「不要羞愧，接受它，這是成長的印記。」

　　另外，趁著再版，我把書名也改了，新書名叫《重新找回自己》。之所以有這樣的變化，也源於我最近幾年的進步：我越來越懂得從自我發展的進程來理解幸福。如果說，生活在永恆的「自我和現實的矛盾」中的我們，會有那麼一些間隙超越了這種矛盾，變得更接納自己，活得更真實，更能投入於工作和關係，而我們把這些珍貴的間隙叫作「幸福」的話，我們也應該清醒地意識到，

這些間隙並不是生活的全部，新的矛盾和失衡很快又會到來。

正如佛家所言，眾生皆苦。人的成長是包含很多痛苦、挫折、掙扎和領悟的，和這些重要的人生經驗相比，「幸福」這個詞顯得太過輕巧和片面，沒有辦法概括自我發展的全貌。

那什麼詞能更好地概括呢？看起來，這本書講了很多不同的成長主題：成長型思維、理想和現實的矛盾、匱乏和不安、關係中的獨立和邊界、接納與改變、結束與開始……其實，這些主題都可以歸為同一個主題：人的自我尋找。

人很容易迷失自我，尤其是當現實並不如意時。就好像，你心裡有一個想成為的自己，而現實或關係逼著你接受另一個自己。尤其是當變動來臨時，如果不接受這個現實，你會一直掙扎、痛苦；如果接受了這個現實，你又會忘了自己是誰。在童話故事裡，迷失的主角會走進黑森林，去重新尋找自己是誰的答案。而你也會走進你的黑森林，去尋找你是誰。

本書所講的，就是這個艱難的尋找自我的過程。是講這個尋找自我的過程中，會遇到什麼樣的困境，你又該如何為自己找到一條可能的出路。

而當你終於找到那個新的自我時，也許你會發現，你認得他！他就是你原來的樣子。那個還沒有因為受傷而害怕，能夠投入做事，也願意接近他人，還會天真地打量世界，躍躍欲試地想要開始冒險的少年；那個懷著初心，還沒有背負那麼多別人的目光的自己。

原來，尋找自我的終點，就是它的起點。

希望你能喜歡這本書。祝你重新找回自我。

第一章

假想的自我
與真實的成長

流水不腐，戶樞不蠹。

———《呂氏春秋》

我非理想中的我，我非將來的我，我亦非過去
的我。

———艾瑞克森（Erik Erikson）

01 你有沒有這樣的「名校學生病」

在學校工作期間，我曾遇到一個來訪者。最開始聽她講述，我還以為她是一個經常考試不及格的學生。比如，她會說：「我英語成績不好，聽力特別差，去年考托福，我差點就不預備考了。」她說：「我的學習效率特別低，經常需要花比別人多的時間，才能做成同樣的事。」她還說：「我覺得自己沒主見，缺乏領導力，凡事都聽別人的，特別羨慕那些一呼百應的同學。」

事實是，她的托福考了 108 分。她剛成為交換生到史丹佛大學學習了半年，她的成績在學院裡穩進前十。有一門很難考的課，她甚至考了 99 分。而且，從小學到大學，她一直都是班長。

當然會有很多人叫她學霸，誇她很厲害。她覺得，這些人只是不了解她，如果了解了，就會知道，她有很多地方不如人。

比如有一件事，就成了麻煩。都大三了，她居然還沒有人追。

她的相貌不錯，就算不是最漂亮的，也絕歸不到難看那一類。

身邊很多人覺得，這可能是因為她成績太好了，男生追她會有壓力。再說，大三沒男友的也多的是。但是她覺得，那是因為她魅力不夠，太胖了。

她不算胖，頂多不是時裝模特兒那樣骨瘦如柴，但她不能容忍自己居然有這樣的缺陷。

於是她開始節食。這不是一個正式的決定，而是一種不知從什麼時候開始，自然而然形成的習慣。她早飯會喝一小碗粥，吃1個雞蛋，但會把蛋黃挑出來，吃1個包子，但會把餡去掉。午飯有時候吃1顆蘋果，有時候吃1兩米飯，晚飯再喝點粥。

一段時間過後，她瘦了12公斤。醫生說她這樣下去要營養不良了，她也害怕，可是停不下來。

她說：「老師你不知道，我對身體的態度是這樣的——我在努力壓榨身體的一點一滴，每當多吃一口飯，我就會有很深的罪惡感。我覺得我沒有盡力。就像現在，我壓榨每一分鐘時間，每當空閒下來，我就會覺得我沒有盡力。就像當年高考，我在努力壓榨每一道題、每一分，如果某個題目丟分了，我就會覺得我沒有盡力，對不起父母。所以當我知道自己只考上浙大（浙江大學）的時候，我傷心地哭了。」

最後她說：「其實你不知道，我身邊有很多浙大的同學都是這樣。」

在浙大工作期間，我經常會被這些優秀學生突如其來的挫敗感驚到。「高考失敗，來到浙大」最初是我的朋友在回顧他所經歷的人生挫折時說的，後來這句話被簡化為「考敗來浙」，在浙大學生中流傳。我一直以為這是自嘲的話——有那麼多優秀的

學生，以能考上浙大為榮呢！但後來我發現，他居然是認真的。**而這種挫敗感在校園裡如此普遍，你能從很多人身上感受到。**

如果把這種挫敗感歸納成一種「病」，一個典型的患者大概就是下面這樣的。

他通常有非常嚴格的父母。父母曾用挑剔的眼光看他，嘴裡還不停念叨別人家的孩子；小時候，無論他怎麼努力，都很難贏得他們的贊許。等他考上了大學，遇到了挫折，倍感壓力了，他們又搖身一變，從魔鬼教練變成了雞湯專家，變得無欲無求了──「只要你幸福快樂就好」。但這時候，他已經剎不住車了。

他通常來自一個以嚴苛出名的好高中，這個學校是鄉鎮、都市甚至全國的翹楚，氛圍必須是軍事化管理。學校必須有形形色色的資優班、競賽班、天才班，學生和老師永遠都只關心一件事：成績。成績把學生分成了不同的等級，學生和學生、學生和老師在交往時，都默默遵守這種等級劃分。在這樣的體系下，評價的壓力無時不在。成績上升的學生擔心成績會下來，成績下來的學生，會被失敗的恐懼和羞恥感淹沒。

他一定會有一個很好的同學，不是在清華就是在北大。這個同學不是出國交流，就是發表了很強的論文，或者在做一些有趣又出彩的事。總之，這個同學的存在，就是為了提醒他，他還不夠優秀。如果這個又頂尖又好的同學沒在清華，也沒在北大，恰好就睡在他隔壁床鋪，那他的日子就更難過了。

他的專業總讓他糾結，通常他不喜歡自己的專業，而別的同學的專業看起來又輕鬆、又有趣，還很有前途。如果他碰巧喜歡自己的專業，那接下來的問題就是，這個專業在學校正好弱爆了，

或者他所在的實驗室、指導他的老師正好弱爆了。

如果有機會，他會選擇金融專業或者其他就業前景好的專業。不是因為他喜歡，而是因為這樣的選擇最安全，不需要他冒風險考慮自己真正想要的是什麼。

他很努力，但如果問他有什麼遠大志向，有時候他會說：「我其實只想做個普通人。」他的頭腦中偶爾會掠過這樣的想法：去當一個安靜的圖書管理員，或者到街角開個文藝點的咖啡店。但如果真讓他無所事事一會兒，哪怕幾分鐘，他就會被「變平庸」的恐懼和焦慮折磨。

他沒什麼耐心，急不可耐地想要成功，急不可耐地想要成長，遇到問題，也急不可耐地想要解決。

他習慣了站在單一的評價標準下排隊，等著被選中和評判。他做了很多努力，卻很少享受成功的喜悅，有的只是對失敗的恐懼。他害怕落後，害怕被瞧不起。如果做成了一件在別人眼裡很了不起的事，他會說那只是碰巧，運氣好。

哪怕在心理問題上，他也從不讓自己放鬆。他認同提升心理素質是非常重要的事，他也覺得自己有問題，需要改變和「治療」。他最關心的問題是，「我怎麼才能克服拖延症，怎麼才能變得專注和高效」；其次是，「我怎麼才能更自信」。最終的目標是，「我怎麼才能像誰誰誰一樣好」。

他是天之驕子，無論學業還是其他方面，在別人看來，都算成功了，但他離幸福其實挺遠的。

這些名校學生，會一屆屆地畢業，走上社會，慢慢成為社會中堅。攀比的標準，會從「學習成績」變成從什麼樣的學校畢業，

在什麼公司工作，賺多少錢，住多大房子，有沒有結婚，娶什麼樣的老婆，孩子上什麼樣的幼稚園、小學、中學、大學……攀比的對象，會從周圍的同學變成同事，可那種焦慮和挫折感卻總是揮之不去。他們總覺得，自己的人生哪裡不對，也經常想，也許某天當上 CEO，迎娶「白富美」，成了人生贏家，幸福就來了。**可他們想要的幸福，卻遲遲不來。**

02 假想的自我

感到安全時，人天生就有探索世界、接受挑戰的衝動，這是我們做事的內在動機。而一旦我們缺乏安全感，這種內在動機很容易被破壞。

我女兒 1 歲多的時候，我們為她買了個玩具，這個玩具需要她把大小不同的圓柱塞回架子上大小不一的孔裡，她把它叫作「讓圓柱寶寶回家」。那時候她協調性不好，很難把幾個小的圓柱塞回去，她就一遍遍地試，還不許我幫忙。終於把所有圓柱都放回圓柱孔了，她會得意地自言自語：「再來一遍吧！」

現在，假設這不是一個遊戲，而是某種考試。為了讓女兒做得更好，我經常跟她說以下這些話，這會對她有什麼樣的影響？

（1）如果她做得不好，我不斷地批評她：「連這麼點事都做不好，你真是太笨了。」

（2）如果她做得很好，我不斷地表揚她：「你是個天才，你

比誰都聰明，將來肯定有大出息。」

（3）我告訴她：「我們家很窮，寶寶，你的奶粉錢都需要你透過玩這個玩具來掙。」

（4）我告訴她：「女兒你好好做，這件事關係到你將來能不能上明星小學，會不會有出息。」

（5）我跟她說：「你比隔壁的思思做得好，但是比王老師家的女兒想想還差挺遠，要知道她還比你小 2 個月。」

…………

這樣的事當然不會發生。但我們對各種關係裡的評價性話語卻不陌生，它們實實在在出現在我們的成長經歷中，**把一個人享受挑戰的快樂，變成了與人比較中落敗的恐懼，變成如果我不夠好，我會不會被接納的疑慮**，把我們從荒野上撒腿狂奔的動物，變成了賽道上規規矩矩的選手。

無論批評還是表揚，社會評價很容易帶來不安，讓人陷入防禦心態和過度的自我關注。受害的，不僅是那些在比較中被認為「技不如人」的孩子，還有那些被拿來當作標竿的「別人家的孩子」。這些比較並不會讓他們相信「我很優秀」，卻會讓他們相信「我必須很優秀，否則就會像隔壁那個垂頭喪氣、不如我的孩子一樣」。這些孩子會比別人更焦慮，通常也更努力，但好像更不自信。他們對必經的挫折缺乏準備，也更難從挫折中復原。

我曾遇到一個學生，是文科生，學校要求他們修「微積分」這種高難度的數學課。他學了一段時間，徹底放棄了。雖然他有勉強及格的能力，但 2 次考試，他都棄考了。他寧可延期畢業，

也不想開口向老師、同學求助。延期以後，他每天待在自己的房間裡，不到萬不得已不出門，就算出門，也會給自己戴上個冷冷的、沒有表情的「面具」，小心地四處張望，避免跟以前的同學碰上。

他是典型的「別人家的孩子」。從小懂事聽話，成績出眾，是縣裡的高考狀元。校長覺得臉上有光，把他的相片掛在了學校的榮譽牆上——那裡有一堆校史上出眾的學生照片。我問他當時的感受，他說很惶恐，像是收了別人錢，如果交不出貨，就會虧欠別人。

這種惶恐感是「別人家的孩子」共有的，因為他們擁有一個共同的秘密：也許，我並沒有別人看起來那麼好。

一些心理學家，像卡倫・霍尼或卡爾・羅傑斯，都曾提出這樣的理論：

當兒童擔心自己不被父母或他人認可時，他們會產生強烈的焦慮和不安。於是，他們會在幻想中創造出一個他們認為的、父母喜愛的「自我」，來緩解這種焦慮。

這個假想的自我通常都是完美的——聰明、美麗、優秀，毫無瑕疵。人們需要扮演這個幻想的自我來贏得他人的愛，他們用這個幻想的自我來對照現實的自我時，會覺得自己像個冒牌貨。他們努力維持幻想中的形象，害怕別人看到幻想背後真實的自己。

有時候，這會把他們推向一種奇怪的境地。這跟優秀不優秀無關，而跟這種冒牌感有關。他們中的有些人，在別人看來，確實已經足夠優秀了，但他們覺得自己不夠好，所以要「假裝」自

己「很優秀」。別人讚揚他們，並不會增加他們的信心，只會讓他們更心虛。他們覺得讚揚的是那個假裝的自己——正是因為他們把真實的自己隱藏得很好，才會得到這些誇獎。

於是，一個本來就很優秀的人提心吊膽地假裝自己很優秀，並把所有優秀的證據歸於自己的「假裝」，這真是一個殘酷的玩笑。

他們經常陷入一種防禦的心態，像個篡位的皇上，擔心自己的政權不穩，因此無心建設，隨時保持警惕。

他們在防禦什麼呢？他們在防禦的，就是一些基本的信念：我究竟能不能幹？值不值得被愛？會不會被別人尊重和接納？如果他們看到我的本來面目會怎樣？

我覺得，在心理結構中，自我像是一個維修包。當一切運轉良好時，我們會把生命能量投射到與外部世界的互動中。世界向我們提問，我們努力解答，自我也在與世界的互動中逐漸變得豐富起來。但是如果我們感到不安，就會把注意力投射到自我本身，就像打開維修包裡的探測器，去探索和發現自己的問題。

我是一個什麼樣的人？

別人會怎麼看我？

我這麼做是對還是錯？

…………

當我們把注意力放到自我修正上時，自我的發展因為缺乏與真實世界的互動而逐漸停滯了。越停滯，我們越想修正自我，越容易變得以自我為中心。這種對自我的過度關注，有時候也是為了回避現實世界的挑戰，形成了惡性循環。

不安全感也是一種動力，我們會通過克服這種不安全感來不斷獲得自我提升。但它和自發的、通過挑戰獲得成就感的動力並不相同。很多心理學家以不同的術語區分了這 2 種動力：追求成功的動機和避免失敗的動機（約翰‧阿特金森）、指向成長的動機和滿足匱乏的動機（亞伯拉罕‧馬斯洛）……史丹佛大學心理學教授卡蘿‧杜維克認為，**這 2 種動力背後，是 2 種不同的心智模式：成長型思維和僵固型思維。**

03 成長型思維和僵固型思維

你認為人的能力是固定不變的，還是不斷成長的？在卡蘿‧杜維克看來，這不是一個一般的問題。這個問題的答案對應著 2 種不同的心智模式：成長型思維和僵固型思維。

一個秉持成長型思維的人，會認為人的能力是不斷成長的，並把注意力集中在能力成長上；而一個陷入僵固型思維的人，會認為人的能力是固定的，並把注意力集中在「證明自己行還是不行」上。

能力的隱含信念，決定著我們會如何看待挑戰、失敗、努力、批評……進而影響我們的生活、事業和幸福。

陷入僵固型思維的人，會把挑戰看作「證明自己可能不行」的風險，因而回避挑戰；而秉持成長型思維的人，會把挑戰看作能力成長的機會，因而迎接挑戰。

陷入僵固型思維的人，會認為努力是一件可恥的事，越需要努力，越說明能力不足，所以就算努力，他們也會偷偷努力；而秉持成長型思維的人，卻把努力看作激發人能力的必要手段，並以努力為榮。

陷入僵固型思維的人，會把批評當作對他本人的負面評價；而秉持成長型思維的人，更容易把批評當作幫助自己改進的回饋，雖然他（她）在面對批評時同樣會感到難受。

陷入僵固型思維的人，會把他人的成功看作自己的失敗，因為別人做到了而自己沒做到；而秉持成長型思維的人，卻更願意從他人的成功中吸取經驗，甚至還會因為他人的成功而備受鼓舞，覺得自己也能做到（圖1）。

仔細思索，你會發現成長型思維的底層是自我的安全感。這種安全感的存在不是因為「我是一個什麼樣的人」，**而是因為「我有很多可能性」**。擁有這種安全感的人，不需要保護某種特定的自我觀念，也不需要過度的自我關注。他們突破了自我中心的束縛，轉而從成長和發展的角度看問題。

在這種視角下，「自我」並不是一種固定的狀態，而是一個不斷創造和形成自身的過程，通過進入真實世界，通過與世界和他人互動，也通過接受挑戰。從發展的角度看，自我是在應對現實的挑戰中不斷發生改變的過程。而這個挑戰的反面，就是讓我們停滯不前，困於自我的挫敗感。

我曾問讀者2個問題（也想問正在閱讀本書的你）：

「你曾遇到什麼事，當時你覺得做不到，最後卻做到了？」

「和3年前的你相比，你覺得自己最大的進步是什麼？」

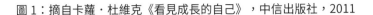

圖1：摘自卡蘿・杜維克《看見成長的自己》，中信出版社，2011

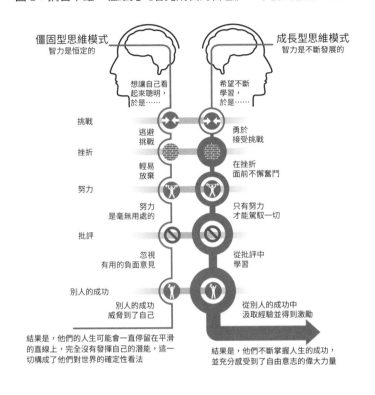

僵固型思維模式
智力是恒定的

成長型思維模式
智力是不斷發展的

想讓自己看
起來聰明，
於是……

希望不斷
學習，
於是……

挑戰
逃避
挑戰
勇於
接受挑戰

挫折
輕易
放棄
在挫折
面前不懈奮鬥

努力
努力
是毫無用處的
只有努力
才能駕馭一切

批評
忽視
有用的負面意見
從批評中
學習

別人的成功
別人的成功
威脅到了自己
從別人的成功中
汲取經驗並得到激勵

結果是，他們的人生可能會一直停留在平滑
的直線上，完全沒有發揮自己的潛能，這一
切構成了他們對世界的確定性看法

結果是，他們不斷掌握人生的成功，
並充分感受到了自由意志的偉大力量

很多朋友寫下了他們自己的故事：

我第一年做 ERP[1] 諮詢顧問時，第一是因為經驗不足，業務不熟練，所以邏輯推斷能力也受限；第二是不知道運氣好還是不好，各種千奇百怪的 bug[2] 一定會被我碰上。事情多，而且必須解決，1 年的時間裡我基本都在一邊否定自己，一

1. Enterprise Resource Planning 的縮寫，中文譯作「企業資源規劃」。——編者注（以下所注均為編者注）
2. 暗藏的、很麻煩的、需要解決的問題。

邊鼓勵自己：菜鳥就一定要努力！很多時候精神百倍地工作，加班到晚上 10 點左右回家，睡前哭一會兒，第二天繼續。

第二年，我就可以不太流暢但是基本順利地處理問題了。到 1 年半的時候，我突然發現自己的基本功和跨領域業務比身邊的資深顧問還要好了，因為我用心了。

現在不做 ERP 了，但是那時候學會的自信、解決問題的能力和方法，讓我受益終身，而且當我回想黑暗的第一年時，發現自己真的沒有那麼糟糕。

研三時，導師讓我投一篇影響因子比較高的英文論文。我沒有經驗，覺得自己的學術能力和能投入的時間不足，因此並不覺得自己能做成這件事。但一方面導師的要求不好回絕，另一方面覺得這次英文投稿也是難得的經歷，於是就著手去做了。

在這種心態下，我對結果並沒感到很大壓力，只是比同學們投入了更多時間，按部就班地進行著。期間各種波折，加上畢業論文和工作的壓力，真是讓人非常辛苦。有時想到自己比別人付出這麼多，還不一定能有成果，心裡還是有點憋屈。但再一想，不做這事一定不成，做了還有希望，既然已經開始，就不想別的，好好盡力吧。

經歷 3 次修改，論文終於被接收了。這期間我也找了工作，去實習，完成了畢業論文，什麼事也沒耽誤。如果當初不做這件事，時間可能也就這麼過去了，因為寫這篇論文，我利用時間的能力和應對焦慮的能力都提升了。現在想來，覺得做這件事還是很值得的。

3 年前，我還是一個非常在意別人的看法、非常敏感的人，會為了別人的一句話、一個動作甚至一個眼神而久久介懷。這樣的性格給我帶來了很大的痛苦。在這 3 年中，我接觸了正念、森田療法、認知行為等各種心理學知識，也接受過心理諮詢師的幫助，一點一點發生著改變。

　　現在的我，樂觀、勇敢、堅韌，知道了自己的優點和不足，能更好地接納自己，也不過分在意別人的看法了。這是我 3 年來最大的進步。未來 3 年，希望自己可以繼續進步，更好地理解自己的情緒，也能讓內心的小孩更好地長大。

　　這些讀者的經歷，清晰地勾勒出自我成長和變化的軌跡。回顧這些成長的經歷，**能讓我們看到人的能力是不斷成長的**，也能讓我們在面對挑戰時提醒自己：也許我現在的擔心和當初的擔心並沒有不同，而我當初卻做成了那件被認為很難的事。

　　這個過程並不容易。成長出新的自我，從來就沒有容易過。

　　成長究竟是怎麼發生的？從微觀層面看，人的大腦由各種各樣的神經元組成，這些神經元的聯結方式構成了我們儲存和加工資訊的能力。未知的挑戰一方面讓我們焦慮，另一方面也在不斷訓練我們的大腦。挑戰越多，大腦就會變得越複雜，相應地，人的能力也會不斷成長。

　　從宏觀層面看，人的能力是通過與環境的互動增長起來的。**我們與環境的互動越多，獲得回饋的機會就越多，我們的能力增長就越快。**

　　這正像精益創業的思路：一個創業者需要快速形成一個產品

的 DEMO [1]，通過市場檢驗獲得回饋，快速反覆迭代產品，產品才會越變越好。假如創業者也陷入僵固型思維，害怕面對市場的批評，只願意把產品停留在幻想中，他就會失去很多有益的回饋。只有進入實踐領域，我們才能不斷積累真實的經驗，人的心智才能不斷獲得成長。而要進入這種成長的迴圈，需要做到以下 4 點：

（1）進入真實世界。

（2）突破自己身上的殼。

（3）把握關係以外的內容。

（4）思考「怎麼做」，而不是「是什麼」。

04 進入真實的世界

你頭腦中的世界和真實的世界之間存在著巨大的鴻溝，需要你用實踐去彌補。你的思考和行動之間也存在著巨大的鴻溝，阻礙你把我說的這個簡單的道理，變成你進行實踐的方針。思考有時候是一種逃避，對進入真實世界去體驗痛苦和快樂的逃避。

我知道這件事，是因為有段時間我在心理諮詢的專業上遇到了瓶頸。具體來說，就是諮詢變得很平，很難帶領來訪者去更深的地方，接觸內心更深的情感和體驗。於是，我就去找我的督導老師。

我說：「最近我一直在看書、整理筆記，想讓自己諮詢的思

1.具有示範或展示功能及意味的事物。

路更清晰一點，可是好像效果有限。」

誰知老師卻說：「也許這就是你的問題。你總是想靠自己的思考來尋找答案，其實答案不在你的頭腦裡。」

如果答案不在我的頭腦裡，那它會在哪裡呢？

我反覆琢磨老師的話，後來我想到了，答案可能在關係裡。我所學的諮詢，是一個很注重關係的流派，所以老師說答案不在你的頭腦裡，那一定在人與人之間的關係裡。我很相信關係對人的塑造和影響。我自己就有很多這樣的經驗：**一個人的時候，覺得自己一無是處，等真的跟人互動了，頭腦中很多機靈的反應就來了，這時候人反而會長出一些精氣神來。**

既然答案是在關係裡，那我就應該去跟人聊天。所以在那段時間，我真的見了好多人，也從別人的經驗和與別人的關係裡，得到很多啟發。

既然答案不在我的頭腦裡，我也不用去猜了。所以那段時間讓我還學會了一件事，當我遇到來訪者做出一個讓我困惑的反應時，以前我總是猜測，而這些猜測沒辦法得到完全的驗證；現在，如果我不明白，我會直接問。這有時候讓我看起來沒那麼聰明，但來訪者給了我很多出乎意料的答案，這是我無論如何靠自己的思考都想不到的。

後來我又碰到了我的老師，我就跟她說起我對「答案不在我的頭腦裡」的理解。誰知道她笑笑說：「既然你知道答案不在你的頭腦裡，那你為什麼不問我這句話是什麼意思？你啊，還是習慣從自己的頭腦裡找答案。」

「不是答案在關係裡的意思嗎？」

她說：「有一部分是，但並不全是。為什麼我跟你說如何提升諮詢水準這件事的答案不能從頭腦裡找呢？因為心理諮詢是一門熟能生巧的手藝，它需要你在當前的情境下很快做出反應。能做出這樣的反應，就不只是需要在頭腦中思考，更需要很多刻意練習。很多時候，思考可以提供練習的方向，但不能代替練習本身。只有通過有方向的練習和回饋，你的思考才能深化，你的技能才會不斷成熟。你的問題是，想得太多，而練得太少。」

原來如此！跟艱苦的刻意練習相比，我還是給自己找了一個相對容易的答案。

不過幸虧我的想法也沒有太偏，因為無論是與他人建立關係還是刻意練習，本質都是跟外界的一種互動。**有時候我們之所以不敢去問別人的意見，或者不願意去專注練習，是因為這種互動需要我們去面對未知的外部世界**，而從頭腦中找答案則要容易很多。你甚至還可以告訴自己：「在行動之前，我得讓自己想得更清楚。」

這讓我想起一個笑話。有個醉漢圍著一個路燈兜兜轉轉找東西，有個好心人上去問他丟了什麼，他說丟了鑰匙。好心人就陪著他一起找，找了一會兒沒找到，好心人就問他：「你是在哪裡丟的鑰匙？」醉漢就指指旁邊的公園。好心人哈哈大笑，說：「在公園那邊丟的，你怎麼到這邊找啊？」醉漢聽了也哈哈大笑，說：「難道你看不出來嗎？這邊比那邊亮啊！」

很多時候，我們之所以從頭腦中找答案，只是因為這裡比較亮而已。這代表了一種特別樸素的自我中心主義。我們總以為，自己就有答案，只是因為自己這裡比較亮而已。

從這個意義上說，智慧是技能練習的產物，它表現為卓越的想法，但這些想法本身卻不是通過「想」得來的。

　　我最近遇到的一個小朋友，給了我類似的啟發。這個小朋友一直在父母身邊長大，屬於父母保護得很好的孩子。本來她只想在自己生長的城市讀大學，但機緣巧合，忽然有了一個去英國讀書的機會。於是她就不停地想該怎麼選擇，在頭腦中模擬各種情境，她想：「我的英語不好，又沒有獨立生活的經驗和能力，連在國內都照顧不了自己，更別提去英國了！」

　　她不斷在頭腦中模擬去英國的各種情境，從頭腦中找到的答案是別去，一定適應不了。可是出於某些原因，她還是選擇了去。去英國的前一晚，她一夜沒睡，在飯店裡不停地給父母打電話，哭著說不想去了。父母當然也很擔心，但他們下不了讓女兒回家的決心，只能不停地安慰她。等到第二天天亮，要登機了，機票也退不了了，她心一橫：「去吧！要完蛋也完在那邊了。」

　　結果到了英國，雖然她也遇到很多不便，但想像的困難也變得現實起來。叫車啊，坐地鐵啊，辦各種手續啊，租房子啊，就算偶爾有失誤，她也發現並不是毫無辦法。慢慢地，她竟然開始適應起來。

　　現在這個朋友已經畢業回國。她說：「從登上飛機的那一刻，我才真正開始長大。」

　　這是最簡單不過的走出心理舒適區的經驗。但對那些身處其中的人，走出頭腦的避難所，走進現實的世界，仍然會有驚心動魄的一面。

　　後來給別人傳授經驗的時候，她就經常說：「**有些事想是想**

不明白的，你只有身處其中，才會發現自己的適應能力有多強。」

這事說起來簡單，但又不太容易。難在我們的頭腦雖然沒有怎麼做的答案，但它會記錄疼痛的經驗。所以當你去問它的時候，它經常用以前的疼痛經驗提醒你，甚至阻止你。為了避免這種疼痛，有時候人們寧可停留在想像中，哪怕有時候這種想像所造成的痛苦，已經超過了解決現實問題的痛苦。就像精神分析理論所說，神經質的本質，就是用頭腦中「想的痛苦」，來逃避現實中「做的難題」。

我曾遇到過很多朋友，來問他們要不要換個工作，要不要辭職創業，要不要換個城市闖蕩，或者要不要轉行當心理諮詢師……面對這些問題，我也會說：「別想了。答案不在你的頭腦裡，你的頭腦不會知道你接下來要遇到什麼。這就像面對一個神秘的黑森林，有人說裡面有寶藏，有人說裡面有妖怪，你唯一能做的，就是看看武器和乾糧有沒有帶，以及決定要不要進去。」

他們又問我：「我也知道要先去做，可是我擔心自己的能力不夠怎麼辦？」

這時候我會回答說：「你的能力不會夠的。因為你的能力是要在這件事帶給你的挑戰中逐漸成長起來的。現在挑戰還沒來，你的能力還沒長出來呢。能力從來不是判斷你要不要做一件事的理由，**不是等能力夠了你再去做一件事，而是透過做這件事，讓你的能力長起來。」**

然後他們又問：「雖然我也知道你說得對，我也想進去，可我心裡還是害怕啊。」

於是我就說：「這個世界上的很多事都有辦法，只有『怕』

沒有辦法。或者說，『怕』的辦法就是『不怕』。如果你問我，『不怕』算什麼辦法呢？我就會問你，『怕』又算什麼問題呢？」

我們總是習慣說「雖然我想……但是我怕……」這樣的句子，卻不知道當我們這樣說的時候，已經把「怕」放到了一個要不要做這件事的決定性的位置。可是，為什麼不能反過來說「雖然我怕……但是我想……」呢？

帶著怕去試試，因為你想。這才是做事真正的邏輯啊！否則，我們永遠都不會有機會去看看外面有什麼，而只是兜兜轉轉地在我們的頭腦中尋找答案。

雖然你早就已經知道，答案不在你的頭腦裡。

05 突破自己身上的殼

幾乎每個人都有一種微妙的自我保護的本能。有時候它是我們對自己的一種看法，有時候只是一個簡單的理由。而一旦它變成一種習慣，就會影響我們的表現。

很久以前看過一個心理學實驗：為了研究標籤和刻板印象對人的影響，史丹佛大學心理學家克勞德·史提爾做了這樣一個實驗。他找來了一些數學能力上表現相當的男女，讓他們做很難的數學測驗，結果發現，女性的表現要比男性差。這個結果符合人們的刻板印象：女性在數學能力上比男性要差。為了消除這種刻板印象，他們在測驗之前做了簡單的提醒：「這次測驗不是考察

男女在性別表現上的優劣，本測驗跟性別沒有任何關係。」然後進行同等難度的數學測驗，就多這麼一句簡單的話，實驗發現男女在數學能力上的差異就神奇地消失了。

一句簡單的話如何影響信念？這種信念又如何影響表現？這個實驗最有趣的，是對這個結果的解釋。像做很多難事一樣，在做數學難題時，人是會體會到很多挫折感，這時候，你要麼忍受這種挫折感，繼續苦苦尋找答案，要麼逃避這種挫折感。在選擇苦苦堅持還是放棄的微妙時刻，頭腦中的某個信念，會起決定性的作用。「我是女生，所以我不行」這個刻板印象，就成了人們逃避挫折感的理由。雖然本質上人們都不喜歡它，甚至覺得它是一種偏見，可是就在那微妙的一刻，人們卻選擇了擁抱它。

其實，這件事講的遠遠不只刻板印象。在任何一個有壓力的微妙時刻，我們都在尋找這樣的理由。只不過有些時候我們意識到了，就能夠做出調整；有時候我們沒意識到，**這些理由就會變成我們躲避挫折感的「殼」**。

人會透過理由來躲避挫折感這件事，我是從自己學習諮詢的歷程中學到的。很長時間，我都在接受老師的督導。督導特別考驗人的眼光，老師要從隻言片語中，發現你思維的價值觀。也因為那是隻言片語，你總可以跟老師解釋：「我這麼做有我的理由。」這些理由並不是反對她的意見，相反，它們要微妙得多。

記得有一次，我見了一個家庭。這個家庭的成員很多，每個人都在不停地說話，讓我很難理出一個清晰的思路來（這是一個理由）。於是，我去找老師求教。老師看完這個家庭的資料後，就說：「你總是聽不到他們的話，而總是講你自己想講的話。所

以你的回應就變得很隨意，很散亂。」

因為老師是在小組裡講這些話，講話的方式又那麼嚴厲，所以我感覺到了一種壓力。當然，我也知道，老師不希望我找理由，我也提醒自己，不要找理由。於是我想了想說：「是的。因為這個家庭說的話很多，我被他們帶偏了。」

這時候老師正色說：「我說的不是這個家庭，我說的是你。你這麼說好像是因為這個家庭，你才聽不到。聽不到他人的話，不只是針對這個家庭，而是在很多地方你都會出現這種情況。這是你的模式，跟家庭無關。如果不能改變模式，你很難進步。」

我忽然意識到，哎呀，我又不自覺地為自己找了一個理由。我同時也意識到，為什麼我需要一個理由。**直接面對自己的問題所帶來的挫折感實在太痛苦了，我想找個理由躲起來。**

經過了很長一段時間，我才慢慢學會不去找理由。現在，我能放下自己，去聽話語背後的思路，而不去管它是不是一個公允的評價。當我真的把它當作一種回饋而不是評價時，我就獲得了一種自由，從挫折中解放出來，去享受成長的快樂和自由。

06 批評的另一面是回饋

有些回饋來自實踐經驗，有些回饋來自重要之人的批評。把批評當作回饋很難，尤其當批評聽上去不是那麼動聽的時候。怎樣才能把批評當作回饋呢？這需要你去把握關係以外的內容。

我們的老師是一個很嚴格的人，她回應我們的話，一般都是從「不是」開始的。每個「不是」背後，都帶有她的回饋。可是每次一開口就迎來「不是」，也會帶來自我懷疑。老師功力極深，對家庭中的人有很深的理解和同理心，所以他們很願意在她面前袒露心跡。可是很多同學覺得，她並沒有用同樣的耐心對待學生。如果只看她對學生的指導，簡直就是溝通教材的負面典型。她總是不留情面地指出學生存在的問題，並不給學生辯解的空間。

　　所以一次督導受挫後，小組的同學又開始議論起了老師的教學風格。他們在討論什麼樣的教學風格最適合學生的成長，作為對比，他們還引入了一位很擅長鼓勵學生的老師，說話讓人如沐春風，覺得這樣的風格才更益於學生成長。

　　我其實很理解老師的風格，也知道她對學生和家庭中的人都充滿愛心。只是那是一種不一樣的愛。簡單地說，她覺得痛是一種好東西，能讓人醒悟，能推動和促進人們的改變。可是在四平八穩的關係中，痛是很難的。她就選擇了說直接的、引發我們不適甚至是羞愧的話，她希望透過批評，傳遞給我們這樣的信念：「你能做到的不止這些。」

　　而我們收到的信號卻是：「這麼簡單的事你都做不好。」

　　如果她的話沒有被防禦的情感遮罩，就會變成讓人反省的當頭一棒。唯一的問題是，要說出這些直指痛處的話，不僅需要敏銳的洞察，還需要你把自己放到一種有強度的關係裡。就像力是相互作用的，老師對別人用了力，也會有相同的力反彈到她身上。

　　今天大家的議論，也屬於反彈力的一種。不過雖然是議論，其實也是調侃，屬於減壓的一種方式。

不過，當大家詢問我的看法時，我也壽舌了一下。我說：「大家討論老師的個人風格，其實是暗示批評或者表揚的風格，影響了我們的學習。可是會不會有另一種情況，學習心理諮詢，尤其是要達到一定高度的話，本身就很難，如果沒有足夠的悟性和投入，就更難學會。而批評和表揚唯一的區別是，**具有批評風格的老師告訴你，你還沒學會，而具有表揚風格的老師因為鼓勵你，讓你誤以為你已經學會了。**」

　　我頓了頓又說：「在討論批評和表揚的時候，我們都忘了最重要的東西，那就是批評和表揚的內容。畢竟所有的回饋，都是有內容的啊。**相比於風格，回饋的內容是否合理，才是最重要的事。**如果我們不去理解批評或者表揚的內容，而只是討論形式，就沒有意義了。」然後我問大家還記不記得老師說「不是」的時候，她說的到底是什麼？結果大家都記不太清了。

　　這個討論讓我思考批評和回饋的區別。批評把重點指向了「關係」，而回饋把重點指向了「內容」。為什麼大家會在意關係，而不那麼在意內容呢？

　　我猜是因為，批評或者表揚，作為關係的一種，是直接作用在人身上的。它衝擊最大，激發起的感受最直接。可是對內容的把握卻不是情感反應，而是深思熟慮的學習；需要你靠近和把握一個獨立於你之外的客觀的內容；需要你不被感覺左右；需要你先把自己放下。在把握那些客觀的內容的過程中，回饋對你起了作用，而你的自我也因此改變。

　　問題是，如果我們覺得在批評下的自我並不安全，就像保護一個怕被打碎的玻璃瓶，那我們怎麼能夠去把握回饋的內容呢？

對關係的反應是本能。脫離關係去把握內容，卻需要訓練。有時候，我們太容易對關係做出反應，而不願意去聽關係以外的內容。這背後，是我們保護自己，固執己見。可是，現在這個時代，這似乎變成了一種風氣，越是感覺到自我的不安全，人們越容易根據關係做出反應。**任何話語都變成了支持或反對的證據，而話語對應的內容本身卻變得不重要了**。越是對關係敏感，我們越逃不開它，來自關係的負面資訊，也越讓我們痛苦。

可是，並不是所有的東西都跟關係有關。關係之外，還有其他內容。如果只對關係有所反應，所有看到的、聽到的東西，都會被扭曲成關係裡的含義——他宣揚其他觀點，就是在否定我的觀點，就是在批評我不好。這時候，你就會被困在關係裡，看不到關係以外的內容。

把批評當作回饋的關鍵是什麼？是要相信並理解和把握，關係之外還有一些重要內容。把自己從特定關係中拔出來，你才會問自己：「對，這是一個批評。可是他想告訴我的到底是什麼？」而不是問：「對，這是一個批評，他對我到底是什麼態度？」

07 思考「怎麼做」而不是「是什麼」

僵固型思維和成長型思維是 2 種不同的思維方式。它們指向了不同的用途。

想像一下，你參加了公司的升職面試。你獲得這次機會是因

為老闆覺得你在過去的 1 年做得不錯，而且你在這個部門已經待了好幾年，應該獲得這次機會。

你很期待這次升職機會。部門同事都覺得，你在過去 1 年工作得不錯，你自己也覺得還行。雖然在面試的時候，你有些緊張，但整體發揮得不錯。面試官大體肯定了你的能力，也提了一些不足之處，你覺得自己應該能獲得晉升。

結果你落選了，你失望極了。你會怎麼想這件事？

A：我真的已經很好了，落選只是意外。

B：我就是不夠好，落選是應該的，是我高估了自己。

C：這個面試很不公平，不是老闆對我有偏見，就是有內幕。

D：這次升職的機會很重要，我失去了 1 次這麼重要的機會，真是太遺憾了，但以後還會有機會的。

E：看開點，這次升職沒那麼重要，工作也沒那麼重要。

F：生活就是這樣，並不是總能一帆風順。

你會怎麼選擇呢？

以上 6 個選項，代表了我們應對挫折和失望的 6 種方式。在這些選項裡，A 把落選的原因歸為意外；B 把落選的原因歸為自己的能力不足；C 把落選的原因歸為老闆的不公；D、E、F 則各自找了一種說法，來安慰自己。

可是它們有一個共同點：它們是一種解釋。而很少有人會問：接下來，我該怎麼辦？而後一個問題，才涉及對這件事情的處理。

你可以把以上的例子，改成任何一個讓你受挫的情境。挫折讓我們難受，我們需要時間和空間去處理自己的情緒。**解釋在某種程度上也是一種處理，但處理的不是事情，而是情緒。**解釋讓

情緒有了一個安放的空間。解釋完以後，一些人會回過神來想該怎麼辦，另一些人則會一直停留在解釋裡，把解釋變成了對自己或者事情根深蒂固的判斷，而無法邁出處理的這一步，這也是另一種形式的自我中心。

解釋的重點是這件事「是什麼」，而處理的重點是這件事「怎麼辦」。解釋只需要在頭腦中發生，而處理卻需要你走進現實。有時候，太多的解釋，其實是透過強調這件事有理由，來暗示你它不能改變，也不會改變。這時候，解釋就變成了對處理的妨礙。從這個角度看，**解釋就是人最大的心理舒適區**。作為理性的動物，我們太容易給自己一個解釋，來告訴自己改變為什麼很難，進而逃避改變的責任。

08 這件事「與我有關」

如何承擔起改變的責任？很重要的一點是，你需要意識到，這件事「與我有關」。

在講成長型思維的時候，我們一直說，要突破各種形式的自我中心，不要把每件事都變得「與我有關」。可是進入實踐的領域，你又需要把很多事變成「與我有關」。這是不是矛盾呢？

其實並不是。當我們說不要把所有的事都變得「與你有關」，是說不要把所有的事都變成關於你好或壞的個人評價。而當我們說有些事需要「與你有關」，是說只有意識到你是改變的主體，

你才能發揮作用,改變才會真的開始。

「與我有關」是進入實踐領域的入口。除非這件事變得「與我有關」,否則你就很難真的進入實踐領域去改變它。

可是,「與我有關」是一把雙刃劍。當這件事「與我有關」時,我們很容易想到「那是不是我的錯」,進而忘了「與我有關」是一種無關對錯,而只是尋找出路的思維方式。

正因為這件事「與我有關」,所以「我」才有機會去改變。

前段時間,我去一家公司做一個關於「改變」的工作坊,探討如何在確定改變的目標後,辨別和突破改變的阻力,幫助我們發現哪些心理誤區阻礙了改變發生。有位男士分享了他的案例。他說:「我的目標是希望把自己的工作做得更細緻、更到位。」

可是在講到是什麼阻礙了他實現目標時,他並沒有說自己,而是說:「因為手下的員工都是新來的,他們缺少足夠的經驗。」

我問他:「那你有沒有想其他辦法啊?」

他說:「我想了啊,還從其他部門調來人手。可是因為這些人是來幫忙的,就算工作做得不夠細,也沒辦法嚴格要求他們。」

接著,他又說了很多工作難開展的理由,這些理由都解釋了他為什麼沒辦法改變。然後他問我該怎麼辦。

我想了想說:「我知道你說的困難都是很客觀的。可是,我也不知道該怎麼辦。我聽你這麼講的時候,我自然的反應並不是思考怎麼辦,而是你在這麼艱難的情況下,仍然能夠維持現在的工作標準,真是太不容易了!」

大家都笑了。這位男士也笑了。他說:「我也是真心想要找辦法,可是想來想去,好像也確實沒有什麼好辦法。」

我心裡有些歉意。大家笑他的時候，可能以為我在揶揄他。其實我並沒有。當我說他不容易的時候，我是真心的。只是因為這是一堂學習「改變」的課，他所說的並非有關改變的話語，所以大家就忍不住笑他。這位男士講工作開展困難的用意，也並非跟改變無關，他只是想告訴我，「這些方面我都想過了，走不通」。

　　它讓我理解了一件事，**那就是解釋的話語主要功用是「求安慰」，而處理需要的是「求改變」。**

　　作為一個諮詢師，我並不覺得「求改變」和「求安慰」有高下之分。實在改變不了，能有安慰也很好啊。可是我知道，我們用什麼樣的話語思考，就會獲得什麼樣的反應。如果這位男士的目標是改變的話，他所用的話語，恰恰把他給限制住了。

　　「求安慰」的話語和「求改變」的話語有很多區別。求安慰的話語，更多闡釋的是不能改變的理由。比如，求安慰的話語會更強調困難，而求改變的話語會更強調出路；求安慰的話語總是在陳述自己做不到的理由，好像是在說自己已經盡力了，而求改變的話語會尋找更多的可能性；二者最根本的區別是，求改變的話語能夠繞開對錯的既定反應，試著把這件事看作「與我有關」。

　　那怎麼變成「與我有關」呢？其實「與我有關」的意思，並不是說造成這些問題的原因在我，而是無論造成這些問題的原因是什麼，問題總是需要我去處理的。既然是我去處理，那就「與我有關」。就像這位男士，他也可以想，「我還有什麼求助的途徑？」、「增加哪些投入，能讓我名正言順地去要求那些人？」、「我要繼續做什麼，才能加深大家對工作標準的認識，達成共識？」

　　只有這樣，他才能找到一些新的可能性。

09 「是什麼」與「怎麼辦」

我們頭腦中有很多關於世界或者關係該如何維持的假設，這些假設通常是理想化的模型，而現實世界總是會跟這個理想化的模型不符。問題不是這個理想化的模型對不對，而是當我們發現世界跟這個理想化的模型不符時，我們要怎麼辦。

我曾參加過一個情感類的節目，其中有一集講失戀。很多人在節目裡回憶自己的前任，反思自己在上段感情中的得與失。

其中有個姑娘說，她的前任平時對她很好，體貼得不行，但脾氣很暴躁。兩人經常情緒失控，什麼難聽的話都說，把彼此最不好的一面都勾出來了。最後一次，兩人吵到報警了，男朋友還動了手，那次報警以後，她心裡有了疙瘩，怎麼也過不去了。後來分手還是男朋友提的，他知道她心裡過不去，可是又捨不得他，就主動提出分手。這樣的分手方式，也讓她心裡暗暗感激。

後來，她很快又找了一個新男朋友。然後她說：「對我來說，忘記那個人需要2樣東西，就是時間和新歡。我不知道自己是不是準備好了認真開始一段新感情。可能我只是想用新歡來幫我度過這一段時間，好讓我習慣沒有他的生活。」

她的話引起很大的爭議。當時主持人問我：「陳老師，您怎麼看這種用新歡來忘記舊愛，幫自己度過失戀期的行為呢？」

我知道主持人的意思。她可能想讓我說，這並不是好的愛情觀，我們不該用新歡去治療舊的情感傷痛。

不過我沒這麼說。我想了想說：「我覺得，任何一段感情，

都有它特別的開始。一見鍾情是開始，兩小無猜是開始，在失戀中認識新歡也是一種開始。感情是怎麼開始的，並不能決定它會不會持久，是不是一段好的戀情。因為比開始更重要的，是兩個人怎麼維持和發展彼此的感情。我們都見過很多愛情故事，有完美的開始，但最後分手的；也見過很多愛情故事，是從失戀後找新歡開始，最後終成眷屬的。」

主持人問：「那您覺得他們那樣的愛情就沒問題嗎？」

我說：「那也不是。每一段感情都有它特別的開始，有兩個人需要面對和克服的困難。這段感情的困難之處是女生還沉浸在失戀的傷痛和對前任的不捨中，這種傷痛也可能會影響她對現任的看法，把現任當作過客。

這聽起來是女生自己的困難之處。可是一旦兩人在一起了，這也是兩人的困難之處。你可以說他們的困難之處是女生沒能處理好自己的感情，也可以說他們的困難之處是新歡還沒找到辦法給女生足夠的安全感，讓她忘記舊愛。

如果兩個人找到了克服困難的辦法，這段戀情就會變成『開局曲折，但結局完美』的故事，前任會變成這段故事的註腳；如果沒有找到，那兩個人都會痛苦，也許會分手。可是，這種困難並不說明這段感情不好。」

我和主持人思考方式的差異，就是「愛情該怎麼樣」和「遇到這樣的事該怎麼處理」。顯然，後一種更有可能找到出路。

節目結束以後，主持人還特地跟我討論了這個問題。她覺得我的想法很特別，總覺得哪裡不對，可聽起來又有些道理。

我知道她說的「不對」在哪裡。我當然知道，如果這個女生

的現任聽到這段話，可能會覺得對自己不公平，被利用了。

可是然後呢？如果他們不是要分手，那麼他們還是要面對怎麼相處的問題，而怎麼判斷這段感情，就會變成他們的難題之一。

判斷一段感情如何，在關係外的人和在關係裡的人，看法不一樣。在關係外，我們心裡都會有很多道德準則，構成了內心關於感情的「應該」。離這段關係越遠，這種應該就越清晰。

可是真在一段關係裡，你就知道，事情沒那麼簡單。你要面對很多衝突，要在痛苦中整理自己的想法，並做出艱難的選擇。這時候，我們心裡預設的「應該、不應該」，不僅沒什麼用，有時候反而會妨礙我們處理彼此的關係。

我經常遇到伴侶出軌的來訪者，這對他們來說是很大的傷痛。有些人會跟我說：「我以前心裡一直有一個觀點：愛情就應該像一張白紙一樣，我絕對不能容忍這樣的事，遇到了我就立馬分手。現在我遇到了，我捨不得他，他也想回來。可是我心裡過不去，覺得原諒了他，自己就好像沒有原則，覺得這樣很低賤。」

原先心裡關於愛情的「應該」，變成了心裡過不去的坎。有時候我會說：「是啊，這真的很難。無論你做什麼選擇都能理解。不過就算你選擇了複合，也不說明你沒有原則。只不過你的原則是，你把你們的感情看得比你自己的委屈重要。」

這麼說也許會讓人有些生氣。也許你要問我，你是在提倡這樣的愛情嗎？當然不是。我沒有宣導什麼，也沒有反對什麼。只是當一對遇到困難的伴侶在我面前時，我都會條件反射似的想，我該說些什麼話，能幫他們一起找到出路，好讓他們有信心能夠走下去。成年人的愛情已經夠難了，再說理想愛情的樣子又有什

麼用？任何一種「應該」，都不會比現實中的兩個人更重要。

這是另一種成長型思維：**不是著眼於「應該」，而是著眼於遇見問題，我們該怎麼處理，並相信關係會隨著我們的處理而發生改變。**

曾有人問家庭治療大師薩爾瓦多‧米紐慶：「您做了一輩子的家庭治療，您心裡想的家庭是什麼樣的？」

米紐慶說：「一個理想的家庭，其實就是一個有修復能力的家庭。沒有一個家庭是沒有衝突、沒有問題的，只要這個家庭具備了修復衝突、解決問題的能力，那它就是一個足夠好的家庭。」

不是著眼於這個家庭會遇到什麼問題，而是著眼於這個家庭會如何處理他們的問題。米紐慶說的，也正是這個道理。

10 自我和成長的隱喻

記得一次討論課上，曾有學生問我這樣的問題：「假如兔子都在拚命奔跑，作為烏龜的你前進的動力是什麼？」

我請她解釋一下，她說：「這個世界永遠都存在一些比你更厲害的人，無論在哪些方面。如果把人生比作攀登，也許你窮其一生只能達到某個高度，但對某些人來說聖母峰都不成問題。對此，有的人選擇退出競爭，有的人不斷向上。如果你是後者，你明知登不上頂端，那你攀登的動力和意義是什麼？」

用故事來比喻人生，有特別的意義。根據正向心理學家強納

森·海德的說法，一個人的人格的核心，不是你用人格量表測得的人格特質，比如內向還是外向，心如止水還是波瀾起伏，處女座還是摩羯座。人格的核心，其實是一個故事。

這個故事凝縮了我們對全部人生的理解，成為我們獨特的人生線索。這個故事有一個目標，通常就是成功或幸福；有很多圍繞目標展開的情節，就是你的每段人生經歷。而我們的意義感，也通常來源於對這個人生故事的理解。可以說，我們的人生，就在完成這樣一個獨特的故事。只是，故事開始的時候，我們也不知道這個故事是怎麼樣的。我們一邊當觀眾，一邊當編劇。一邊經歷，一邊修改故事大綱。

當我們接受一個故事作為我們的人生範本的時候，我們也接受了這個故事背後所隱含的假設。這些假設像是故事的潛台詞，它們被視為理所當然，很少有人認出它們，去質疑它們。

當我們用龜兔賽跑來比喻我們的人生時，這一比喻同樣隱含了我們對人生的一些信念：

（1）人生是一場賽跑。（是這樣嗎？）

（2）你和他人在同一條賽道上，終點處會有一個勝利者，一個失敗者。（是這樣嗎？）

（3）跑得快還是慢，是一種固定的能力。如果你跑得慢，你就一直跑得慢。（是這樣嗎？）

（4）如果你已經跑得很慢了，就只有拚命奔跑，才能獲得成功。（是這樣嗎？）

這些隱含的信念所展現的，正是僵固型思維的特徵：用一個假設的、「必然會存在」的、比我們強的人作為比較標準，來消

減我們成長和進步的意義。

當然，我們不能把這種信念的流行，栽贓給為我們講故事的幼稚園老師。這種信念的流行是焦慮的父母、功利的學校、浮躁而現實的社會文化共同作用的產物。

而成長型思維，會用另外一些隱喻故事來形容人生。

我經常會被問到的一個問題：「陳老師，我怎麼才能發現真實的自己？」當人們這麼問的時候，他們假設自我是一個已經存在並相對固定的東西。它通常由我們的童年經歷決定，而我們以後的經歷，只能對已經形成的自我進行修修補補。

從成長型思維的視角看，我更願意把自我比作一條河流。源頭固然很重要，但河流最終的形態如何，取決於它在流向大海的途中會遇到哪些山坡、丘陵、沙漠……它怎麼面對障礙，以及選擇在什麼地方拐彎。**真實的自己並不是一開始就存在，是我們在跟環境互動，應對困難，做出選擇的過程中，逐漸塑造出來的。**

假如自我是一條流動的、尚未成形的河流，那麼「發現自我」，或者「證明自我」也就沒有意義，因為就算我們能通過某件事證明自己，我們所能證明的也僅僅是某個階段、某種狀態下的自己。就像這條河流有一段湍急，有一段平緩，你卻沒辦法通過某段河流來評判整條河流。

我喜歡的另一個關於自我的隱喻，來自采銅老師。決定從大廠辭職，專職在家寫書時，他寫過一篇文章，說他想變成一棵樹：

「成為一棵樹意味著我總是在生長，一方面往地下去伸更深的根，另一方面往天空去發更高的枝；成為一棵樹意味著我是連

續的，我的年輪一點點變粗，新的枝葉在老的枝葉上抽出，乃至我樹幹上的疤痕也總是留在那裡，覆上一點青苔，成為我久遠的印記；成為一棵樹意味著我不只朝一個方向生長，我的樹根和枝葉向四面八方伸去，從每一種視角看都生氣蓬勃；成為一棵樹意味著我會沙沙作響，我會搖曳跳舞，我會迎風歌唱，但我的根基仍舊在那裡，不會因為一時得意而失掉初心；成為一棵樹意味著我可以和各種各樣的生物成為朋友，和牠們交談、共存、互惠，我不擠占別人的生存空間，甚至反倒為鳥兒和松鼠構築家園。

…………

一棵樹總是把另一棵樹當成朋友，而不是對手。更多的樹組成森林，它們一起抵禦狂風，為動物的棲居建立家園，構建生態系統，這些都不是一棵樹可以完成的使命。

樹，追求共贏，它們不相互競爭，而總是默默地相互致意，既相互獨立，又攜手完成使命。」

這是我見過的關於成長型自我最好的隱喻。

如果從樹的角度，重新回答本文開頭那個同學的問題，我大概會說，人和人之間的關係，並不只有比較和競爭。我們做事的動力，也不只是想比別人優越。**我們每個人都努力生長，既相互競爭，又彼此扶持，形成了一個完整的生態系統**。我們是親人、朋友、同學、同事、公民……也許我們有高有低，但我們在共同生長的土地下面，根鬚相連。如果你問一棵樹既然總有其他樹比它長得高，為什麼還要生長，它大概會回答：

「傻孩子，因為我是一棵樹啊。」

如何培養成長型思維？

1. 制訂犯錯計畫

培養成長型思維，需要更新我們對錯誤的認識，不把錯誤看作對自己的否定，而把它看作有用的回饋。為了完成這種思維轉變，你可以給自己制訂一個犯錯計畫。具體步驟如下：

（1）根據你的情況，確定每週犯 3 ～ 5 個錯誤的目標。

（2）如果完成了這個目標，分析這些錯誤的根源，哪些只是一時疏忽，哪些跟你的嘗試和努力有關？如果沒完成這個目標，分析如何做更多嘗試，可以完成這個目標。

（3）思考這些錯誤給了你什麼樣的回饋，對你有什麼樣的幫助，並寫下來。

2. 給 3 年前的自己寫信

人總是透過應對挑戰，獲得成長。想想 3 年前的你，再想想

今天的你，你經歷了一些什麼樣的事？

以過來人的身分，給 3 年前的自己寫一封信。告訴那時候的自己：

（1）他會遇到一些什麼挑戰？

（2）他當時的擔心，哪些是必要的，哪些是不必要的？

（3）他應該做些什麼，來應對這些挑戰？

（4）經歷過這些挑戰，他的能力將獲得怎樣的提升？

（5）這 3 年的生活，會帶給他什麼變化和領悟？

寫完信後，把它放到一個信封裡，收藏起來。

3. 畫一棵生命樹

樹是關於成長最好的隱喻。你可以畫一棵生命樹，來回顧自己的成長歷程。你畫的樹可以是現實中的，也可以是想像中的。你可以用彩筆畫，也可以用鉛筆畫。無論你畫的樹是什麼樣的，它都應該包含樹的完整結構：

（1）樹根，樹根是樹成長的來源。在這部分，寫下你來的地方，包括你的國家、民族、家鄉、家庭……思考這些對你的成長有什麼影響。

（2）樹幹，樹幹是樹成長的支柱和力量。在這部分，寫下你的優勢、美德、特長、愛好……思考蘊含在你身上的這些資源，如何幫助你克服困難，獲得成長。

（3）樹枝，樹枝在樹幹上抽枝發芽。在樹枝上寫下你最近 5 年希望達到的願望。這些願望不像「幸福快樂」這麼抽象，而要像「找一份新工作」或者「買一輛車」那樣明確具體。

（4）綠葉。在每片綠葉上，寫上一個曾經在你生命中出現過、對你產生了積極影響的人。不要寫一類人，如同學、老師，而要寫某個特定的人。

（5）果實，果實是你生命中的禮物。所有你擁有的，並感恩的東西，比如：健康的身體、美滿的家庭……

畫完這棵生命樹後，簽下你自己的名字。找 2 個朋友，講講你的生命樹。你可以把它掛在你的書桌旁，提醒你自己所擁有的資源。

? 我想問你

（1）你曾遇到什麼事，當時你覺得做不到，最後卻做到了？

（2）和 3 年前比，你覺得自己最大的進步是什麼？

（3）如果從僵固型思維的角度來看，你和朋友、伴侶之間存在什麼問題？如果從成長型思維的角度來看呢？

（4）如果用一個成長型隱喻來形容自己，你覺得自己像什麼？你希望自己像什麼？

（5）從成長型思維的角度，該如何學習「成長型思維」？

? 你也可以問自己

（1）為了做成這件事，我還需要學習哪些技能？

（2）這個挑戰是怎麼幫助我的能力成長的？

（3）我怎麼才能知道自己想的是對的還是錯的？

（4）如果這件事失敗了，我從中學到了什麼？

（5）如果我做錯了，那麼怎麼做是對的？

（6）我能從別人的成功中學到什麼東西？

多年後
的
回望

FIND YOURSELF
AGAIN

　　作為增訂再版的一部分，每一章的結尾都是我從現在回顧過去，回顧從前所寫的文字。時光給我帶來了變化，變成了一面鏡子，讓我在對過去的審視中，看見自己的成長。我也想透過「多年後的回望」這樣一種形式，把我現在的思考分享給大家。

　　這章內容的一部分，來自5、6年前。那時候我還在學校工作，接觸和思考的都是年輕人的問題。而另一部分的內容，來自我離開學校，接觸了更廣泛的人後的思考，同時也包括了我自己最近學習和成長的經驗。就像學校裡的年輕人會畢業，我自己也從學校「畢業」了。我很高興，我沒有停下自我發展的步伐，我自己仍在行進當中，所以對人的自我發展，有了更多切身的體會。

　　當初寫〈你有沒有這樣的「名校學生病」〉的時候，我感受到了部分同學某種真實的「焦慮」。在現在的學校環境中，這種焦慮仍然存在，人們不僅變得更焦慮，而且增加了很多對現實的擔憂。

　　我也見到了這些同學畢業以後的某種樣子，就像我曾經遇到

的一個來訪者，每天一邊焦慮，一邊渴望和幻想有一天過上清閒的日子，可是當她真的拿了一筆數額不菲的賠償金從公司離職，她馬上開始擔心會被時代淘汰。我試圖讓她理解，她的焦慮並非源於現實，而是源於她一貫的思考方式，這種思考方式從小學開始，是為了適應激烈競爭的外部環境而生成的。可是她堅稱她焦慮是因為外部條件。她說：「問題是，我還沒有達到財務自由的狀態。如果我達到了，我就能心安理得地過休閒的日子了。」

儘管能夠看到這種焦慮，我不再覺得它的存在是一件純粹的壞事了。人生有時候是很無奈的，我們想要去的地方，船票就那麼幾張。不拚盡全力，你也許就沒有機會到那裡，而拚盡了全力，有時候這種思維方式卻變成你的一部分，不再能夠輕易擺脫。

在本書初版的時候，我寫這篇文章時似乎認為，走出這種怪圈的答案，就是秉持成長型思維。現在我倒是不那麼執著於某個答案了。我慢慢了解了一件事：**太快有一個答案，常常是貶低了問題本身。這也是一種逃離現實的做法。**

和幾年前相比，我對成長型思維的理解又加深了。我從自己的學習中體驗到了它，又因為這種體驗，它變成了我可以應用的知識。我更理解了 2 種思維背後微妙的動力：人在追求成長的時候，也在尋求如何保護自己；我們理解世界的時候，也在尋求如何改變。

甚至我覺得，我所理解的，比卡蘿・杜維克當初提出這個概念時的更多。我跟她的理解有一種本質性的不同，她把成長型思維和僵固型思維變成了思維的分類標籤。你要麼是擁有成長型思維，要麼是擁有僵固型思維。這種思維的標籤，也會變成個人的

標籤。因為你的思維是成長型的，你就是擁有成長型思維的人，否則你就是陷入僵固型思維的人。

而我把僵固型思維理解成一種情境的誤用，就是說我們並不知道，我們所用的思維，並沒有和我們想實現的目標相匹配——如果我們的目標是成長和改變的話。就像我在前面的例子裡說的，你的目標是「求改變」，而你的話語卻成了「求安慰」。

既然這是一種情境的誤用，我們就可以透過練習來得到它。從這個角度看，「情境的誤用」比「思維的標籤」更符合成長型思維的精神。

除了情境的誤用，僵固型思維背後，還有一種微妙的動力。我覺得那些秉持僵固型思維的人，可能不是害怕被證明自己不夠聰明，而是害怕被拒絕。它背後有一種羞愧：當你拚命努力卻失敗的時候，別人會覺得你在追求你配不上的東西，癩蛤蟆想吃天鵝肉。這種「配不上」就是一種拒絕，是被某個你想加入的群體的拒絕。它暗示了，你不屬於某個類似「聰明人俱樂部」的群體，你不是那種人。

所以有時候我們不想努力，不是因為我們吃不起努力的苦，而是因為我們承擔不起這種「追求配不上的東西」的羞愧。為了避免這種羞愧，我們寧願躲在幻想裡，或者接受別人的眼光所界定的那個「自我」，不夠聰明的自我。

可是，誰能定義失敗呢？誰能定義我們呢？為什麼努力不能把「我」定義成「有勇氣追求內心渴望」的人，卻要把「我」定義成「追求自己配不上的東西」的人？誰能定義什麼東西你配得上，什麼東西你又配不上呢？

但最打動讀者的，我相信還是那種既想要追求成長的衝動，又擔心自己做不到的懷疑。其實這種矛盾永遠都會存在。就像我自己，我並不是典型的擁有成長型思維的人，但我也一直在追求進步。如果讓我說，去見識更大的世界總是好的，人需要在經歷中讓自己開闊起來。可是萬一，我們選擇了別的路，比如「躺平」的路，那也沒什麼大不了，只要我們自己安心。

　　人都是在矛盾中前進的。平衡好它，把握好它，誠實地面對它，它就會變成帶你前進的動力，而不是左右互搏的「內耗」。

FIND YOURSELF AGAIN

第二章

FIND YOURSELF
AGAIN

更大的世界
和眼前的生活

較之於當下在我們之內的，我們身後的過去和
眼前的未來，都是瑣事。

—— 奧利弗・溫德爾・霍姆斯

雜務瑣事並非煩惱一堆，別以為一旦逃開，就
可以開始修行，步入道途——其實這些瑣事就
是我們的道。

—— 蓋瑞・斯奈德

01 遙遠的夢想和眼前的生活

　　如果你有一個執著的目標，你為它奮鬥了大半生，為它吃了很多苦，受了很多累，做出了很多犧牲，而就在這個目標實現的前夜，你死了，你會怎麼評價自己的人生？又會如何賦予這段人生意義？

　　電影《靈魂急轉彎》講的就是一個這樣的故事。故事講的是一個鬱鬱不得志的爵士樂鋼琴家，他的生活割裂成截然不同的兩部分：音樂夢想和維持這個夢想所付的代價。

　　除了已經年邁的媽媽，他沒有自己的家庭，對爵士樂以外生活的其他部分都是敷衍。為了維持生計，他到中學教音樂，他當然不享受這份工作，覺得跟這些不喜歡音樂的學生打交道就是浪費時間。他其實也不享受爵士樂，也許以前享受過，但慢慢地，音樂變成了一個符號，提示他生活的失敗。他只想成功，夢想登上一個更大的舞台，讓這麼多年的付出有個圓滿的結局。

終於有一天，他等來了跟一個著名的爵士樂明星同台演出的機會。就在生活否極泰來的轉捩點，他卻樂極生悲，掉進下水道去世了。

他覺得他的生活正要開始，怎麼忽然就這樣結束了呢？於是，他帶著內心的不甘偷渡回了人間，順便還帶了一個覺得人生沒有意義，因此不甘心投胎的小孩靈魂，重新看他因為執著於夢想而沒來得及看的世界，尋找新的人生意義。

電影很好看，我身邊那些為夢想掙扎過的朋友紛紛表示被治癒了。反而是那些從來都安安穩穩過生活，平平淡淡才是真的人表示一般。比如我愛人看完就說：「這個電影講的不就是要活在當下嗎？可是我每天都是活在當下啊！」

當然，這個電影講的是活在當下。可是它講的遠遠比活在當下要豐富。在某種程度上，它講的是夢想的殘酷。這種殘酷不只在於提醒實現世俗意義上的夢想，機會是多麼稀缺，也更在於追求夢想的過程，會如何塑造一個人。

夢想的好處，是讓你的生活有目標，透過重組你的生活，幫你確定什麼重要，什麼不重要，什麼值得，什麼不值得，什麼要做，什麼可以等等。同時，因為有明確的目標，你也會變得更加專注。

而過於執著於夢想的代價，至少在想像裡，夢想會把生活分成截然不同的兩部分：為夢想做準備的生活和實現夢想的生活。就好像，只有到了後一個階段，人生才算真的開始，而一旦沒有實現夢想，我們的生活就永遠沒辦法開始。

因為執著於夢想，人會陷入一種「目標窄化」的心理狀態。

在賽馬場，騎手要給賽馬戴上一副眼罩，讓賽馬只能看到前面的跑道，而看不見其餘。這樣，在賽場上，這些馬才能不顧一切地往前奔跑。其實夢想就是我們給自己戴上的眼罩。區別只在於，一離開賽場，騎手就會把賽馬的眼罩摘下來，而人有時候太執著於自己的夢想，會一直「戴著它」。

我們因此而忽略的東西是什麼？

在電影裡，主角以靈魂的形式重回人間，心心念念的還是他的演出。重新發現世界，靠的是跟他一起偷渡來的那個對人間沒興趣的小靈魂。原來，這些生動的細節都隱藏在日常生活的小細節裡，香噴噴的披薩餅、社區的朋友、母親的支持、學生的信任……這些生活的細節絕非毫無意義，相反，它們是我們活著的證據。

我經常想：這麼多人有過夢想，但只有這麼少的人實現了人生夢想，那些沒有實現人生夢想的人去哪裡了？他們要怎麼從失望中走出來，活得好呢？萬一努力追求的夢想沒有實現，生活還剩下什麼呢？

電影裡那個受人歡迎的理髮師倒是給了一個答案。他說他年輕時候的夢想是當獸醫，後來就當了理髮師，原因是「當獸醫的培訓費比理髮師的貴太多了」。可是當有人要同情他時，他卻說：「那也不能這麼說。我現在也很好。」他的手藝很精湛，對顧客很熱情，也喜歡現在的工作，很多人都喜歡他。

這不就是大多數人的現狀嗎？沒有實現夢想的人，在現實的生活裡，找到了新的意義。這些意義也許沒有夢想那麼偉大，甚至不值一提，可就是有種生命的熱情。一個人能投入，有興趣，

這就是生命豐盛的證據啊！

夢想是在生命這條河流中產生的。生命力是這樣的東西：**它需要夢想製造張力，可是，就算生活中哪裡阻塞了，原先的夢想中斷了，它還是能兜兜轉轉為自己找到出路**。只不過它所找到的出路跟世俗意義上的成功，未必是同一條。就像那個理髮也理得津津有味的理髮師，和願意去傾聽和安慰失落的學生的老師一樣，我們還是願意投入一些東西，並在其中重新尋找意義。

當然，我們不能低估夢想無法實現的失落和痛苦。我認識一個朋友，還是孩子的時候，就為類似《魔戒》、《心靈捕手》這樣的電影所激勵，幻想自己有一天也能登上螢幕，成為一名演員。所以當真有演藝公司想簽下他時，他毫不猶豫地放棄了名校保送的機會，選擇成為一個年輕的北漂演員。

可是年輕演員的生活是很苦的，開銷很大，收入卻有限。關鍵是他發現夢想和現實之間的差距巨大。他夢想成為一個藝術家，而在現實中，他卻只能演膚淺的年輕闊少，想要給這個角色增加點深度和複雜性，還會被人嘲笑。後來實在撐不下去，他就進入了電商直播行業，成了一名主播。因為俊朗的外表和專業素養，他很快在電商直播行業取得了成功，賺了很多錢。

新領域的成功能彌補夢想的失落嗎？當然不能。他經常想起自己的演員夢，原來的夢想給他帶來生活的困窘，也給他提供了一個生活的目標。而現在呢？他常常因為失去了這個夢想，悵然若失，不知道自己是誰。

我很想給這個故事一個光明的結尾，可是在我遇見他的時候，還沒有。也許他要經歷很多艱難的探索，才能重新找到自己。我

只是想，無論我們是否實現夢想，生活總是滾滾向前。在失去一個夢想後，我們永遠有機會為自己找到一個新的夢想。

而真正的問題是：**當我們談論夢想時，到底追求夢想是為了生活，還是生活是為了追求夢想？**

如果夢想是為了生活，我們那麼就需要把夢想置於「好好生活」這個大前提下。夢想的實現當然是稀缺品，可是生命本身是更重要的稀缺品。如果你還能聞花香，嘗美味，聽音樂，能和家人、朋友交談，能在我們所生活的世界中感受存在，那你就生活在富足裡。

而如果生活是為了夢想，那夢想的破滅，就意味著一切全完了，我們就會讓自己生活在巨大的恐懼之中。

夢想究竟是提供生活的助力，讓你的生活變得更積極，還是否定現在的生活，讓你覺得夢想成真以外的生活都不值得過，這兩者有一個微妙的區別，區別的標準在於：你是否因為過於執著，而看不到生活的其餘。如果你看不到生活的其餘，那你就否定了生活。

電影有一段是，生命的荒漠裡有很多因失去跟生命的連結而迷失的靈魂，它們是人們在物我兩忘的境界中獲得的神遊體驗，也就是心流（flow）。電影裡說：「心流和心魔其實很像。那些迷失的人和神遊的人也很像，只不過迷失的人太執著了。」

專注和熱愛某件事，能創造心流。一定要達成某件事，就會創造心魔。心流能讓我們更好地體會自己活著，而心魔卻會抹掉目的以外的東西，把生活變成實現目的的工具，哪怕這個目的叫夢想。

在電影裡，主角歷經千辛萬苦，終於迎來了實現夢想的那一刻。那晚的演出完美極了，別說初次登上夢想舞台的他，哪怕只是作為觀眾，也會被這樣的時刻打動。

　　實現夢想的那一刻感覺如何呢？從演奏廳出來，那個爵士樂明星問他感覺如何。他說：「我為這一天等了一輩子。我以為，這一天會很不一樣。可是，我發現，它和以往沒什麼不同。」

　　如果讓我來說，我覺得他經歷了這麼精彩的一晚，他的感覺還是會很不同的。不然的話，我們太低估了夢想的分量，也低估了投入忘我的演出所帶來的美妙體驗。他說發現沒什麼不一樣，估計是編劇為了湊下面這段台詞，只不過，這段台詞實在太精彩了，就算為了湊台詞，我也原諒編劇了。

　　這段台詞是這樣的。聽完他的回答以後，爵士樂明星就講了一個故事：

　　從前有一條小魚，牠一直游來遊去，尋找東西。有一天，牠遊到一條老魚旁邊，問道：「我怎麼才能找到海洋？」
　　「海洋？」老魚問，「你現在就在海洋裡啊！」
　　「這裡是水，」小魚說，「而我想要找的，是海洋。」

　　如果生活就是我們所處的大海，別因為戴上了夢想的眼罩而錯過它。

　　多年以前，我讀過威廉・毛姆的《月亮和與六便士》。這本書也講了一個關於夢想的故事。毛姆筆下的那個主角，人到中年，忽然拋妻棄子，離開了自己熟悉的生活，要做一個畫家。他輾轉

變成了一個流浪漢，又做了水手，到了某個島，與原始部落的一個女子同居，最後還感染了麻瘋病。在他生前最後的日子，他把一生的感悟，畫成了一幅壁畫。看過的人都被震撼了，驚為天人。可是他在去世前，卻要求原始部落的女子在他死後，一把火把這幅絕世的藝術品燒了。

以前我不明白，這麼好的壁畫，他為什麼要燒呢？後來我想，也許對主角來說，他最大的成就不是這幅壁畫，而是他自己的生活。畫了一幅美妙的壁畫，只是他生活的一部分。生活是他的，不需要別人評價。

不是別的，你的生活，才是你最大的成就。所以好好過它。

02 遠方是「病」也是「藥」

幾年前，河南有個中學的心理老師顧老師從學校辭了職，寫了一封簡短又文藝的辭職信：「世界這麼大，我想去看看。」這封信在網上瘋傳，觸發了每個人心底的「遠方夢」：有一天能跟庸碌無為的生活說再見，轉頭奔向別處的生活。「世界這麼大，我想去看看」，正是對庸俗生活的一種表態、一個宣言。

那時候的人們，對工作和生活還有所憧憬，就表現為對遠方的嚮往。不像後來，不確定性因素太多了，確定性倒成了一種稀缺品。在到處裁員的大環境下，考公務員、考研究生的人數每年都創新高，據說 2022 年報考教師資格證的人數已經超過了新生

兒的人數。穩定的工作變成了另一種動盪中求而不得的「遠方」。也不知道顧老師過得好不好，現在回過頭會怎麼看當時的決定。

人總會嚮往遠方，因為它意味著跟現實生活不同的可能性。

有一段時間，我在一個節目做心理顧問。這個節目要求選手在山清水秀的野外過一段全封閉的生活，進行 24 小時網路直播，持續 1 年。因為是封閉節目，為了防止選手出現心理問題，節目組就委派我在每個選手上山之前跟他們聊聊。

誰會願意完全放棄現在的生活，去一個陌生的地方，一待就待 1 年，而且要把自己的生活展示給別人看？因為這件事本身不同尋常，所以了解這些人參加節目的動機，就成了一件有趣的事。

來參加節目的人形形色色，有在非洲某島國長大的美女模特兒，有辭職在麗江開餐廳的都市白領，有身家上億的公司老總，也有到處流浪的旅行者和手工藝人……吸引這些不同身分、不同背景的人來參加節目的，並不是一般人以為的「成名」──事實上，直到接近尾聲，這個節目仍然表現得不溫不火，並沒有太大的影響力。很多人來參加這個節目，純粹是被「別處的生活」、「遠方」這樣的概念吸引來的。

「遠方」是一個充滿誘惑的神奇的詞。《樹上的男爵》作者卡爾維諾說，對遠方的思念、空虛感、期待，可以延綿不絕，比生命更長久。這種思念究其本質，就是對生命可能性的嚮往。當人們陷於生活的瑣碎，感到無聊、疲憊、厭倦時，「遠方」就會在幻想中被製造出來，它所代表的可能性，既能容納過去的失敗、挫折和悔恨，又能容納對未來的希望。

可是到了遠方以後呢？**如果你沒有改變，他鄉還是會變故**

鄉，疲憊和厭倦還是會爬上心頭。你要麼適應，要麼重新遷徙，周而復始。

被問到為什麼想來參加這個節目時，有選手說：「這幾年工作挺忙，錢也沒少賺，只是外面的生活太累了，處處都是鉤心鬥角。我只想到裡面（山上）休息一段時間，過一段隱居的生活。」

他的意思，是換個環境就能清心寡欲，隱姓埋名重新來過。進入了這個生活場，最開始很好奇、很開心，但過不了多久，疲態又來了。他開始覺得，裡面的生活不僅累，而且複雜，有流言蜚語、拉幫結派、鉤心鬥角、陰謀詭計。區別只在於，在外面的世界中，這些鉤心鬥角對應的標的物，好歹是功名利祿這樣的社會「通行證」，但是到了山上，人們的心思、伎倆和他們所圖的利益完全不對稱。

巨大的心力和微小的利益形成了一種奇妙的反差。一些人成了陰謀論者，另一些人有了輕微的迫害妄想。一切爭鬥看著毫無意義，卻把我們曾經歷的關係、對人的猜忌投射了進去，如蒼蠅般揮之不去。這些選手原本只想過一種安逸的生活，卻沒想到過得比外面的生活還累。於是有人無奈感慨道：「有人的地方就有江湖啊！」

「遠方」似乎真的只是幻覺，可是，佛陀迷茫的時候，明明是走出宮殿，到了遠方，才找到答案的啊！即使他得道以後，也是駐足一段時間，遷徙一段時間的啊！

節目裡有個小夥子，在麗江做皮具、開餐廳、種成片成片的向日葵。向日葵一開花，他就一手拿著向日葵花，一手握著自行車把，在田間歪歪扭扭地騎自行車，車後座載著心愛的姑娘。這

小夥子年輕的時候，在北京的一個大酒店，一邊當服務生，一邊到處尋找出路，過得很苦。有一天，他在網上看到一位大哥拍的到無人區探險的紀錄片（這個大哥居然也在這個節目裡），恍然大悟：「我╳！這才叫人生！我也要過這樣的人生！」

他鼓足勇氣，遞交了辭職信，揣著幾個月的工資，去遠方尋找生計。第一站到了瀋陽，流浪了很多天，沒找到養活自己的營生，口袋的錢卻花沒了，只好回來繼續當服務員。等攢了點錢，他又痛快地辭職了。這回到了大理。錢快花完的時候，他看到有人在旅遊區開了個小店，一邊做皮具，一邊賣。他每天跑到人家小店門口「蹲點」，仔細觀察人家怎麼做。1個月以後，他也開始在街邊賣皮具謀生了。

遠方的生活當然也並沒有那麼美好。比如賣皮具、開餐廳、種向日葵這種文藝的事，最終也變成了生意。但和在北京做服務生時相比，他還是有些不一樣了。有一段時間，他在大理待得有些厭煩，就把皮具店的門一關，把東西一打包，跑到西藏重新開店，賣起了各種石頭、蜜蠟。當他覺得生活太無聊、感到厭倦時，他就有勇氣和信心換個地方重新開始。這種勇氣和信心，可是他在適應遠方的艱難時生出來的。

所以，「遠方」的意義到底是什麼？人們心裡有疑惑，去遠方尋找答案。答案並不在「遠方」，而在尋找的過程中。**但想像中的「遠方」確實提供了人們啟程的最初的動力，而現實中的「遠方」又培養了人們適應新環境的能力。**所以我們才會一而再再而三地站在眼前的苟且處，歌頌起詩和遠方的田野，我們歌頌的是對庸常的不甘、對生活的嚮往和改變的勇氣，哪怕我們已經

明瞭，「遠方」有時候只是一場幻覺。

我曾遇到一個人，她早些年從公務員崗位辭職了，原因也是要去看看更大的世界。她很幸運地找了份輕鬆的工作，而且只要有網路就能做。於是她開始到處旅行。印度、土耳其、斯里蘭卡⋯⋯她沒想過未來，沒想過要組建或者不組建家庭，在旅途中如果遇到了有趣的人也不會拒絕或留戀。總之，她過得很隨緣。

她說她有過「頓悟」的經歷。夜晚一個人在斯里蘭卡讀一本佛教書籍的時候，忽然覺得理解了很多事，關於時間和生命。按她的說法，「更大的世界」不是從空間角度而言，而是從時間角度而言的。時間是我們所擁有的最寶貴的東西，除了基本的衣食住行，拿來換任何東西都是虧本生意。**而衡量時間長度的，並不是物理角度的分秒，而是我們內心體驗的豐富性。**

對這些有特別經歷的朋友，我常會既有一分好奇，也有一分懷疑。我知道他們出發的理由，有時候是嚮往，有時候是逃離。我也知道這份隨意瀟灑不能一直靠運氣維持，也必然會有別人看不到的艱辛和寂寞。但對她悟到的道理，我是認同的。

所以行萬里路，最終還是為了回到內心深處。可是回到內心深處，又並非只有行萬里路一途。如果說行萬里路是為了創造新的體驗，那麼看遠處的風景是新的體驗，細看近處的一朵花也是新的體驗；讀很多書是新的體驗，把一本書讀精讀透也是一種新的體驗；學很多東西是新的體驗，把一門技能鑽研得很深也是一種新的體驗；見識很多人是新的體驗，跟一個人走得更深，也是一種新的體驗。它包括了解和被了解，影響和接受影響，愛和悲哀，傷害和原諒，失去的痛苦和重逢的喜悅⋯⋯

這些新的體驗，共同創造了心靈的豐富性，**它並不需要你走遠，卻需要你深入其中。**

03 瑣事的意義

讀博士的最後一年，我一邊寫論文，一邊焦慮著前途和未來。「未來」又大又模糊，襯托著我手頭上的事又瑣碎又無聊，讓我煩躁不安。

這時候，有個老師問我願不願意去佛學院給僧人上心理學課，我毫不猶豫地答應了。聽起來，佛學院像是個不食人間煙火的地方。我想，我終於有機會從瑣事中逃離了。

果然，上課的第一天，我就在佛學院遇到了一些奇奇怪怪的活動實踐者。當我介紹意志力科學時，有個學僧跟我說，他正在辟穀，已經第 5 天了。辟穀啊！我的好奇心一下子被激發了。於是我詳詳細細地詢問了他辟穀的過程。他說辟穀有全辟穀和半辟穀，他做的是只喝水和吃少量水果的半辟穀。我問他感覺咋樣，他說剛開始有點虛弱，現在情緒很好，很有活力。我敬佩地問他：「那你辟穀的目的是什麼？」

他一臉莊重地說：「減肥。」

現在想起來，我還覺得，他眯著眼睛說「減肥」的時候帶著禪意，跟為能在夏天穿上好看的裙子而忍饑挨餓的都市女孩不太一樣。不過也說不定，也許那些女孩忍饑挨餓的時候也帶著禪意，

誰知道呢。

上完課後，我在那邊用餐。原本以為吃飯是一件稀鬆平常的瑣事，但是我卻見識了一套非常複雜而莊嚴的程序。吃飯之前，每個人把碗筷排列整齊。一聲鈴響，所有的人都止語肅靜。大家齊聲念誦感謝供養的供養偈。念完供養偈以後，所有的人開始端正坐姿，在靜默中用餐。用餐過程中會有僧人提著盛飯菜的桶從桌前經過 2 次。如果要加飯或者加菜，你需要在僧人經過時把碗往前推，如果只要一點點，你需要做手指半捏的手勢示意。餐畢，大家擺正餐具，齊聲念一遍結齋偈，再一起有序退場。

我第一次在佛學院吃飯的經歷其實不太光榮，差點就被執事的法師當場趕了出來，因為我企圖在大家舉行儀式的時候拍照，發微博。熟悉規則以後，我也開始喜歡佛學院這種專注而靜默的用餐方式，這讓餐食顯得特別美味。

我並沒能從瑣事中逃離。但我在佛學院學到了一個更重要的東西：**一件事是不是瑣事，並不是由這件事的性質決定的，而是由你對待它的態度決定的。**如果你不輕慢它，以莊重的態度對待它，那它就是重要的事。

《禪定荒野》的作者、長期居住荒野的詩人蓋瑞‧斯奈德曾寫道：

「我們都是『現實』的門徒，它是一切宗教的先師。在寒凌屬的早晨將孩子們趕進車裡送他們去搭校車，和在佛堂裡守著青燈古卷打坐一樣難。兩者沒有好壞之分，都是一樣的單調枯燥，都體現了重複的美德。

雜務瑣事並非煩惱一堆，別以為我們一旦逃開，就可以開始修習，步上道途——其實這些瑣事就是我們的道。」

這些瑣事就是我們的道。可為什麼我經常處在雜務瑣事中，卻沒有修行上道呢？難道是我修行的方式不對？

後來我想到了，他們這麼說，是因為他們的心是自由的，所以在哪裡、做什麼都一樣。就像這段話的作者蓋瑞·斯奈德，年輕時到處流浪，求神問道，過了很多年亨利·梭羅式[1]的生活似的。人到中年，回歸世俗社會，才有了「哪裡都是道」的領悟。在威廉·毛姆的小說《刀鋒》裡，主角拉里·達雷爾在戰爭中看透了生死，拋棄了上流社會的生活和心愛的未婚妻，一個人去流浪，在印度修成正果後，到紐約當一名計程車司機。他並不對無聊瑣事失望，相反，心自由了，他對什麼樣的生活都充滿熱情。

這些自由人，他們不急著去什麼地方，也不急著做什麼。瑣事跟他們的關係特別平等而單純。他們不是被迫做這些瑣事——瑣事不是壓迫他們的老闆；他們也不是選擇做這些事——他們也不是瑣事的老闆。他們只是和這些瑣事「遇見」了，然後「做」它們。他們並不輕慢瑣事，而是尊重瑣事，莊嚴待它。

他們哪裡也不想去，卻反而自由了。而那些想要逃離的人，卻看到到處是因牢，日常生活中的瑣事與他們的關係，逐漸演變成了壓迫和反抗、控制和逃離、意義感和無意義感的撕扯。

---

1. 指一種簡樸自然、獨立思考和注重精神內在的生活方式，得名於 19 世紀美國作家亨利·梭羅（Henry David Thoreau）。

網路上曾有人問，為什麼在辦公室工作了一天，並沒有做什麼，卻感到疲憊不堪？一個簡潔明瞭的高票答案是：「因為瑣事沒有意義！」可什麼是意義呢？

　　我們總是習慣了用「好」、「壞」或「重要」、「不重要」，來評價一件事。這件事能幫助我們升職加薪嗎？能夠幫助我們快速成長嗎？如果不能，那做這些事有什麼意義呢？

　　評價並不總會帶來「意義感」──有時候，意義感是我們沉浸在一件事中體會到的。但評價卻經常帶來「無意義感」。「無意義感」的意思大概是，我們想去更多的地方、見識更大的世界、擁有更多的可能性，可瑣事不僅沒辦法帶我們去，還阻礙我們去。

　　當我們回顧一天的工作，發現自己什麼也沒做時，疲憊就會伴隨著失望自然產生。

　　正是對意義的想像，把生活分成了兩部分：一部分是痛苦的，另一部分是快樂的；一部分是瑣碎的，另一部分是神聖的；一部分是忍受的，另一部分是享受的；一部分是交錢的，另一部分是收貨的。交錢總是痛苦的，收貨總是幸福的。所以我們迫不及待地想要脫離前一部分，得到後一部分。而瑣事不幸被我們看作了前一部分。

　　如果「瑣事」是個人，估計他也得叫屈：憑什麼你把我當作工具，去追求別人？你這麼看輕我，我自然要報復你。於是，你越想逃離，瑣事就把你箍得越緊。「瑣事」和你就變成了一對冤家夫妻。而如果「瑣事」真是個人，以平等心待他的背後，也就是慈悲和愛啊。

　　所以你看，對待瑣事的態度，其實就是民主態度。說眾生平

等，其實也得說「眾事平等」。不能因為它是瑣事而輕慢它，尊重它就是生命的一部分。而我們對生命的態度，除了沉下心來體驗，還能做什麼呢？

正念導師卡巴金有一段時間想去遠方出家。那時候他迷戀禪修，覺得生活耽誤了太多修行的時間。後來，他的孩子出生了。他每天要換尿布、哄孩子、撿玩具，做一個普通父親該做的事。有一天他想，既然修行也一樣枯燥和艱苦，就把做這些生活瑣事也當作一種修行吧。於是，他開始以一種鄭重其事的態度認真地對待它們。他的生活並沒有變，但慢慢地，他的心卻靜了下來，而他與孩子的關係，也在全心投入中，變得日益親近。

一行禪師曾說，**很多人總是把做「正事」的時間看作「我的時間」，而把做瑣事的時間看作「占用了我的時間」**，好像因為瑣事，那一段時間不再屬於我了。實際上，陪伴孩子的時間和修行的時間，都是「我的時間」，我們有責任以認真的態度度過它。

有一天早上，我去佛學院上課。佛學院的門給鎖上了，進不去。那天天很冷，又下著雨。我在門口等了十幾分鐘，開門的同學才匆匆趕來。我正想抱怨幾句，那同學說，老師，你看風景多美！抬頭一看，雨後的遠山煙雨濛濛，滿山的綠色茶樹正在發芽，襯托著近處的幾枝紅蠟梅。欣賞著這遠處的美景，我的心一下子安靜下來了。我心想，如果不是我剛剛急著等開門沒注意到，也許我反而多了十幾分鐘欣賞美景的時間。

那一瞬間，我覺得我悟到了什麼。

我悟到了什麼呢？也許是，等待的時間，其實也是我的時間，我本可以好好利用和享受。也許是，要想脾氣好，還得風景好啊！

04 從眼前的生活到更大的世界

在我的收藏裡，一直收藏著的是阿里大神多隆的故事。

多隆在阿里的層級是 P11，相當於副總裁，是阿里合夥人裡唯一的工程師。無論就職位還是財富方面而言，他都是見識過更大世界的人。

可多隆又很特殊，他有著與他的位置不搭的行事風格。他不喜歡帶團隊，嫌麻煩，職業生涯主要是專注地寫程式。引用同事對他的描述：

在內部組織的稱號，他被稱為神。多隆做事一個人能頂一個團隊，比如說寫一個檔案系統，別人很可能是一個個團隊在做，甚至一個公司在做，而他從頭到尾都是一個人，在很短的時間內就完成了。從 2003 年到 2007 年，淘寶搜尋引擎就是他一個人在寫，一個人在維護，而且這還不是他全部的工作。

多隆不擅交際，不常分享，也不玩什麼社交網路，一般很難在公眾場合見到他。只要是能不參加的會議、採訪，他都不會參加。就算去，他也常常會帶上筆電。據說，他也曾經帶著筆電去 outting（遠足），在車上寫程式。雖然被所有人視為神，但他真的由心底覺得自己是一個凡人。他做得最多的就是默默地坐在辦公桌上，對著螢幕上的黑框寫程式，解決問題。

曾經看到一句話——熟悉滋長輕視，一旦熟悉了，傳奇也不過如此。但在多隆這裡，完全是相反的。越深入了解，越欽佩他的專注、職業。他說過，他的興趣就是寫程式，而他真的是每天上班除了吃飯、上廁所，就是寫程式，一寫就寫了 14 年。

有一次在散步的時候，有人問他是如何成長為現在這樣的大神的。他回答說「就解決問題嘛」。憑 14 年的專注加上淘寶的飛速發展，他就這樣「簡單」地一步一步解決問題成為大神。

多隆的故事讓我想起《禪與摩托車維修藝術》中的一句話：

「今天，佛陀或耶穌坐在電腦和變速器的齒輪旁邊修行，會像坐在山頂和蓮花座上一樣自在。如果情形不是如此，那無異於褻瀆了佛陀或耶穌——也就褻瀆了你自己。」

原來，在電腦旁修行就是這樣的啊！

讀到別人的人生，在敬佩之餘，我們也會好奇，到底是什麼驅動著他前進。顯然不是高遠的目標。多隆是從最底層的工程師，通過解決一個小問題，再解決一個小問題成長起來的。如果他念念不忘遠大目標，未必能做到這麼專注。人心裡有了執念，就會擔心。一擔心，就很難做到專注了。

我們從小被教育，要有遠大理想，這幾乎成了我們對世界的基本信條。越是對現實不滿，越是害怕泯然眾人矣，我們越會緊緊抓住高遠的目標不放。但如果高遠目標沒有現實的路徑，很容易把生活變得抽象而無趣。

有一次，我去做一個關於拖延症的分享，有同學問我：「我有一個遠大目標，希望能成為一個像我老師那樣的科學家。可是當科學家需要先通過 GRE（美國研究生入學考試），要去國外讀博士。讀博士還要讀很多文獻，發很難的 paper（論文）。回來還要能組建自己的實驗室。這其中任何一個環節稍有差錯，我的目標就功虧一簣。一想到這些，我就很焦慮，就覺得眼前的事很沒意義，於是什麼也不想做了。」

　　在高遠的目標下，生活被想像成一架設計精密的儀器，容不得半點差錯。這樣的生活既乏味，又缺少驚喜。**它就像一個買賣，把你很長一段的時光打包去換一個可能的結果。**我們並不想要這個過程，而只想要遠方的結果。所以我們會希望這個過程儘快結束，那個結果快點到來。可是，沒有了這個過程，我們的生活又在哪裡呢？

　　我曾經問過班上學生怎麼看多隆這樣的生活。大部分人表示欽佩，但並不願意有一個這樣的職業生涯。有一個同學小聲嘀咕：「如果能保證這麼成功的話，那還是值得考慮，可誰能保證這麼成功呢？」

　　如果把生活本身當作計算投入產出的買賣，自然要評估風險，再考慮投入。可有些時候，生活的投入產出，常常在我們的計算之外。在多隆埋頭寫程式的時候，並沒有人能給他關於遠大前程的保證。

　　我們總是東張西望，覺得非得有人給了我們這樣的保證，才捨得全情投入。古人說，盡人事，聽天命。說的是，做我們能做的事，把命運的部分交給命運。這裡面有一種信任在，這種信任

並不是對「公平買賣」的信任，而是死心塌地交付給命運。不是「只要我努力投入，上天就會給我回報」，而是「即使上天不給我回報，我也會努力投入」，因為過程已經給了我們回報。

如果說多隆的例子太成功而失去了現實的意義，現實中其實也有不那麼「成功」的例子。

有段時間我看了一個被洗版的影片《回村三天，二舅治好了我的精神內耗》。據影片作者講，二舅小的時候，曾是天才少年，雖然出生在農村，但也有很大的希望考上大學，擁有光明的前途。可是在考試之前遭遇厄運，他被隔壁村的赤腳醫生打了 4 針以後，成了殘疾人。

從「有前途的少年」，到終身殘疾的「歪子[1]」，這個落差落在誰身上，都很難接受，更何況二舅那時候還是孩子。

現實最殘酷的地方是，無論你接不接受，它都在那裡。區別無非是，如果你接受了，你就成了沒有前途的「歪子」，你要借著這個殘破的自我開始新的生活。如果你不接受，那你就會永遠卡在這裡，沒辦法前進。

而生命最有創造力的地方，也在於此。二舅用了 3 年，才慢慢接受這個現實。第一年他不肯再去上學，無論老師怎麼勸，也不肯下床，在床上足足躺了 1 年。這是他沉溺於痛苦，抵禦現實的一年。第二年他開始看一本《赤腳醫生手冊》，想要尋找治療自己的方法。這是他用自己的辦法跟現實討價還價的一年。第三

---

1. 用來描述一個人曾經有潛力和前途，但因為某些原因而淪為殘疾或不正常狀態的人，與原本的美好前景形成了極大的反差。

年，他看一個木工做活，才起了做木匠的心思，讓家裡給自己買了一套木工工具，開始做起了木工活。這是他開始嘗試新生活的一年。

從躺在床上沉溺於自己的苦難，到能夠把目光從苦難身上稍微拔開一些，去看看自己還能做什麼，二舅最終發現，**他治療不好自己的身體，卻能治好自己的心靈**。我們讚嘆二舅的時候，不是在否認他所經歷的苦難，而是在讚嘆生命本身的堅韌。他要活下去，就要由著苦難撐大自己的胸懷，讓他變得豁達。而他的豁達也意味著，他要跟那個「有前途的少年」永遠告別。

失去了這個自我，生活還是會留下一些東西，比如他的才華——雖然，在另一個平行世界裡，它可能有更大的用處。

二舅找到的活法，是學一門木匠手藝。我覺得手藝是最能讓人安身立命的東西，因為手藝最公平。手藝不會管你是誰，你遭遇了什麼，你下了多少功夫，你有多少的悟性，手藝就會回報你多少。手藝是我們在紛亂的世界中真的能鑽進去的東西。手藝讓我們在苦難中，有地方可躲。也因為手藝，能夠寄託新的自我。

一個木匠其實不算什麼太大成就，也沒賺多少錢，最終的作品也不會有多少人知道。但二舅靠著成為木匠，治好了自己的精神內耗。

我理解的精神內耗，是當理想和現實出現巨大的落差時，我們既無法接受現實，也沒有辦法追求理想。我們在被卡在中間，進退兩難，痛苦掙扎。

「眾生皆苦」，人活在世上，就會面對痛苦。而以佛學為底層理論的心理治療學派 ACT（接納與承諾治療）區分了 2 種痛

苦：疼痛（pain）和折磨（suffer）。疼痛是世間的無常帶來的，有時候冷不丁就落在了你頭上，你避無可避。折磨，就是我們卡在其中無法動彈所產生的「精神內耗」。

二舅有過3年的精神內耗，來治療自己的創傷。那3年，他承受的折磨多，疼痛少。後來幾年，他承受的生活的疼痛多，折磨少。

有一些意義，是需要進入某種生活才能找到的。二舅進入了他一直拒絕進入的生活，這樣的生活遠遠地看，好像除了痛苦什麼也沒有，但進入了，他便發現，他還是能創造一些東西。無論是用他的手藝做木工、幫村裡人修補各種東西，還是他跟養女、媽媽的關係，那些是生動的，是無論在哪種生活中都彌足珍貴的東西。

二舅從所做的有限的事情、所經營的有限的人與人之間的關係裡，找到了自己生命的意義。

多隆和二舅，一個世俗意義的成功者和一個失敗者，如果說他們有什麼共同點，那這個共同點是，他們都以不同的方式進入了生活，**在投入和專注中，找到了自己和這個世界最深的聯繫，以及跟這個世界的接口。**

芝加哥大學心理學家米哈里·契克森米哈伊提出一個叫作「心流（flow）」的概念。他說，心流是人們在全心投入時所產生的一種特殊的忘我體驗。在心流的狀態下，人們的注意力高度集中，心中沒有任何雜念，覺得一切活動暢通無阻，自己跟眼前的事密不可分、渾然一體，甚至忘記了時間。

米哈里把這種狀態看作人類的最棒體驗，是幸福感真正的來

源。悖論[1]是，心流需要我們「忘我」，放下對事物以外的「目標」的執念。也正是因為「忘我」了，我們反而能夠成就更深刻、更複雜的自己。

正如《活出意義來》這本書中，弗蘭克所說：「不要以成功為目標——你越是對它念念不忘，就越有可能錯過它。因為成功如同幸福，不是追求就能得到的；它必須因緣際會……**是一個人全心全意投入並把自己置之度外時，意外獲得的副產品。**」

05 我想去遠方 把人生歸零重來

按：當身處困頓中，我們總希望能夠去遠方，把生活歸零重來。這樣是否可行呢？後面的答讀者信，也許能給你一些啟發。

海賢老師：

您好！

我想我應該只有很小的概率會被看到、被評價、被回覆，這是我決定寫下這封信並發出的重要原因。我也想了很久什麼樣的標題最好、最容易被注意到。但實際上我又期待著不被回覆，不管有沒有被看見。

我來自中產家庭，獨生子女，父母相愛並愛我，明星大

---

1. 悖論（paradox）指的是一種邏輯上似乎矛盾或自相矛盾的陳述或情況。

學畢業。我曾經有份不錯的工作，就在今年，辭了職，邊申請學校邊準備語言考試。父母也很支持。

我的生活是如此一帆風順、乏善可陳，以至於我不得不找些什麼來麻痺自己。我刷微博、論壇、知乎，看電影、看書，聽歌、聽廣播、背單字，力求每時每刻都有事做，好避免深層次的思考：我很可能花一大筆錢與一長段時間，最後白白浪費了它們。

而且大部分錢還是我父母的。我父親身體不好，今年要做心血管支架，我還有多少時間可以和他在一起呢？我母親又那麼怕寂寞。

然而，我還是會走。這個想法在 2 年前就有了。那時，我在工作、相親、和酒肉朋友出去玩，努力過得充實又滿足。雖然我還是覺得很無聊，但我在努力調整自己。去年年底，我開著車在回家的路上，不知道為什麼，一下子哭得很厲害。從那時起，我意識到這樣下去只會越來越糟：我會永遠在長久的無聊與短暫的開心中反覆循環，直到崩潰。我得找個目標才行。

我是有「前科」的。大學的時候，曾經陷入過非常沮喪的狀態。那是個很常見的故事：我努力考上了大學，然後沉迷遊戲，被當，當太多。每天躺在床上什麼也不想做，留級，母親過來陪讀，勉強畢業。

整個大學時期，我什麼也沒學到，雖然玩遊戲的日子很開心。您可能要問既然上大學這麼頹廢是怎麼找到工作的，實際上那也是靠父母的關係。是的，這是一個擁有一把好牌

卻打臭了的人的自述。我擁有很多人沒有的幸運，但我最終把它們都浪費掉了。我鄙夷自己，卻又覺得自己是可以被原諒的，畢竟我也這麼努力、這麼痛苦。雖然都是些不值一提的努力和痛苦，但對當時的我來說，我真的盡力了啊──盡力了嗎？

我總是希望自己的人生可以按下一個鍵，歸零重來。這可能是留學對我最大的吸引力：把過去的失敗通通抹殺。我想獲得第二次機會，去成為夢想中的自己，去證明我也可以完成什麼，可以自立，去交朋友，去嘗試愛上誰。

但這很可能只是另一次失敗──如果我能順利完成學業並找到工作，那為什麼不能努力做之前的工作呢？這麼些年，我不知道自己熱愛什麼，只知道自己討厭什麼。我太害怕失敗了，於是我什麼也沒做。

我知道這樣下去不行，可什麼才是行的呢？

深夜囈語，不知所云，謝謝您看到這裡。當然，真心的，不看到也沒關係，畢竟我說出來了，這應當是件好事，也要感謝您。

祝您生活愉快。

佚名

佚名：

你好！

你有沒有做過這樣的夢，夢見自己回到了從前，回到某個你人生的重要時刻。也許是在頹廢的大學生活裡，也許在

讓你找不到歸屬感的工作中，也許還要更早。在夢裡，你還處在困境中，甚至比現實發生的還要糟糕一點。但是，和現實不同，你並沒有頹廢，而是以極大的努力、耐心和勇氣做了些不一樣的事。你把自己從困境中拉了出來，峰迴路轉，你的人生從此變得不同。

在夢裡，你既焦慮又開心。開心的是，你終於改變了自己的生活軌跡，讓生活往你想去的方向發展。焦慮的是，你知道自己正在做夢。你害怕夢醒後，發現一切都沒有變的那種惆悵。夢中的感覺越好，醒來後的惆悵就越深。

現在，你想去國外重讀一遍大學。在大學裡，你會努力學習、自立、交友、戀愛，過與曾經頹喪的完全不同的大學生活。當一個好學生，找一份好工作，把上一段經歷中的失敗和挫折抹殺。你把夢引到了現實中來。只不過，它不發生在過去，而發生在未來，不發生在此地，而發生在遠方。

我說它是一個夢，並非說它完全不可能實現，而是說它的功能和夢很像：滿足我們糾正過去生活的願望。傷心和挫折在心裡鬱結越久，你「把生活歸零重來」的念頭就會停留越久，你就會忍不住想把幻想拉進現實。

這段挫折給你留下的印記太深了，以至於你無法接受這樣的事實：你有過一段不太成功的大學經歷。這段經歷在事實上已經結束了，但你在心裡一直延續著它。你想要一個光明的、深「V」反轉的結尾，強烈到寧可不開始新的生活，也不願意為這段經歷畫上一個句號。

其實，這段讓你深感挫折的大學經歷有一個不算太差的

結尾。你畢業了，還找了一份不錯的工作。在深陷學業困難的時候，你一定幻想過這樣的未來：順利畢業，找一份不錯的工作。在那時的你看來，現在的生活就是你幻想的遠方。

你在其中經歷的痛苦和努力並非不值一提。你當然有足夠的能力和智慧做得更好。問題是，你那時候並沒有做留級生的經驗——那種被當就被當的死乞白賴的堅韌。太多好大學裡的好學生因為缺乏做留級生的經驗，偶爾一被當，就蒙到完全不知該如何自處。你那時候的敵人比你想的強大。學習是最次要的，更大的敵人，是從「優等生」到「留級生」的落差，以及由此帶來的羞恥感和挫敗感。但你還是挺過來了。

你太想把這段「留級生」的人生經歷抹去了，迫切到都沒來得及仔細想想它想要教給你的東西。這裡面有失敗和挫折，也有很多讓你堅持的力量。

你覺得自己能完成學業、找到工作是因為有父母的幫助。一方面，你感激他們對你的支持；另一方面，他們的存在讓你懷疑自己是否能獨立應對這些挑戰。在人生的這個階段，我們確實要離開父母，去遠方證明自己獨立生存的能力。只是，父母是你的資源，不是你的問題。比爾‧蓋茲如果沒有家境不錯的父母，可能也沒這麼順利創立微軟。但他大概不會想：

「如果沒有父母的幫助就好了，我就可以證明自己是個白手起家的企業家了。」

他想的不是證明自己，而是把這件事做成。

我覺得年輕時能去國外讀書挺好的，能增長知識和閱歷。

但如果我們的目標是透過改變環境來改變自己，這事又有些複雜。我見過不少人，因為去了遠方，發生了他們所期待的轉變，另一些人卻又慢慢陷入了原先的生活模式。生活無法簡單透過換個環境歸零重來，是因為我們每個人都帶著自己長長的過去，這長長的過去並不會因為到了「遠方」就消失。它不在環境裡，而在我們的頭腦裡，在我們的所思所想中，在我們對挑戰的應對裡，在我們和環境的互動中。

我們需要了解自己的想法和行為模式，需要了解它們的歷史、好處和可能存在的問題。當環境向我們提出新的挑戰時，我們需要放棄熟悉的，去嘗試不熟悉的，即使這過程伴隨著強烈的焦慮和不安。只有這樣，新環境才可能帶來我們想要的改變。

最後，我想問你一個問題：假如有一天，真的出現了某個可以讓人生歸零重來的神秘的資料中心，而這個資料中心又恰好允許你保留人生的一部分經歷，抹去其餘。比如說，可以保留 1G 的容量，你想保留人生的哪些經歷呢？那時候，你會不會嫌能保留的資料容量太小呢？

祝工作生活愉快！

陳海賢

思考 與 實踐

FIND YOURSELF
AGAIN

思考一下

（1）你希望自己的生活有精密設計的規劃，還是充滿各種體驗、經常有出乎意料的驚嚇和驚喜？

（2）做什麼事情時，你能讓自己安靜下來，保持專注？

（3）假如沒有達成目標，你如何看待自己為目標努力拚搏的過程？

（4）你幻想中的遠方是什麼樣的？它與你現在的生活有什麼區別？

（5）如果能把人生歸零重來，你最希望抹去的經歷或體驗是什麼？為什麼？

（6）如果能把人生歸零重來，你最希望保留的經歷或體驗是什麼？為什麼？

實踐一下

1. 轉念一想

一行禪師在《正念的奇蹟》中曾說，有時候我們排斥瑣事，

是因為我們做自己想做的事情時，會認為這些時間是「我的時間」，我們做不想做的事情時，就會認為這些時間「不是我的時間」。而實際上，這些時間都是「我的時間」，我們都有責任好好體驗、認真度過。

想一想：生活中哪些時間被你當作「不是我的時間」而敷衍度過了？如果把它們當作你自己的時間，你會如何度過它們？

2. 以莊嚴的態度做一件瑣事

嘗試以認真投入的態度做一件瑣碎的事情，比如洗碗、掃地、做飯或者照顧孩子。集中注意力，全心投入，把它當作一種修行般鄭重。感受事情的每一個細節，觀察自己在做這件事時的情緒和感受。

3. 創造心流（flow）

芝加哥大學心理學家米哈里・契克森米哈伊將心流定義為「個人將全部注意和精神投入到某種活動中時所產生的忘我的狀態」。在心流中，人們會體驗到高度的興奮和充實感。

米哈里認為，要產生心流體驗，我們所從事的活動需滿足3個基本條件：

（1）有明確的目標和清晰的規則，即我們知道該往哪個方向走，怎麼走。

（2）能夠建立即時回饋機制，即當我們做一個動作或採取一個行動時，會有回饋告訴我們做對了還是做錯了。

（3）有挑戰性的任務。任務不會容易到我們能輕易完成，也

不會難到我們做不到，需要我們拚盡全力，發揮我們的潛力才能做到。

　　嘗試通過寫一篇文章、從事一項你所喜歡的體育活動，或者學習一樣技能來獲得心流體驗。思考你從事的活動是否滿足了這3 個基本條件。

多年後
的
回望

FIND YOURSELF
AGAIN

　　離這本書初版才 6 年，卻像是過了一個時代。這本書剛出版的時候，空氣中彌漫著一種懵懂的躁動，人們對遠方一直都有一種躍躍欲試的衝動。而現在，到處都在裁員，最能反映時代精神的詞變成了「內卷」和「躺平」。在疫情和裁員的背景下，考公務員、考研究所的人數年年都創新高，穩定的工作和生活成了這個時代的稀缺品。

　　從這個角度看，**所謂遠方，它最重要的含義不是「遠」，而是「不同」**。遠方是現實生活的反面，反映的是我們內心的「求不得」。

　　這種「求不得」究竟會變成對生活可能性的嚮往，還是變成對現在生活的憎惡，全在人的一念之間，它集中反映在對瑣事的心態上。

　　人為什麼討厭瑣事？最表面的原因，**是瑣事瑣碎而且不容易有意義**。但更深的原因，是瑣事常常是別人丟給我們做的。從社會關係上說，瑣事代表的是強加給我們的無意義的分工。就像大

衛‧格雷伯在《40% 的工作沒意義，為什麼還搶著做？——論狗屁工作的出現與勞動價值的再思》中所描繪的，它代表著資本對人的異化[1]。從這個角度看，我們厭惡瑣事，就是反抗這種異化。

但是，瑣事也代表著對世界秩序的某種臣服，代表著從細微處入手安撫自己的心靈，代表著用投入莊重的態度超越現實的瑣碎，也代表著透過辛苦的勞作磨煉我們自己。

但前提是，我們接受瑣事。

經常有人問我，該怎麼應對瑣事，就像有人問我，如何面對辦公室的蠅營狗苟？有時候我會奇怪他們為什麼覺得我有辦法，也許是因為他們覺得一個心理學家應該有辦法應對任何事。

我當然有辦法，只是那是我的辦法。我的辦法就是把自己變成一個自由職業者，然後盡量只做自己想做的事。目前來說，這個辦法還不錯。但我也知道，我能用這個辦法，有很多運氣的成分，這些運氣讓我逃開了很多人去遠方時將會面對的艱難。

去遠方是艱難的，有時候要付出巨大的代價。我見過一個單親媽媽，想去國外學心理學，她籌到了需要的學費，也申請了大學，可唯一的問題是，如果她要去，就必須拋下正讀小學的孩子，讓孩子的爸爸來管孩子，而事實上，為了挽留她，這個孩子已經表現出了各種問題。一方面是人的自我發展，那縹緲不定的前途，另一方面是關係的束縛，讓孩子變成她去追求自我的代價，這是一個媽媽最大的痛苦。所有的人都告訴她要現實一點，你去讀書

---

1. 「異化」一詞在社會科學和哲學中經常被使用，它源自德語 Entfremdung，用來描述個體與自身、勞工與工作之間出現的一種疏離或失去聯繫的狀態。

了，孩子怎麼辦？她自己也經歷了很多掙扎。所以她不停地問我：「陳老師，我的選擇沒錯吧？」

我知道她是想透過我的確認來求得一種安慰。問題是，我怎麼能夠確認哪個是好的選擇呢？我既不是那個因為不能追求自我而受困於現實的媽媽，也不是那個因為媽媽要追求自我而承受相思之苦的孩子。最後我只好說：「我也不知道什麼選擇是對的。**只是無論別人怎麼想，你都有資格為自己做出選擇。**做了選擇，再來面對接下來的難題。」

遠方的船票很貴，有時候風險也很大。但話又說回來，安於瑣碎的現實，又何嘗不會變成另一種風險，深陷「平靜的絕望」而找不到自己的風險呢？

我見過另一個來訪者，年輕時就是一個叛逆的文藝青年，喜歡哲學、詩歌、音樂，充滿了對精神生活的嚮往和對世俗生活的不屑。

而她的先生是個踏踏實實的工程師，一開始就是她想要超越的世俗生活的一部分。她的先生對她很好，總問她「你要我做什麼？」，但她知道，他並不懂她。兩個人共同語言很少，最後到了一家人在飯桌吃飯都沉默不語的地步。所有的人都告訴她你先生多好，你要求太高了，你要現實一點，可她的感覺卻又是自己在這段婚姻裡非常孤獨。她只能不斷壓抑自己的感覺，告訴自己也許是她錯了。可是這種感覺又壓抑不住。最後她決定離開，從那個家裡搬了出去。

回顧這個歷程，連我也變成了質疑她的一部分。我問她：「為這些虛無縹緲的東西，在現實裡碰得頭破血流，值得嗎？」

她忽然哭了。她說：「這不是選擇的問題。我沒有辦法放棄對那些東西的嚮往和追求，我沒有辦法放棄我的愛情、理想，哪怕我沒有真的實現過它們。如果放棄了這些，我會覺得我背叛了我自己，我就不知道自己是誰。」

　　她決絕的樣子，就像舉著長矛衝向風車的唐吉訶德，固守理想化的碎片，而拒絕進入現實的世界。說荒謬，那也是一種荒謬。說英勇，那也是一種英勇。

　　也許，我們需要經歷很多次理想世界的坍塌，才能達成跟現實的和解，才會發現，這個泥濘、混亂、充滿不確定的世界，也有它的可取之處，不僅因為除了失望，有時候它也會給我們意想不到的驚喜，還因為它是我們唯一存在和擁有的現實。

FIND YOURSELF AGAIN

第三章

FIND YOURSELF
AGAIN

理想與平庸

神有 2 種嚴酷對待我們的方式：一種是否定我們的夢想，一種是實現我們的夢想。

——奧斯卡・王爾德

我們一味追求不可能的事物，卻使那些可能得到的東西變成不可能。

——羅伯特・阿德里

01 接受平庸的那一刻

　　打從讀大學那時起，我就經常被「不能變平庸」的想法折磨。說實話，有這個想法本身就挺平庸的。但那時候我並不這麼想。我的眼前經常如跑馬燈般閃過一個個比我聰明、優秀很多的同學的名字，我覺得我得趕上他們，所以我一有空就去圖書館。可是背英語單字或者看專業書太累，我只好啃一些難啃的哲學書，從康德到黑格爾再到尼采。我經常趴在這些書上睡覺，一睡就是一下午。醒來的時候我想，嗯，我枕著黑格爾的書睡著了，一定又進步了不少。

　　泡圖書館其實挺孤獨的。可那時候我大概覺得，孤獨有時候也意味著特別，至少不是泯然眾人矣的平庸。多年以後我才意識到，這可能是一種病——「平庸恐懼症」。

　　這些患者特別容易相信現在的生活不算數，未來和遠方才算；也容易相信生活中存在這樣一條線，線的兩端是 2 種截然不同的

人生。也許它們真實的差距只有月薪 3.5 萬元還是月薪 4 萬元，房子買在距市中心 4 公里還是 3 公里，當搬磚工還是當水泥匠那麼大，但在想像中，這種差距被擴大到泯然眾人矣還是萬眾敬仰，騎電動車還是開法拉利，看《新聞聯播》還是上《新聞聯播》。**而你在線的這頭還是那頭，取決於你現在選擇的生活態度，是拒絕平庸還是甘於平庸。**

他們不僅善於想像未來的生活，也善於想像別人的生活。在他們看來，別人的一點點進步，都是邁向線那頭的明證，這讓仍停留在了線這頭的他們焦慮不安。

「平庸」這個詞，有特別豐富的含義——你只要看它所對應的反義詞就知道：奮鬥、獨特、理想、才華……這些詞的含義，一半指向生活態度，另一半指向自我標籤。所以接受平庸不只意味著停止奮鬥或折騰，有時也意味著接受自己的極限，放棄虛幻的主角光環，承認自己只是一個普通人。可「普通人」對不同的人也有不同的意味。

對有些人而言，「普通人」意味著過平靜安穩的生活。對另一些人而言，「普通人」就意味著變成生活的配角、社會的底層，甚至處處不如人。如果是後者，要從平庸之苦中解脫出來，其實並不容易。

知乎[1] 有個問題：接受平庸的那一刻是什麼情境？共有近 10 萬人關注這個問題，有近千萬的瀏覽量。關注者和回答者的數量都多得嚇人。

---

1. 中國著名的問答網站，創立於 2011 年。

我仔細看了這些答案，有說從小就習慣了平凡，覺得平平淡淡才是真的；有說意識到自己平庸是在夢想破滅後，帶著絕望的悲憫重新尋找出路的；也有說自己因為接納了平庸，心態變平和，不再抱怨環境、妒忌他人的……大部分答案都提到了一種踏實的感覺。在接受平庸的那一刻，他們並沒有絕望，也沒有放棄努力，反而更加踏實地回歸了生活。在經歷了一些事後，他們領悟到的道理是這樣的：

　　「其實我們每個人心裡跟明鏡一樣，清楚地明白自己原來就很平庸，只是心中有那麼股執念和僥倖作祟，想著也許自己可以和別人不一樣，可以走一條別出心裁的路，衣錦還鄉，傳為佳話。接受自己平庸的那一刻，便是把這股執念和僥倖徹底澆滅，不再妄想，不再希冀，認命了。

　　那一刻，我不再與自己為敵，也不再與世界為敵。我開始以包容的眼光去看待這個世界，開始慢慢接受自己，開始嘗試控制自己的情緒。但是這並不代表我會向這個世界投降。我仍然有著一腔熱血，一切由自己的內心出發。

　　越是平庸越要努力，越要踏踏實實從簡單的事做起。天才『妖孽』我比不了，那麼就做個努力的平凡人唄，不要虛度一生。所以你看，不如索性把自己放低，也不用非要登上山頂成為最頂尖的那位。把每一步做好，你可以在平庸中變得不那麼平庸。」

　　對於這些人，接受平庸所邁出的關鍵一步，不是放棄努力，而是放棄對自己的幻想，回歸現實。

　　我們總有對別處生活的想像。可能有錢的生活就是比沒錢的生活好，未來的生活就是比現在的生活好，別人的生活就是比我

們的生活好。可對個人來說，無論現在有錢或沒錢、正從事什麼樣的工作、跟誰結婚，你都只有一種生活，那就是你現在正在過的生活。別的生活只存在於幻想中，無論它是好或壞、平庸或不平庸，都沒什麼意義。

而當我們用平庸與否來思考生活時，我們不自覺地把生活分成了2種：一種是獨特、有趣、宏大的，另一種是平庸無奇的。前一種是成功的，後一種是失敗的。只有前一種人生才值得過，後一種人生不值得過。

當我們用這種框架來思考生活時，會自動忽略那些重要的卻無法被平庸或者不平庸歸納的東西。

我女兒還小的時候，每天我下班回家的點，她奶奶都會抱著她在樓下等我。她會一直朝我回來的那條路張望，遠遠看見我了，就開始咯咯咯咯地笑，使勁衝我揮手，等我走近了，湊過來讓我抱。**許多這樣的生活小事，無關平庸或者不平庸，卻是生活真正的滋味所在。**

02 你可以嘗試先做一個「廢物」

有段時間我在讀一本書——《寫作課：一隻鳥接著一隻鳥寫就對了》。與其說這是一本關於寫作的書，不如說是一本如何處理寫作中各種情緒波動的書。書寫得妙極了，到處是閃閃發光的句子，透著賊兮兮的可愛模樣。

在書的角落裡散落著一個心理諮詢師的故事。大意是說，有一位禿頭、留大鬍子的名叫阿諾的心理醫生，跟一位有輕微憂鬱症的年輕女作家和她的有輕度憂鬱症的弟弟待在一起。阿諾給了他們心理方面各式各樣有用的建議，都沒能幫他們走出憂鬱情緒。最後他放棄了，放下身段，學起了鴨子走路和嘎嘎叫，來逗他們笑。作者很偏愛這樣的主題：一個完全沒救的人恰巧遇見了某個陌生人，意料之外的這個人給了他短暫的鼓舞時光，並向他坦白：「我也迷路了！可是你看——我會學鴨子叫！」

我也很偏愛這樣的主題。雖然不會學鴨子叫，但我對迷路卻很在行，無論是在真實意義上城市的複雜街道，還是在比喻意義上人生的十字路口。

這故事最吸引我的地方是，在迷茫和困境中，人們如何相互取暖。諮詢師放下諮詢技巧，病人放下了心理防禦，彼此以人與人之間本能的關心和善意相處，以無可奈何的樂觀精神相互溫暖。當然，這並不意味著他們就此找到了出路，相反，承認沒救了是這個故事最有趣的地方。既然完全沒救了，我們也不用去想未來、前途或者出路之類的事了，就享受和欣賞這片刻的溫暖，多好。

關於怎麼走出困境這件事，作家、現在也是心理諮詢師的阿春老師有一個著名的「廢物論」。無論你問的是「我該如何拒絕別人」、「我怎麼克服拖延症」，還是「我怎麼克服社交焦慮」，她都有一個統一的回答：「就承認自己是個廢物好了。」剛開始聽到這種論調，我總覺得又消極又虛無，真是只有資深憂鬱症患者才想得出來的解決之道。

但最近我從這個論調中琢磨出了一些道理。既然你已經是廢物了，所有的不堪都在意料之中了，你也不用再為什麼事羞愧了。你可以毫無負擔、理直氣壯地去做你想做的事，不用再操心是否能做成了。

　　反正你就是個廢物嘛！這多有安全感。就像上一個故事中，完全沒救的人放棄了治療，才會把目光放回到陪伴本身。

　　當然，要理直氣壯地當廢物，可並不容易。記得阿春老師來杭州辦讀者見面會，當時我是嘉賓。有個高中女生被她洗腦了，在問答環節，她站起來怯生生地問：「阿春老師，我看了你的文章，我也想努力做個廢物，可是每次都做不好。比如每次跑步沒跑完，或者作業沒做完，我都會非常焦慮，並不停地責怪自己。請問，怎麼才能當好一個廢物呢？」

　　後來我們和李松蔚老師討論起這件事，李松蔚老師感慨道：「唉，連個廢物都當不好了，這得多廢物啊！」

　　英倫才子艾倫·狄波頓曾做過一個演講，專門講悲觀主義的好處。他說，承認生活的本質就是受苦，人類的本質就是墮落，能增加我們對生活的忍耐力，提高我們的生活智慧。他覺得保持理智的最佳方法就是徹底掌握悲觀主義。比如北歐的居民從不會因為下雨而憤怒，因紐特人也不會因為寒冷而失望，是因為下雨或寒冷再不舒服，也沒有超出他們的預期——他們把下雨或寒冷這類情況當作生活常態。他說，**如果我們降低對正常生活的預期，承認命運的反復無常，就會減少對生活的失望。**

　　同樣，如果我們降低對自己的預期，承認我們在很多時候無能為力，會不會也能減少對自己的失望呢？

這種說法讓我想起諾貝爾經濟學獎獲得者、心理學家丹尼爾·康納曼提出的展望理論（prospect theory）。這個理論有 2 個重要觀點。第一，人會盡一切努力規避損失。同樣價值的事物，失去它們所帶來的痛苦遠比獲得它們所帶來的快樂來得強烈，為了規避損失的痛苦，人會做很多傻事。第二，什麼是損失，什麼是收穫，並不是由絕對量的增減決定的，而是由「對照點」，也就是由你「跟什麼比」決定的。

　　把這個理論套用到自我意識上，人總會為自己設立一個對照點，那就是自我期待。人也會透過和自我期待做比較，來判斷自己是好還是壞。而「廢物」和幻想中的「完美自己」正是對照點的兩頭。幻想中的自己越完美，你越容易受挫。越受挫，就越需要一個幻想中的完美自己來維護自尊，於是形成了惡性循環。

　　這時候，乾脆承認自己是個廢物，說不定還會很快發現，自己也有些不廢的地方。比如，雖然你沒按時完成作業，但至少你抄得挺工整。或者雖然你沒去跑步，但至少你挑的跑鞋挺漂亮。跟廢物相比，你渾身上下都是亮點。

　　可是，一降低自我期待，人就會把它知覺為受損失了。損失就會帶來痛苦，所以降低自我期待同樣很難。

　　我經常遇到一些在別人看來生活得還不錯，但充滿挫折感的來訪者。他們有些為自己碩士畢業只能找一個年薪 80 萬～ 100 萬元的工作而焦慮，有些為自己雖然考上了國內名校但沒能在學習階段就出去留學而抑鬱，有些為自己的爹媽雖然給自己買了房，但房子只值 2 千萬元，且沒在西湖邊而難過。雖然跟更多真正難的人相比，他們的難過多少有些矯情，但對他們自己來說，

這種難過卻非常真實。在高期待的綁架下，他們鑽入了專注損失的牛角尖，怎麼也出不來。

這時候，如果讓他們承認自己是個廢物，他們多半是不肯的。如果讓他們想像可能有更糟的情況，他們多半也是不肯的，並覺得你瞧不起他們——明明他們配得上更好的生活。

更讓他們難過的是，「我原本可以過更好的生活，現在卻錯過了」。無論錯過的是戀人、賺錢的機會，還是一份好工作，這些從未得到過的東西都在幻想中成了異常完美的對照點，讓人們沉溺在想像的損失中無法自拔。

這時候，我就會這樣勸他們：「就當你家經歷了一場颱風，房子快被刮沒了，房子裡的東西也被刮得七零八落。你很傷心，這很正常。不過也許你願意去房子裡看看，看看裡面還剩下些什麼東西，哪些還能用，哪些能作為災後重建的基礎。」

我這麼說的用意，原本是想製造一個對照點，讓他們先承認損失已經發生了，再看看還擁有什麼。不過，有些來訪者會不甘心：「可是我真的眼看就得到它了。怎麼說沒就沒了呢？真的很痛苦。」

我只好說：「自然災害嘛，有什麼辦法，老天最大嘛。」

可是來訪者又會問：「這明明不是自然災害，是我自己作死。如果我當初謹慎一點，明智一點，都不會這樣。我恨透自己了。」我看著這個生活在想像中的來訪者，想想最近經常讓我從睡夢中驚醒的自己的損失，不禁悲從中來。

想了一會兒，我說：「你聽過鴨子叫嗎？不如讓我來給你學一段鴨子叫吧。」

03 當「理想」照進現實

按：當美好的理想遇到冰冷的現實，該改變自己還是順從現實？如果要改變，能如何改變？後面的答讀者信中想跟你探討這個問題。

海賢老師：

您好！

關注您很久了，一直想給您寫信，可又不知道怎樣才能描述清楚我內心的困惑。現在，我想把給您寫信的想法變為行動，也藉著這封信，理一理自己亂糟糟的思緒。

我的問題是，我對自己的工作很迷茫。我不喜歡現在的工作，又不知道新的工作在哪裡。對現在工作的厭惡，對尋找新工作的焦慮，對自己的極度不自信，讓我喘不過氣。

我是一個26歲的女生，名校畢業快4年了。畢業時，順利進入一家世界名企，1年後因為接受不了工作占據太多時間（大概是這個原因吧，我自己也理不太清楚了）而選擇離職。之後，嘗試考研究所，可並沒有完全投入。快2年的時間沒有收入，社交停滯，家庭發生變故，前路迷茫。對自己的選擇和能力的懷疑，讓我情緒幾度失控。我開始重新找工作，想著第二份工作我一定要好好幹。工作找得並不順利，可好歹最後還是找到了。

對於現在的工作，我討厭它。我希望趕緊從這份工作中

脫離。這份工作所需要的資源，我壓根無法提供。一些違背原則的事情，我很抵觸。我在這裡，並沒有長久發展的可能和意願。在這份工作上我堅持了 1 年，堅持的原因更多是怕太折騰後履歷不好看，對自己的職業生涯有不好的影響。當然，也因為我也並沒有找到新的理想的工作。

對於下一份工作，我很迷茫，不知道自己能做什麼，想做什麼。我明明很想換一份新工作，卻在無止境地拖延。我發現畢業 4 年，自己根本沒有擅長的領域與技能，覺得自己什麼都不會。特別羨慕那些知道自己喜歡什麼，然後投入去做的人。打開各種求職網站，我就頭痛。因為我不知道自己的目標，我連把履歷投向什麼樣的工作職務都不清楚。一想到找工作，我就心煩、頭痛、焦慮。

畢業 4 年，快「奔三」的年齡，2 份工作，近 2 年的空白。我覺得自己一無是處，毫無資本和能力立足社會。我也想找到自己的興趣所在，並投入去做，卻在「你連自己都養不活了，你有什麼資本去喜歡、去投入」、「你毫無經驗，從頭開始的話，你上大學所學的還有什麼意義」的想法中避而遠之。

理想的我，能全心投入自己喜歡的工作。現實的我，卻只能勉強做著一份養活自己的工作。我為不能改變現狀而煩躁，更為活了二十幾年還這樣渾渾噩噩、一無是處而懊惱。我總懷疑，如果是別人，一定會處理得比我好。我討厭這樣的自己。我想救救我自己。

謝謝您抽出寶貴的時間讀完這封信。期待您的回覆。

雨雨雨

海賢老師：

　　您好！

　　我現在做著一份不喜歡的工作，它就是我生活的全部。從這份工作中，我得不到任何成就感，有的只是拖延、焦慮和「終於又完成一點」的短暫放鬆。不知從什麼時候起，我覺得自己什麼都做不到。一點點困難，都會在我的消極情緒中被放大，讓我不知所措。

　　但以前的我不是這樣的。那時的我，單純、自信，感覺自己什麼都能做到。那時我文筆不錯，作文經常被當作範本。不像現在，經過幾年工科培訓，連日記都寫不通順了。那時的我很愛讀書，對政治、哲學、法律、外國文化都很感興趣。不像現在，1年都讀不完10本書。那時的我精力充沛，每天學習十幾個小時停不下來，不像現在，一天中有精力做事的時間不超過幾小時。那時的我勇敢果斷，什麼事都想嘗試，不像現在，想做什麼事會先想到這樣那樣的困難。我的世界在不知不覺中變得危機四伏。可理論上不該是這樣的啊！我以前也沒生活在月球上啊！

　　每天我都在不斷自我反省。有時我對自己說，這是因為你做的不是自己喜歡的工作，只要找到喜歡的工作就能擺脫這種狀況。但是在夢裡，前男友對我大喊：「你根本沒有努力，你只是想逃避責任！」是的，我現在很難長時間專注在應該做的事上。我的專注力、自信、意志力都大大下降了。我沒有辦法努力，也無法改變自己的狀態。

　　突然我意識到，是我把自己變成這樣的。就像您說的，

意志力的存在，是為了承擔責任和應對挑戰。而在這個過程中，意志力又得到了鍛鍊，就像肌肉一樣。長期不使用意志力，什麼都不想做，只會讓意志力退化，漸漸地，就什麼都做不到了。我就是這樣退化的。

意識到這一點後，我感到無法遏制的悔恨和傷心。如果未來還要這樣度過，太可怕了！一個人迫於現實，做一份自己不喜歡，也得不到成就感的工作，最可怕的不是做不好，而是它可能完全改變一個人。現在的我缺乏意志力、自信，精力也很有限，想要做到什麼都很難。我想這就是答案。

可是，這個答案會不會只是我的一種幻想？幻想換一份感興趣的工作，我就能打起精神，重新變回以前的自己。

說到這裡，我好像已經有了答案。也許您也經常遇到說著說著，自己就找到了答案的情況。我不能在現在這樣的生活中停下來。我必須去尋找、嘗試和改變。儘管還有些害怕，我必須開始做點工作之外不是很困難的事，一點點來恢復我的自信和意志力。我不會立即放棄現在的工作，但我會試著找實習、兼職，甚至去參加一些考試。我要去做這些，就像此刻的我給您寫這封信，不再擔心被質疑、被否定一樣。

祝好！

Momoc

雨雨雨、Momoc：

你們好！

我驚訝地發現，我的郵箱同時收到了 2 封信，相似得如

複製、貼上一般。也許你們在不同的城市做不同的工作，但訴說的卻是相似的煩惱。我考慮了很久究竟選哪一封回，最終決定把這2封信同時貼出來。既然緣分如此神奇，我就應該把這種巧合呈現出來，好讓你們看到彼此，並知道這個世界上有此煩惱的人，並不止一個，也不止你們兩個。

前段時間，我遇到一個人，30多歲吧，以前一直在經商，現在是音樂人。他從大學就開始組樂隊，一直夢想以音樂為生，但遭到了父母的反對。他父母都是大學教授，覺得玩音樂是「不務正業」，以死相逼，讓他放棄。後來他如父母所願，開起了公司，成了商人。公司還算成功，最多的時候也有2、300人，日子過得順風順水。可內心深處，始終有一些東西，讓他隱隱覺得不痛快。

在35歲那年，他一個哥們兒患了尿毒症，原來好好的人，忽然就不行了。走之前，那哥們兒跟他說，人生苦短，你還是應該去做自己想做的事。等那哥們兒一去世，他立馬賣掉了公司，找了個音樂製作人，開始組樂隊，做專輯。

如今他出了2張專輯，不算混得太有名，但我也經常能在國內幾個音樂節上看到他的名字。他的音樂就普通水準吧。但他坐在我面前跟我聊這些，整個人通透極了。

我問他當商人和當音樂人有什麼區別。他說：「以前我當商人的時候，跟人介紹自己，說我是某某公司的老總，心是很虛的。我出入商務場合，總要再三給自己壯膽，才能勸服自己我屬於這裡。但我當了音樂人以後，就再也沒有這種感覺。我跟別人介紹說自己是做音樂的，一點都不彆扭，心

裡坦蕩極了。」

這大概就是「本該如此」的意思。我知道，這故事有點像雞湯，但它就真實地發生在我們身邊，提醒著我們，成為更好、更真實的自己是有可能的。

你們的信其實都在說一個重要的話題：我們有沒有資格奢談理想。

沒錯，這個社會是很現實的。好的資源總是有限的。社會分工總會把一部分人摁到讓人喜歡不起來的工作中。雖然我們也會反覆勸誡自己要努力踏實，幹一行愛一行，但白天碌碌無為的拖延和焦灼，半夜醒來後不知身在何處的空虛，都會準確無誤地提醒我們，自己正在虛度光陰、浪費生命。

而一份糟糕的工作最糟糕的地方，是它會讓我們懷疑自己的能力，讓我們覺得自己只配得上這麼一點。

你們都有名校的背景，見識過好的，就更難忍受壞的。名校背景拿到就業市場展現，恐怕會被老闆和 HR 恥笑。他們笑不是沒有道理，學校不是就業市場的金字招牌，更不是通往光明前途的通行證。它什麼也保證不了，卻在你們內心裡種下了驕傲的種子。這種驕傲，無論經歷什麼樣的生活挫折，都無法磨滅。

該怎麼評價這種驕傲呢？如果不是有這些不甘平庸的理想，你們也不會有這麼多的迷茫、挫折和自我懷疑。可是如果沒有這種驕傲，你們也不會這麼固執地想要成為更好的自己。

我自己換過好幾次工作。每次換工作都經歷過很多痛苦和迷茫。有時候我也會問自己，為什麼不能停下來，安心做一

份普通的工作？

後來我想到了。在西方的宗教傳統裡，死去的人會受上帝最後的審問。套用這個審問，我總覺得，在我生命盡頭的那一天，上帝會來找我談話（我沒信教啊，就這麼隨便一說）。他當然不會問我，你掙了多少錢、住多大的房子，畢竟他不是聊家長裡短的隔壁鄰居。他大概會問我：「你有沒有辜負我給你的生命？你有沒有盡你所有的努力，來發揮你的才能，實現你的潛力和價值？」

我大概會答：「是的，我曾錯過很多，也曾猶豫退縮，但我已經傾盡全力，從未放棄。」

上帝會說：「那麼，證明給我看。」

那時候，我大概拿不出什麼讓人驕傲的成績。即使有，在上帝面前，那也微不足道。但是，我會展示我的傷疤，那些焦灼的、猶豫的、悔恨的、拖延的、掙扎的、沸騰的、犯傻的、讓人輾轉反側、難以入眠的夜，隨著時光又慢慢平息的痛。我會把這些展示給他看，驕傲得如同展示一枚勳章。

我會說：「我已傾盡全力，這就是證明。我曾為理想所傷。」

現在，你們也正為理想所傷。無論普通人有沒有資格奢談理想，我們都已經談了。而理想，也早已在我們身上刻下烙印。

一份理想的工作到底是什麼樣的？我相信自我決定論（self-determination theory）的說法，理想的工作應該滿足 3 個條件：安全感、勝任力和自主性。簡單說，就是物質上有保障，能發揮才能和潛力，還能自己決定一些事。可是看現在的社

會條件，理想的工作太稀少了，所以才需要不斷尋找。

我總有一份樂觀的確定，覺得你們最終會從不喜歡的工作中脫離出來，找到一個理想的歸宿。無論是1年、2年，還是3年，無論一波三折，還是一帆風順。雖然你們現在看起來有些迷茫、浮躁、自我懷疑，但這些迷茫的背後有驕傲在。這種驕傲不會允許你們一直做一份無法帶來成就感的工作。

既然這是確定的，那我們就可以暫時把「能不能從這份工作中離開」的焦慮放下，從容地研究一下該如何度過這段過渡時期。無論過渡時期有多長，對一個確定的結果而言，它都只是過程的差異。

你們喜歡讀小說嗎？大部分小說中的主角在練就絕世武功，成為蓋世英雄之前，都有一段去一個憋屈的環境中受氣的經歷。比如郭靖還沒出生，父親就去世了；楊過遇見小龍女之前，要在非常不待見他的全真教生活一段時間；哈利·波特去霍格華茲上學之前，要先在姨媽家受些欺負。

為什麼作者要安排這樣的情節？

因為如果這些故事裡的人，不懂生活的艱辛，就不會有渴望。如果沒有渴望和追求，他們的成功也就沒有意義。

現在，你們的人生正處於這樣的故事情節中。在未來的路在你們眼前展現之前，你們至少可以先想想，這段艱苦的生活想要教給你們什麼。也許你們會覺得，如果我不那麼迷茫、那麼自我懷疑，我就能看清這段生活的奧義。我覺得恰恰相反，迷茫和自我懷疑正是這段生活的艱難所在，也正是它的意義所在。

為了搞清楚這段艱苦生活的意義，在過渡期，你至少可以問自己 2 個問題：

（1）假如我在將來找到了一份理想的工作，我能從現在這份工作中學到什麼？大部分能力都可轉移，既然我們已經打入了「敵人」內部，總得偷師學藝，才不虧。

（2）假如我將來找到了一份理想的工作，我今天所能邁出的最小的一步是什麼？

所有的轉變都需要很長一段時間的醞釀期，邁出最小的一步並不容易。哪怕是很小的一步，也需要我們突破自己的心理舒適區。這一小步無關成功，只關行動。而你現在的工作還給你發著薪資，正好讓你大膽去嘗試。

至於從工作中學到了什麼，如果那不是有用的經驗，至少我們要學到一種東西：忍耐的能力。有時候我們需要在忍耐中磨練心性，直到新的自我水落石出。

祝早日成為理想的自己。

陳海賢

04 你是在努力 還是在模仿努力

按：對於一個很晚才起步的人，努力意味著什麼？究竟該怎麼努力，才是正確的姿勢？後面的答讀者信中想跟你一起探討這個問題。

海賢老師：

　　您好！

　　我今年 28 歲，本該是一個小有收穫的年紀，卻一事無成。我很晚才醒悟，很晚才確定自己的事業，很晚才開始努力奮鬥。我感覺自己之前都白活了，沒為未來做一點累積。這讓我有些恐慌，甚至腦海裡會經常浮現將來某天在街邊流浪的畫面。

　　我這個歲數才起步，確實很吃力，恐慌和焦慮如影隨形。我每天下班回家後就開始學習，直到深夜。每天睡 6 小時左右，沒有週六、週日，因為都去上培訓班了。每次學習我都很開心，不覺得累。

　　我是個有耐力的人。最近發覺自己很害怕休息。我把大目標分成小目標，制訂各種學習計畫。有時候，晚上學習效率低了、犯睏了，或者因為別的事情耽誤了學習，我就會很沮喪，會懲罰自己，覺得自己又在浪費生命。

　　我現在可是一個浪費不起時間的人啊！

　　本來起步就晚，比我有能力的人比我更年輕，還更努力。我沒資格玩。誰叫我在更年輕、該努力的年紀不認真呢！

　　有時我覺得自己的目標遙不可及，是自己太天真才不放棄。意志消沉時，我經常想：這麼奮鬥，如果猝死了，也挺好的，可以解脫了。可同時我又覺得自己弱爆了，討厭自己這麼容易沮喪。想想那麼多創業者都比我苦，比我壓力大，自己只是沒習慣奮鬥，抗挫力太差了。這才努力多久啊，以後這樣的日子還長著呢。

　　我認真想過：我基礎差，喜歡的行業競爭太激烈，我很

可能不會成功。但我就活這麼一次，一定要做自己喜歡的事。而且我是個重過程的人，做喜歡的事時可以沉浸其中，很開心，沒什麼雜念。

我還是太著急看到自己努力的成果了，哪怕一點點成就也好。我想儘快給自己喜歡的人美好的生活，覺得自己現在能力不夠，不能給任何人愛的承諾，覺得自己可能要孤獨一輩子了。但同時我也知道，這事完全急不得。我問自己：在當下，到底要做些什麼才能讓自己比較滿意？每天像打了雞血一樣奮鬥，不浪費一點時間，這樣還能堅持多久呢？

最後，我想請教您：一個年紀偏大的、起步晚的人，如何在一個漫長的、希望渺茫的奮鬥過程中好好生活？我明白應該要活在當下，過好每一天，可總會有絕望的時候、懶的時候、頹廢的時候，我該怎麼度過這些時候呢？在這個高速發展的時代裡，跟著自己的節奏走，能得到幸福嗎？

希望能得到您的回覆，謝謝！

Joy

Joy：

你好！

我很好奇，在你 28 歲的年紀，究竟發生了什麼，讓你從「一事無成」的過去中幡然醒悟，開始了「打滿雞血」[1]般奮

1.中國方言，比喻給自己或他人注入了一種類似於打了雞血一樣的活力和精神狀態，也被用來形容一個人特別興奮，具有調侃的意味。

發圖強的人生？是你讀了成功學的書，還是喜歡上了一個美好的姑娘，無法自拔，為了贏得她的芳心，立志要成為一個更好的人呢？最後一個猜想當然最靠譜，可是以你現在的生活狀態，每天只睡 6 小時，沒日沒夜地學習，也沒時間談戀愛啊！難道是暗戀……

你現在很「努力」，「努力」到一休息就會沮喪。我覺得，你多少有點像用「努力」在跟生活賭氣。

在我們的價值體系中，「努力」是一件無比正確的事。可是人們「努力」的動機不同，效果和感受也會不同。

我以前看過一篇老羅（羅永浩）的文章，回憶他的青春歲月。那時候他高中畢業，沒繼續上學，一邊擺地攤，一邊學英語，在迷茫中苦苦尋找自己的未來。為了不讓自己懶怠，他經常讀成功學的書，據說讀一本就能「打 1 週雞血」。他就是透過這樣的努力完成了知識的基本積累。

前段時間我又看到一個老羅的訪談，講他創業的心路歷程。老羅已不再是一個迷茫的翩翩少年，變成了一個成熟的中年大叔。訪談中他講的是錘子手機創業期間，遭遇了產能不足、品質瑕疵、出貨滯後等問題，市場的罵聲和笑話聲不斷。那段時間老羅整日整夜在公司加班，甚至 1 個月都不回家，據說頭髮白了不少，人自然也更胖了。

除了一如既往地「打雞血」，你覺得老羅這兩段努力的經歷，有什麼區別？

我覺得，在前一段經歷中，年輕的老羅不僅很努力，而且很需要「自己很努力」的感覺（你猜是為什麼？）。在後

一段經歷中，老羅不會再關心自己努力不努力了，估計他也不想讓粉絲們這樣為他辯護：「你們不要黑他，你們知道他有多努力嗎？」他只想把事情做成。

讓我再舉個例子：A 老師在創立他的商業帝國之前，是努力過一段時間的。當他釐清了自己的商業邏輯之後，為了趕時效，他沒日沒夜地工作，沒少頭懸樑錐刺股。在他眼裡，實現金光閃閃的目標最重要，努力只是實現這個目標的方法。可以說，A 老師關注的不是自己是否努力，而是能否實現目標。

B 老師看到了 A 老師的成功。他也想像 A 老師那樣實現財富夢想和人生價值。出於各種原因，他暫時沒找到創富的路。但他看到 A 老師經歷了一段頭懸樑錐刺股的努力過程，於是誤把這個成功的必要條件當成了充分條件。他想：「雖然我還不清楚創富的道路在哪裡，但頭懸樑錐刺股這事我會啊！」

他開始拚命努力，讀書、聽講座，參加各種培訓、學習班，不讓自己休息。為了讓努力更像那麼一回事，他甚至還為「努力」創造出一個目標來。雖然他心裡也不確信這個目標是否能實現，但是他想：「我正在經歷轉變，而努力會給我帶來人生的逆襲。」

他當然也關心目標。但因為還沒找到自己的路，目標無法給他明確的回饋。他關注更多的，只能是努力本身。

B 老師還有一個朋友叫 C 老師。C 老師最近狀態不太好，深陷拖延，還有些頹廢。C 老師看到 B 老師努力起來狀態不錯，他也希望自己能像 B 老師那樣積極。於是他也學著 B 老師去圖書館、聽講座、參加各類培訓……但 C 老師本人對這

些其實不感興趣，他只是希望自己能振作一點。於是，每次讀完一本書或者做完一點事，他就會打著「我已經挺努力了，所以應該犒勞下自己」的幌子給自己放個假或者偷個懶。C老師愛做計畫，愛宣誓，只是這些計畫和誓言通常都做不到。

和 B 老師不同，C 老師當然也想努力，但他更想要的，是「努力的感覺」。他需要用這種感覺來安慰自己「我正振作起來呢」！

所以你看，從關注目標實現到關注努力，再到關注「努力的感覺」，努力逐漸變成了「對努力的模仿」。人們想要「努力」，僅僅因為努力看起來像是那麼一條路，一條能拯救他們的路。

那麼，困住他們的，又是什麼呢？

大概是庸常無聊的生活，缺乏成就感的工作，卑微渺小的自己，每天在熙熙攘攘的人流中，內心會升騰起的疑惑：為什麼我要在這裡，跟這些人做這些無聊的事？這樣生活的意義到底在哪裡？疑惑生起的時候，我們忙不迭地用「努力的感覺」編織起意義和希望的外衣，用它來遮住虛無和沮喪。但這件衣服太小了，有時候，遮不住的虛無和沮喪還是會冒出頭來。我們卻誤以為，是因為我們努力不夠，才這麼焦慮。

生活的意義在哪裡？對於這個沉重的問題，其實我也沒有確定的答案。但既然這是個沉重的問題，我們就無法省略艱難的尋找過程，輕易給出答案，僅僅是因為我們特別需要有這樣一個答案。無論我們是 10 歲、28 歲，還是 48 歲，都是如此。

祝早日找到你心中的答案！

陳海賢

05 你愛的是興趣 還是興趣背後的成功？

按：你有沒有幻想過有個興趣愛好來拯救自己的平庸，卻總是陷入「三分鐘熱度」？後面的答讀者信中想跟你探討這個問題。

海賢老師：

您好！

一直以來，我都很羨慕那些擁有自己的興趣愛好並能全身心投入的人，總感覺他們專注投入的時刻閃閃發光。有人熱愛學英語，願意每天早上 6 點起來，朗誦英語；有人熱愛跑步，一年 365 天除了下雨、下雪，可以每天堅持奔跑 10 公里；有人喜歡攝影，可以在山裡寒冷的夜晚通宵不睡「蹲點」拍攝星空。

以上 3 件事我都幹過，但可惜的是，我並沒有像他們那樣堅持。6 點早起永遠堅持超不過 1 週；跑步也是三天打魚兩天曬網；拍星空，蹲守到凌晨 2 點的時候就回去睡覺了。確切地說，我覺得自己就是一個只有「三分鐘熱度」的人，很容易因為好奇被一件事物吸引，但在僅僅了解了它的皮毛之後，又會迅速抽離。小時候練書法練了 2 年沒能堅持下去，喜歡拍照但又嫌麻煩懶得去學 PS（圖像處理軟體），喜歡的書和電影很少會看第二遍。現在對自己所學的專業也是如此，從最開始的主動去圖書館找書，到現在面對堆積如山的文獻，沒有一點興趣去讀。

我不僅對學習是「三分鐘熱度」，對朋友和喜歡的人也是如此。剛開始接觸，我總是懷著巨大的熱情，努力表現自己的友好，但相處一段時間後，又會慢慢冷淡，逐漸遠離。

之前在 TED 上看過一個演講，講的是生活中的「多面手」。多面手擁有極強的學習能力、轉換能力，永不滿足的好奇心，他們往往是工作中的創新者。與他們對各個領域都有巨大的熱情和投入不同，我似乎只滿足於淺顯的了解和表面的喜歡。我似乎永遠都在尋找一個刺激點，而一旦深入接觸這個刺激點，就會逐漸產生厭倦感。我想要的，或許只是一種體驗，一旦獲得了這種體驗，就不願意再去面對它背後更為瑣碎的工作和深層次的思考。

有時候，我會覺得這樣的狀態也不錯。多嘗試嘗試新鮮的事物，多去一些地方，看各種風格的書和電影，看奇思妙想的展覽。但在更多的時候，我都處於困惑和自我懷疑當中，尤其是別人問我將來想從事什麼職業的時候，我很焦慮，也很害怕。我害怕自己永遠也找不到一份能喚起我的熱情、激情，並能讓我持之以恆的事業。也或許，我僅僅是不願意面對自己的懶而已。

非常渴望得到您的回覆。祝好！

正在迷路的小太陽

迷路的小太陽：

你好！

你可能高估了興趣愛好的價值。你所看到的那些每天早

起朗誦英語的人、每天堅持跑步的人、在寒夜中「蹲點」拍攝星空的人，他們能夠堅持，不是因為他們有這樣的興趣愛好，而是因為他們有忍受枯燥的能力，至少在習慣養成的初期如此。

在我們這個時代，興趣愛好是一件被過度美化的事。人們想像它，就像想像愛情，只會想到花前月下的浪漫，不會想到柴米油鹽的平淡。興趣愛好常常被當作激情、活力、堅持，乃至成功的代名詞，以至於有人一旦覺得自己過得不好，第一反應便是：我沒有找到自己的興趣愛好。其實他們真正想的是：「我聽說興趣愛好有諸多好處。它能讓我更投入、專注，讓我的生活充實、幸福，讓我做事毫不費力而且技能飛漲，所以我想發展一種興趣愛好。」

這種思維背後，是另一種精緻的利己主義，只不過這種思維把目標從「成功」或「財富」替換成了「興趣愛好」，但同樣執著於興趣愛好的「有用」。強調「有用」，正是精緻的利己主義的特徵。而有時候，興趣愛好恰恰「無用」。

興趣愛好很像是一個聰明、貌美又富有的姑娘，追求她的人很多，向她獻媚的人也不少，但真正了解她和愛她的人卻並不多。對於興趣愛好，你越是向她索取什麼，她偏不給你什麼。你只有臣服於她，奉獻於她，有一天她才會給你一些意外的驚喜。這背後考量的東西很俗，卻很真實，就是，你到底是真的愛她，還是只想獲得她的美貌與財富，她能感覺到。有時候，為了考驗那些追求她的人，她還會刻意把自己打扮成貧窮寒酸的醜丫頭，就像郭靖第一次見到的黃蓉

一樣。

　　所以你應該問問自己，你是愛這些興趣愛好呢，還是愛她能給你帶來的好處？如果興趣愛好無法帶給你好成績、好工作、好生活，甚至無法讓你看上去與眾不同，你還會愛她嗎？

　　愛源於了解。如果你不願意深入了解你所做的事，每件事都淺嘗輒止，你就不會真的愛它們。

　　愛也很純粹。金庸的武俠小說裡有很多高手，但絕頂高人是一位掃地僧，這並不是偶然。對其他高手來說，武功高強意味著擁有功名利祿、江湖地位，至少也有行俠仗義的能力。但對一個不問世事的掃地僧來說，武功真沒什麼用，跟日常掃地沒啥區別。正因為「無用」，他才能心無旁騖，不用焦慮自己要練得多快多好，他才能堅持得久，他的成就才高。

　　生活並不總是充滿激情和樂趣。如果你沒辦法透過找到某個興趣愛好來尋找激情，不如就做你現在能做的最簡單的事，並把它當作一種修行，就像僧人早起誦經掃地，農民下田插秧，工人開動機器，學生背誦英語，匠人戴上眼鏡擺弄起手中的工具。你可以說，他們在做他們有興趣的事，也可以說，他們只是在生活。

　　這種生活，需要我們去忍受簡單和枯燥，沉下心來，願意停留在所做的事中，成為一個平凡的普通人。任何高超的技能，都需要經過長期枯燥的刻意練習。這種枯燥的訓練，不是簡單的時間堆砌，還要我們去反思、總結，去親近我們所做的事，了解它背後的機理。有些事，是我們做著做著，

才成了興趣愛好的。即使這樣，也不要期待這些興趣愛好會讓你看起來毫不費力，只是，它們會讓你的付出有意義。

除此之外，你可能還需要一個師父。我覺得掃地僧可能是有師父的。因為要度過枯燥的瓶頸期，光靠自律是很難的，還需要一種信任和託付的關係，需要一種氛圍，也需要回饋和點撥。以前，無論是學武、讀書、唱戲，還是學做木匠，母親都會把孩子帶到師父面前，行磕頭大禮。母親會說，孩子以後就託付給師父了，要打要罵，悉聽尊便。師父知道這託付背後的意義，它關係到孩子的前途，甚至生死。

於是，徒弟參與師父的生活和工作，師父教授徒弟技能。無論是這種親密關係，還是在親密關係下傳授技能，都透著莊重和神聖的味道。師父的教和徒弟的學，自然也都格外用心。匠人精神、師徒關係和技能學習其實是一體的。今天沒有師父了，技能學習都搬上網路了，方便是方便了，但沒有這種人際關係，人恐怕很難堅持和專注。

祝一切都好！

陳海賢

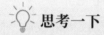

思考與實踐

FIND YOURSELF
AGAIN

思考一下

（1）在哪些事上，你會跟別人比較？在哪些事上，你從未想過要跟別人比較？

（2）你上次專心致志地努力發生在什麼時候？怎麼做到的？

（3）假如在生命盡頭，上帝來問你：「你有沒有辜負我給你的生命」，你會怎麼回答他？

（4）如果經濟完全自由了，你想要做些什麼？

（5）你現在所做的事中，如果不能帶來任何外在的回報，哪一件事是你想堅持的，哪一件事是你想放棄的？

（6）你上次體會到成就感是因為什麼事？如果讓你再去做一件類似的事，你會做哪一件？

實踐一下

1. 認真做一回體力勞動

相比於腦力勞動，體力勞動更需要身心全面投入。無論是修

車、洗車或打掃，以全身心投入的方式，認真做一回體力勞動。

2. 記錄每天發生在你身上 3 件讓你感恩的事

感恩練習是一種引導注意、塑造思維的方式。感恩能夠幫助我們從比較和競爭的思維中解脫出來，更關注人與人、人與事之間的連結。感恩也能幫助我們從匱乏的思維中解脫出來，更多關注我們自己所擁有的東西。

找一個本子，每天睡覺之前回憶發生在你身上 3 件讓你感恩的事。這 3 件事可以很小，也可以很大。可以是關於人的，也可以是關於事的。如果這件事有原因，寫下這件事發生的原因。把它當作一個習慣，持續做 8 週。

3. 制訂一個 5 年計畫

想像一下：5 年以後，你希望自己從事什麼樣的工作？生活會有什麼變化？工作技能會有哪些提升？在與家人、愛人或朋友的關係上，你希望自己跟誰在一起？

（1）分別從工作、生活、關係的角度列出 3 個目標。目標需要具體明確、積極正面，能讓你在 5 年以後清晰地檢驗這些目標。

5 年之後，我希望自己能在工作上做到：

a. _____

b. _____

c. _____

希望能在生活上做到：

a. _____

b. _____

c. _____

希望能在關係上做到：

a. _____

b. _____

c. _____

（2）思考完成這些目標的具體途徑和方法。這些途徑和方法同樣要切實、具體。

為了完成這些目標，我需要在工作上：

a. _____

b. _____

c. _____

需要在生活上：

a. _____

b. _____

c. _____

需要在人際關係上：

a. _____

b. _____

c. _____

（3）思考完成這些目標可能遇到障礙。在實現目標的過程中，我可能會碰到這些障礙。

在工作上：

a. _____

b. _____

c. _____

在生活上：

a. _____

b. _____

c. _____

在人際關係上：

a. _____

b. _____

c. _____

（4）思考克服這些障礙的方法，我可以通過這樣的方式克
服這些障礙。

在工作上：

a. _____

b. _____

c. _____

在生活上：

a. _____

b. _____

c. _____

在人際關係上：

a. _____

b. _____

c. _____

多年後的回望

FIND YOURSELF AGAIN

　　重讀這一章，最讓我惦記的，還是這幾封讀者的來信。6 年過去了，也不知道他們過得怎麼樣，有沒有找到當初他們想要的自己？回過頭來，他們又會怎麼看待當初自己的那份困惑？

　　以前我以為，青年時期是人一生中最動盪的時期，缺少經驗，卻要做人生中非常重要的決定：從事什麼職業，跟誰結婚，選擇什麼樣的生活……現在我覺得，其實動盪是週期性的，中年時期也會有。**甚至很多年輕時為了先「上岸」，走了最容易的路的人，工作了幾年，又重新尋找自己。**

　　所謂理想，就是尋找自己的旅途中的信號，在跟現實結合之前，它們是很微弱的，時隱時現。這樣，你會迷惑：如果遵循現實的指引，你只能走大部分人走的路，那條路不僅很曲折，而且和你的內心沒有那麼深刻的聯繫；如果遵循理想的指引，你會被帶進荒野，甚至不知道自己要面對的是什麼。而更難的是，我們一直想要在理想和現實之間尋找一個平衡，既害怕丟失理想，又害怕失去世俗的成功。

前段時間我一直在讀喬瑟夫‧坎柏的書——《英雄的旅程》。他說，在某個特定的時期，每個英雄都會聽到對他們的召喚。他們需要回應這種召喚，才能開始他們的旅程。他在一個女子大學教了很多年書。回顧這麼多屆的學生，他說那些響應召喚的學生，在後面的生活中也會表現出更多的創造力，取得更高的職業成就，而那些只是遵從規則的學生，則會逐漸平庸。

　　對於他的這段評論，我的心情有些複雜。一方面，我同意他的看法，這也是我總結自己和身邊的人的境遇時所能看到的經驗。另一方面，我也深知理想會帶給人焦灼。有時候我就像一個熱愛孩子的老母親，一方面，知道他們非要吃很多苦、經歷很多波折才能磨煉自己；另一方面，又希望他們能過得順一點。

　　這一章的幾封讀者來信，也反映了這種焦灼。我曾經遇見過一個年輕人，在國外學藝術設計，回國後卻不容易找到喜歡的工作。她熱愛這一行，可是又必須為現實考慮。

　　我問她：「如果你不能從事藝術設計會怎麼樣？」

　　她頓了頓說：「我會死。」

　　「死」是一種隱喻。每個理想背後，都有一個我們憧憬的可能的自己，如果我們不能為可能的自己在現實中找到容身之地，如果我們不能推動他的誕生，那他就會死去。理想也會變成一個遙遠的念想，一種隱隱作痛的失落。

　　「自我」也是一種隱喻，它指的遠不是我們自己，而是一個更大的群體，就像一個年輕人告訴我：「陳老師，我希望能夠成為一個諮詢師，因為我希望能夠幫助他人，能夠探索複雜的人性，能夠跟那些有思想的人談話，就像你一樣。」

我明白他的意思。當我在尋找自我的時候，我首先想到的也是我要成為一個「像誰那樣的人」。就像在荒野裡的遊民，尋找著某個部落，渴望這個部落的收留。

　　「收留」也是一個隱喻。我經常跟很多人講，雖然我做很多事，但我最看重的身分認同，其實還是一個心理諮詢師。這種身分認同不是一開始就有的。就算我一直學心理學，在很長一段時間裡，我也仍然搖擺不定，找不到自己的部落，因為我訓練不夠，缺乏體系和標準，直到我遇到我的老師。雖然她有很嚴格的要求，她對我講話的反應永遠都是從「不是」開始的，但正是這種嚴格的要求，鍛鍊了我的思維方式，給了我最重要的身分認同。這種身分認同是以技能為樞紐的。而我也知道，這個技能背後，是我跟師長，以及更深廣的專業人員的聯繫，是一種他人永遠無法剝奪的自我。

　　這也是我為什麼說在尋找自我的過程中，你需要一個老師。她（他）是熟悉那個部落的人，能帶你去那兒。

　　關於理想和現實，我還有最後一段話，分享給大家。那是我在知乎回答一個名校畢業生的話。他問我是否該遵循自己的理想去寫小說。

　　我回答他說：「我當然支持你畢業以後就寫小說。並不是因為你寫小說一定會成功，而是因為這個世界對聰明和有才華的人其實還是友善的。你能考上海外的 Top 學校（那一定很難吧），年紀輕輕就有這麼多同齡人無法想像的遠遊經歷，你已經完成了一部小說，連修改小說都是去澳洲的某地，這足以證明你很優秀，有不少資源。

對聰明的人來說，怎麼選其實都不是問題。別說你畢業以後去寫小說，你就算不畢業去寫小說，也不是什麼大事。也許你能成為著名的小說家，也許不能。也許你比別人更快達到目標，也許會比別人多走幾段歪路。這些都不重要，**只要你上路了，你總會到達自己想去的地方，找到你在這個世界上最合適的位置。**

前段時間我在讀一本叫《孩子如何成功》的書，是講美國教育的。書寫得很有溫度，字裡行間都能看出作者對美國教育的關切和使命感。作者叫保羅‧塔夫，原來是《紐約時報週刊》的編輯，為了能專心寫這本書而辭職了。不過，這並不是讓人動容的地方，最讓人動容的是，作者通篇都在講教育界該如何努力來減少大學生的輟學率，最後卻忽然講到，原來自己當年也是從哥倫比亞大學（後文簡稱哥大）的新聞系輟學的，因為追隨嬉皮，覺得人生應該多一點反叛和可能性。

作者會不會後悔輟學？並沒有。雖然我覺得他的輟學經歷和他對美國教育的關切總有些聯繫。我想，他把這段經歷當作自己獨特的命運了吧，況且最後他還是回到了主流社會，還是做起了大多數哥大新聞系畢業生會從事的記者和編輯工作，還寫了這本書。

我是說，輟學當嬉皮這麼大的歪路，作者都能繞回來，畢業寫小說的風險要遠比這個小，你不需要太擔心。

我擔心的一點倒是，你現在有些激動，態度特別決絕，孤注一擲，這樣你就把自己的選擇和犧牲看得太重了。你處於巨大的激情當中。人做艱難決定的時候，很需要這種激情來推自己一把。它讓我們有力量，但有時候也會讓我們看不清現實。

最容易扭曲的現實是，激情讓我們覺得自己像是個對抗世俗

的英雄。為了讓這個英雄故事更完整也更壯烈，我們很容易給自己製造一些假想的敵人，也容易誇大我們所面對的苦難——英雄總是在戰勝這些敵人、承擔這些苦難中成長起來的。只是，實現理想本身已經不易了，我們並不需要額外的敵人和苦難，尤其這個敵人不能是『生活』，除非這是你的小說需要的素材。選擇『寫小說』其實也沒有那麼難，沒有難到要隔絕所有的生活，不成功便成仁的地步。至少你曾經的那些經歷，在我看來就比選擇『寫小說』難。

當你說大多數人都逃不過現實時，你有點把現實生活當作自己的敵人了。它並不是。就像一艘帆船要上路了，看到自己和目標之間隔著茫茫大海，就誤把大海當作阻隔自己和目標的敵人。而實際上呢，它能載著你去那兒。

如果你和理想之間也隔著現實的大海，不要因此怨恨大海，也許，它能載你去那兒。」

所以，**不要怪現實把你和理想隔開了。**找到你自己的那條船，它就能載你去那兒。

第四章

FIND YOURSELF
AGAIN

匱乏與不安

豐盛之法貫穿整個宇宙，卻不會流經以匱乏為
信念的通道。

——保羅・賽特

天之道，損有餘而補不足。人之道則不然，損
不足以奉有餘。

——老子

01 你究竟是缺錢 還是缺安全感

就「貧窮會導致判斷力下降嗎？」這個問題，有個網友分享了他自己的故事。

這位網友小時候家裡很窮，少年時代，父母又相繼過世。家裡還有一個哥哥和一個弟弟。上大學時，他的學費要靠親戚和剛上班的哥哥接濟，生活費則要靠自己做家教、寫文章賺，生活非常困頓。因為貧窮，他放棄了當導演的夢想，早早開始工作，努力賺錢。

為了能賺更多的錢，他變得短視，不停地在各個網路公司之間跳來跳去。他說：「那時候，只要別人給的薪水比現在的高，不管是高 1,000 元高還是 3,000 元，我都會毫不遲疑地跳槽。我面對的，往往不是耐得住耐不住貧窮的問題，而是多 1,000 元總比少 1,000 元要好得多的問題。」

因為頻繁跳槽，他失去了好幾次真正擺脫貧窮的機會。這些

機會只需要他放棄掙扎，安心等待就可以得到。他待過的好幾家公司，要麼上市，要麼被收購，如果當時繼續待著，他也很可能因為期權而身家千萬甚至上億，但他等不了。多年以後，他總結說：「如果把我走過的這 40 年比作一場戰爭，那我就是一支一直糧草不足的軍隊，做不了正規軍，只能做胸無大志、不想明天的流寇了。」

這位網友無疑非常努力、上進，在他的圈子裡也很厲害。可就是這樣的人，在年輕時也沒能擺脫貧窮的影響，這真是讓人唏噓不已。

貧窮是怎麼帶來匱乏的？匱乏大部分是從「不安」開始的，這種「不安」變成了內心裡最深刻的印記。

如果說人的大腦有一個關於匱乏的警報器，早期的匱乏會讓這個警報器變得敏感，而當下、將來或想像中的匱乏又會變成觸發警報的信號，讓大腦處於一片慌亂之中。大腦興師動眾地組織救火，卻常常發現自己只是在應付一個冒火的垃圾桶。久而久之，大腦裡的這支消防隊就會極度疲憊，人也很難沉下心來專心做事，謀劃未來。

匱乏會俘獲我們的注意力。一個常年吃飽飯的人，偶爾餓一頓，可以心安理得地把餓一頓當作減肥。而一個常年挨餓的人，會因為挨餓而恐懼。這種恐懼會讓他把所有的注意力都集中到找尋食物上。同樣，一個窮人，也會只想著掙錢，不顧其他。

行為經濟學家森迪爾·穆蘭納珊和埃爾達·夏菲爾在《匱乏經濟學》中指出，長期的資源匱乏會導致大腦的注意力被稀缺資源俘獲。當注意力被太多稀缺資源占據後，人會失去理智決策所

需要的認知資源，他們把這種認知資源叫作「頻寬」，「頻寬」的缺乏會導致人們過度關注當前利益而無法考慮長遠利益。

一個窮人為了滿足當前的生活，不得不精打細算，沒有任何「頻寬」來考慮投資和發展事宜，而一個過度忙碌的人，為了趕截止日期，也不得不被那些最緊急的任務拖累，沒有時間去做真正重要的事情。

所以，匱乏並不只是一種客觀狀態，也是一種心理模式。這種心理模式的核心是，太想脫離匱乏的情境，導致人們對匱乏的資源過度焦慮，這讓人們失去了做更理智、更長遠的規劃的能力——這本來能夠更有效地解決匱乏問題。

這像是一個悖論：要解決匱乏問題，我們要先放下匱乏，去感受某種程度的豐盛。可是我們身處的匱乏塑造了我們匱乏的心理模式，讓我們無法去體驗豐盛。

匱乏的心理模式還有社會文化的基礎。要知道，窮遠不只意味著物質上匱乏，更意味著社會階級低。我們害怕貼上貧窮的標籤，不僅是因為物質的匱乏，更主要的是擔心因此被看作社會底層、失敗者，沒有希望，被人看不起，這會加劇認知「頻寬」的匱乏。

怎麼破解這樣的矛盾呢？**既然匱乏是一種心理模式，如果我們沒有辦法在經濟上給自己找出路，我們至少可以先從心理上給自己找出路。**

我在佛學院教心理學的時候，上課的學僧大都是一些出家人。他們沒有很多錢，也沒有「錢越多人越有價值」的想法。因此，物質匱乏很少讓他們產生困擾——既然有飯吃、有地方睡，還要

求什麼呢？

他們的辦法，是通過破除「占有」的觀點，來消減「窮」或「富」的分別。同時，打坐的練習能讓他們透過對當下的覺察，來增加感官的豐富性，體會當下的豐盛。

雖然我們很少有這樣的環境和機會去做禪修，但我們也可以透過練習體會局部的豐盛，來消除貧窮所帶來的匱乏感。感恩練習，就可以理解為一種禪修。

這種刻意練習，**透過不斷提醒和感知我們的擁有，來改變我們頭腦的匱乏模式，再深入扎根到某些事上，獲得一點突破，再獲得一點突破。**

02 時間的匱乏和自我安慰的計畫

現代人不僅「窮」，而且「忙」，所以才有人把這 2 個字放在一起，叫「窮忙」。「忙」是另一種匱乏，時間的匱乏。我發現，越忙的人，越容易為自己安排各種事情，制訂密密麻麻的計畫，也越容易讓這些計畫流產。

有一次，我去一個公司做講座，有個年輕人和我交流說：「我現在工作很忙，經常加班，我不是太喜歡，希望能在業餘時間做一些學習，提高自己的競爭力，為將來換更理想的工作做準備，所以我制訂了很多目標和計畫。為了讓自己精力更充沛，我計畫每週去 3 次健身房。我們公司經常有外派出國的機會，因此為了

學好英語，我買了很多英語教材。

　　同時，我還透過讀很多不同領域的書，來提高自己的知識水準和綜合素質。我的計畫很詳盡，包括每週幾點到幾點去健身房，每天背多少個單字，每隔幾週讀 1 本書。可每天我一回到家，滑滑手機、瀏覽一下網站、打打遊戲，時間就不知不覺地過去了。我覺得自己有拖延症，請問怎麼才能有所改進？」

　　我問他：「那為什麼一定要訂 3 個目標？不能先訂 1 個嗎？」

　　「可是，這 3 個都很重要啊！」他急切地說。

　　我從他臉上看到一種焦灼，那是處於匱乏之中的人特有的焦灼。他每天工作都挺忙的，回家後已經很累了，不想做別的事，這也在情理之中。可是他不甘心。越是缺少改變的時間和精力，他越急切地想要改變。這時候，「計畫」就適時地出現了。

　　與其說這種計畫是用來實現的，不如說它是用來緩解焦慮的。 計畫提供了一種希望，就像為困於「現實的枯井」的人們垂下的一根繩索。繩索的那頭，連接著與現在完全不同的生活和自己。我們想要牢牢地抓住它，卻發現它很虛幻，根本無法帶我們脫離困境。

　　為什麼我們寧可要宏大的計畫，也不想要微小的進步？ 因為只有宏大的計畫，才有緩解焦慮的作用。而微小的進步，雖然真實，卻需要很長時間的積累，才會帶來真正的改變。

　　「很長時間！」

　　那些處於匱乏中的人，一定在心裡這麼嘀咕過。他們缺的，正是時間。他們不相信時間，也因此失去了時間可能帶給他們的東西。

03 愛的匱乏和孤獨

在所有的匱乏中，愛是最基本的，也是最特別的。如果擁有愛，金錢和時間的匱乏都可以被緩解，而如果缺少愛，金錢和時間的匱乏就能把我們壓垮。當我們失去了愛，我們就失去了與這個世界連結的管道。

很多金錢和時間的匱乏，也是從愛的匱乏中衍生而來的。孩子最初並不知道喝米湯與喝進口奶粉、在農村與在繁華都市、住集體宿舍與住豪華別墅的區別。他們對世界的感受僅限於當他們渴了、餓了，有沒有人來滿足他們；當他們需要時，有沒有人能夠提供溫暖的懷抱。可糟糕的是，如果一個處於匱乏中的養育者是焦慮的，他需要為孩子明天的奶粉發愁，他就沒有足夠的心力去照顧孩子的情緒，缺少情感照顧的孩子，就會因此得出這個世界匱乏的印象。

缺愛會讓我們孤獨，會懷疑自己存在的價值和意義。為了緩解痛苦，孤獨的人有時候會去追求一些短暫又混亂的關係。即使遇到了合適的人，我們也很難跟他們發展健康而長久的關係。我們容易討好，害怕失去，我們會壓抑自己的需要，不敢輕易表達。當需要壓抑到一定程度，委屈又會爆發。親密關係就在這種長久的患得患失中不斷反覆，當關係破裂時，人們又會重新陷入孤獨。

我曾收到一封讀者來信。信裡說：

> 我對被愛的執念，已經狂熱到了我自己都無法理解的程

度。比如，就算和我沒有絲毫關係，但是一看到類似「很高興能夠遇見你」、「會一直守護著你」這樣的話，我都會無法抑制地哭泣，然後會因為沒有人對我這麼說而陷入憂鬱。

我渴望接觸，到了連騷擾都不會拒絕的地步。在理髮店洗頭的時候，或者被算命之人觸到手心的時候，我都會無比激動。

我不主動追求別人，但即使我厭惡的人對我說「喜歡你」，我也會忙不迭地接受，然後變得不像自己，猜忌對方，永遠無法滿足於對方給予的愛。為了留住這個我不愛的人，我可以做第三者，容忍背叛、羞辱，甚至扭曲自己的性向。然後，這些關係每次都以我無比疲憊、不堪重負、提出分手而告終。

最令我困擾的是，越是面對我在乎的朋友，我的態度就越消極：懶惰、暴躁，出爾反爾，然後哭著請求他們原諒，周而復始。我的朋友努力表達她的確愛我（友誼之愛），但我從未相信。事實上，「她愛我」不過是我用來緩解自己的憂鬱、厭世的藉口而已；這句話就像一根救命稻草，在我徹底崩潰時我才會抓一把，然後繼續在水面上掙扎。因為這種不確定感，我掌握不好和她之間的關係。我對她無比依賴，嫉妒她身邊所有的人，甚至嫉妒她本身的優秀和善良。這種卑劣的心態，讓我越發懷疑自己是否還有好好愛人和被愛的希望。

　　她是一個處於愛的匱乏中的人。一方面，她渴望任何形式、

來自任何人、出於任何動機的「愛」；另一方面，她又懷疑自己是否配得上這樣的愛。所以她總是遇不到對的人，即使遇到了，也會因為過度親近而讓別人不安，或者因為被拋棄的焦慮而與別人遠離。正是對愛的匱乏，加劇了孤獨。

04 因為匱乏 所以逃離

匱乏無處不在，正如羅伯特·麥基老師在《故事的解剖》中所說：

現實的精華就是匱乏，一種普遍而永恆的欠缺。這個世界上的一切東西都不夠人們受用。食物不夠，愛不夠，正義不夠，時間永遠不夠。

…………

即使我們有了足夠的錢、時間和愛，我們找到了和這個世界和諧相處的方法，安寧很快會變成無聊，無聊很快會變成一種新的匱乏，欲望的匱乏。

現實的稀缺已經讓人難受，伴隨匱乏而生的焦慮和不安更讓人雪上加霜。身處匱乏中的人，總是想要逃離匱乏。但有時候，逃離不僅無法解決匱乏，還會加劇匱乏。於是，他們常常陷入這樣的循環：匱乏、擺脫匱乏的痛苦和焦慮、無效的逃離、匱乏的

維持和加劇。

如果要擺脫匱乏，在找到真正的解決之道之前，我們至少要試著尋找到一種合適的、與痛苦經驗相處的方式，讓我們能夠擺脫痛苦所帶來的不假思索的逃避行為。這種安於痛苦的能力，就是拓展我們「頻寬」的能力，進而能為我們審視和選擇自己的行為，贏得空間。

當我們能夠和匱乏的焦慮相處時，當我們更願意待在此時此刻時，我們反而更能放下「無效的逃離」，做出更符合長遠利益的選擇。

從某種意義上說，**你能在多大程度上能接納自己的匱乏，就有多大的思考和行動的自由。**

也許有人問，可是，匱乏的困境依然存在啊？

沒錯。可面對同樣的暴風雨，一個有經驗的水手會因為了解暴風雨產生的規律，根據暴風雨的方向和強度調整航行的船隻，進而減輕風暴的影響。

此外，既然匱乏的特徵是缺少「頻寬」，我們也可以通過減少「頻寬」來緩解匱乏。比如，考察生活中的哪些決定會消耗認知資源，透過自動選擇來減少「頻寬」。比如，減少無意義的選擇和決策，培養簡單的生活習慣。同時，有意識地創造盈餘，比如，存一筆錢作為儲備金，或者每週強迫自己休息 1 天，無論這段時間有多忙。

這麼做也許並不能幫我們很快擺脫匱乏的狀態，卻可以讓我們的頭腦清醒，不被匱乏支配。這些是我們在匱乏中所能做的，最好的事。

05 糾結與匱乏

按：匱乏總是伴隨著糾結和完美主義。身處匱乏中會讓我們覺得，自己所擁有的東西太少，所以犯不起錯誤，經不起浪費。後面的答讀者信中，探討了如何通過設立固定的決策程序，減少糾結，從而節約決策的認知資源。

海賢老師：

您好！

我有一個困惑，想向您請教：為什麼我總是反反覆覆，經常會質疑自己的決定，後悔自責呢？

我來舉幾個例子：在準備 TOEFL（托福）考試期間，我換過 3 本單字書，一會兒覺得這本好，一會兒又覺得那本好，最後，糾結的我甚至連單字書都不敢碰了。

對感情，我也是糾結！一會兒覺得女朋友很好，一會兒又覺得兩人不合適。鬧過好幾次分手復合，已經不是一般情侶的打打鬧鬧了。

我定鬧鐘也總是改來改去，一開始定到早上 7 點，由於某些原因上床太晚或沒能像預期的那樣很快入睡，又會改回 8 點。改回來以後，還會重新考慮，還是 7 點吧，明天的計畫不能變。可過了一會兒又想，還是 8 點吧，休息好比按計畫行事更重要。

一個週六的晚上，有同學打電話叫我去 K 歌，我說不去

了。掛掉電話，我又開始糾結了：好不容易有同學叫你去K歌，機會難得，是不是應該去呀？不去的話，同學會不會不高興啊？算了，還是不去了，去了，會回來很晚，明天還有事情要做呢。

這些糾結，浪費了我很多的時間和精力，讓我苦惱，也讓我覺得，自己沒有主見，什麼都安排不好。

其實我發現，當我選定了一個方向，然後去投入專注地執行，我會感覺好受許多，特別是當過程順利的時候。可一旦過程不順利，我就會懷疑自己當初做了錯誤的決定，並開始後悔。

有時候，我看著路上南來北往的人，看著圖書館裡進進出出的人，看著別人眼睛裡、笑容裡洋溢的歡樂和熱情，我感覺所有的人都有自己明確的方向，有他們要去做的事情。而我，總是生活在糾結中，不知道該何去何從？

我該如何面對，或者接受並和我的糾結和諧相處呢？糾結的滋味好難受！

期待您的回覆……

祝好！

迷茫者

迷茫者：

你好！

讀完你的信，我多少也有些鬱結。你在信中描述的那些糾結拉扯，即使旁觀者讀來，也會有些胸悶氣短，更何況深

陷其中的你呢！

你聽說過布利丹毛驢的故事嗎？在《拉封丹寓言》中，這頭虛構的驢被置於與 2 堆距離完全相等的乾草垛中間，因為始終無法決定選擇哪個乾草垛，最後被餓死了。

跟你比起來，這頭驢幸福多了。它面臨的好歹是 2 堆美味誘人的乾草垛啊！而你糾結的那些選項，有沒有哪怕一絲一毫吸引你的地方呢？

你陷入了心理學裡的所謂「雙避衝突」。你糾結在 2 個你都不喜歡的選項裡，卻一定要逼自己選出一個喜歡的選項來。你不想考托福，卻非要選本單字書來啃；你不想被鬧鐘叫醒，卻非得糾結於鬧鐘 7 點響好還是 8 點響好；你根本不想跟這批人出去玩，卻非得糾結要不要去 K 歌……

我覺得，糾結的本質是匱乏。一來，正因為現實沒能給我們提供一個我們真正想要的選項，我們才需要糾結。二來，匱乏也會讓我們覺得，我們資源有限，無論在時間、金錢、精力還是友情上，都不能犯任何錯誤，浪費一丁半點。哪怕是最小的選項，也事關大局。

從你的猶豫看，你顯然把這些小選項當作意義重大的東西了。你內心大概會生出這樣的想法：也許選對一本托福單字書，我就能成功出國了；也許選對一個女朋友，我就能幸福一生了；也許跟朋友去 K 歌，我就變得受歡迎了；再也許，如果我堅持把鬧鐘定到 7 點，我就變成那個雄赳赳、氣昂昂，有超強執行力和意志力的人了。

問題在於，這些所謂大的選擇，都是你用虛幻的邏輯堆

砌出來的，它們跟你糾結的小事，並沒有直接的聯繫。

而你卻在這種糾結中，確確實實地浪費了你本就稀缺的認知資源。你想要用有限的認知資源，去反覆推演、計算生活的每個細節，以便更好地掌控生活。就像用一台256M記憶體的老式電腦去運行像AlphaGo這樣的人工智慧機器人，透過模擬生活，推演確定答案。

你這麼糾結，不是因為你沒有主見，而是因為你太有主見了。我總覺得，要生活好，我們需要給那些我們既無法掌控，又十分敬畏的東西留下空間——你可以叫它神、命運，或者簡單點，叫它運氣。但你卻試圖把握這些不確定的東西。你大概不相信，這些東西會站在你這邊。

其實，我也不是什麼有神論者。生活到底是隨機的產物，還是「運氣」、「神」或者「命運」這類神秘意志的產物，誰知道呢？我拿「神」出來說事，完全是出於節約認知資源的考慮，我才不願意相信我的命運居然是由我選對了一本托福單字書來決定的！這也太自大了！而萬一我遇到了某些挫折或不幸，我倒是願意相信這是神或命運的安排，這可以減輕我的心理負擔。這樣想，我就能欣然把我的認知資源省下來，去做我該做的事了。所以古人說，盡人事，安天命嘛。

如果這樣說還不能讓你放心，我想建議你為自己建立一個固定的決策程序，這種決策程序是為了讓「神」顯靈來幫你決策，你需要先焚香沐浴，虔誠禱告。

然後，你拋一枚硬幣。

你要相信，這枚硬幣並不是你拋的，是神讓你拋的。這

樣拋硬幣才會有效。你拋完了硬幣，比如說吧，是正面。如果你對結果滿意，對神的決策感激涕零，那沒錯了，這就是神的信號。如果你對結果有些猶疑，想著要不要再拋一次，那不用拋了，直接選相反的選項，那也是神的信號。要知道，神可是很調皮的，給信號的方式也是多種多樣的呢！

那萬一選擇不對呢？那也是因為他自有安排！「神」最大嘛，他負全責，你又擔心什麼呢？

也許你心裡的小人兒還會忍不住爭吵不休。其中一個會說：「信神，信神沒錯的！」

另一個會說：「哪兒來的神，都是陳老師騙人的鬼話，你還是要為自己的人生負責啊！」

當他們爭吵的時候，你不需要參與，只需要平心靜氣聽他們吵。你不要幫腔，不要拉偏架，也別去當法官。如果他們爭吵的聲音實在太大了，打擾你學習了，你可以把聲音調低一點。

這 2 個小人兒吵了這麼多年了，可也許你並不知道，他們其實是一對歡喜冤家！別看他們平時吵得凶，其實他們恩愛得很呢！而你，作為這對夫妻的鄰居，再怎麼樣，也不該衝過去說「妻子說得對！」或者「丈夫說得對！」或者「都閉嘴，別吵了！」。

另外，關於完美主義，我喜歡的一個作者，寫《寫作課：一隻鳥接著一隻鳥寫就對了》的安‧拉莫特曾說：

「我認為完美主義的基礎，是一味相信只要自己的步伐夠小心，穩穩踏在每個墊腳石上，就不會摔死。但實情是你終究難逃一死，而很多完全不看路的人甚至比你做得好太多，

也從中獲得許多樂趣。」

我們都難逃一死，這個事實既讓人失望，又安慰人心。有時候我會這麼安慰自己：跟這個更長遠的、已經確定的結果比起來，生活中經歷的短暫的不確定性，實在太渺小而不需要去費力計較了。這麼想來，那些我們很難忍受的糾結，也變得容易忍受了。

希望這也能安慰到你。祝生活愉快！

陳海賢

06 怎麼擺脫窮人思維？

按：有時候，匱乏的印記會讓我們看不到自己的資源，即使我們明明會有更好的未來，也會隱隱不安。匱乏既推動著我們努力，也讓我們一直處於焦慮之中，無法放鬆。後面的答讀者來信中，探討了如何在匱乏的狀態下面向未來，心懷希望。

海賢老師：

您好！

我總覺得自己很窮。其實沒窮到吃不上飯的地步，父母的條件能讓我衣食無憂。我對窮的體驗是：買東西，永遠在看打折的、促銷的，淘各種物美價廉的東西；吃飯，哪怕是外賣，也不會選偏貴的那幾種，總是挑物美價廉的；看到高

檔的護膚品、化妝品就心塞，自己只能搜平價護膚品。有時很滿足，有時又覺得很羞愧。

　　這好像是一種習慣。我其實偶爾也有奢侈一下的時候，昨天媽媽給我買了件 6,600 多元的大衣；跟有錢的朋友出去，我們也會開心地去高檔餐廳吃；偶爾我也會買很好的口紅……可是那種窮的感覺，還是深入骨髓。一到很高檔的地方，一見有錢人和高級的東西，我就有一種羞恥又窘迫的感覺。每當這時候，我總會不斷地告訴自己，窮不是錯，我也可以很坦蕩，只要誠實、善良、努力。這樣想，羞恥的感覺會少一些。我知道我應該努力，改變這個現狀，可是我總做不到，所以，我總是很自責。

　　我父母學歷低，收入也不高，但是非常節省，對我非常寵愛。我所享受的一切，都是父母節省下來給我的。他們尊重我所有的選擇，支持我，因為他們覺得他們自己不懂，所以相信我能做出合理的選擇。他們不捨得我受苦受累，沒有人逼我學經濟和金融，沒有人逼我去打工、去實習、去賺零花錢，大家都特別愛我，讓我做我喜歡的事情。

　　一方面，我覺得好幸福、好自由；另一方面，我又覺得好沒有動力。有時候，我甚至極端地想，如果我的父母特別壞，特別貪得無厭，要我賺錢養家，我周圍的人都特別看不起我，我也許會更有鬥志、更拼？但是我自己也覺得這樣想好傻，估計真的受這些苦的人看我這麼想，會很想打我。

　　我的人生很平順，從小成績好，讀好學校的最好科系，拿獎學金，現在在讀研究所。我從來沒有拚盡全力去做過什

麼，反而感覺一直在逃避挑戰，逃避需要拚殺的場景。我怕自己拿了一手好牌，最後卻傾家蕩產。

有朋友可能會說，那你就做你喜歡做的事情啊。在任何行業，只要你一直堅持，就會走到金字塔頂。我也一直這樣安慰自己。可一想到自己可能要等10年以後，才會比較富有，那時候父母都50好幾了，覺得他們好辛苦。我自己年輕的時候，不享受那麼好的物質，我覺得我還可以調整好心態，可是對父母的心疼和虧欠讓我好難受。

我怕父母老去，怕爸爸累壞身體，還沒等到享我的福，就溘然辭世（對不起啊，爹）……我覺得媽媽那麼美，我好想讓她在40多歲的時候，穿特別美的衣服，用特別好的化妝品，特別、特別幸福。

那些收入頗豐的行業，我總是不想嘗試，說自己不喜歡、不適合。我以為我選擇了我最喜歡的行業，可是我覺得自己不夠努力，不夠拚。我也的確在這條路上一直走著，旁觀的人都以為我在努力。可是我自己總覺得不夠。我好責怪我自己，好怕自己最後一事無成。那麼多成績優異的人，他們都越走越好，可是我覺得自己好像明明有一手好牌，卻在大家的寵愛下自我放縱，對自己沒有要求，最後變成一個碌碌無為的人，我好害怕自己最後變成這樣。

我好羨慕別人不想那麼多，就堅定地做自己該做的事情。可是我老是被這些想法緊緊纏繞，動彈不得。希望您能回覆我！謝謝！

八字眉眉眉

八字眉眉眉：

　　你好！

　　你所說的窮的感覺，我也有過。記得本科畢業那年，我和一個朋友到上海找工作。那天下午，面試結束，我們到南京路逛街，看著路兩邊富麗堂皇的商場，裡面光鮮亮麗的人群，就是不敢進去。中午，我們終於在離南京路不遠的小巷弄找了個小飯館，一邊吃蓋飯，一邊議論上海的繁華。我聽他悻悻地說：「那邊的商場都是有錢人逛的，希望以後我們也能去裡面消費。」

　　現在，他已經在上海安了家，買了間挺大的房子，我也早已在杭州安家。我們很少去逛大商場，不是因為不自在，而是覺得浪費時間。貧窮留下的印記，大概只剩下我參加他婚禮時，看他穿了套特別正式的西裝，衣冠楚楚的樣子，忍不住笑出聲來。

　　前段時間，我在知乎看到有個叫 Dingole 的「知友」講他的故事。這位「知友」的父親原來是工程承包商，後來被騙，家裡負債累累。他初中畢業後就在社會上混，被騙做傳銷，在小飯館當服務員，挑過水泥，開過升降機，學做廚師，用借來的錢開過小飯館（倒了）。

　　等他混到 20 歲的時候，有親戚介紹他去工廠上班，工資 3,500 到 6,000 多元，這無疑能極大地緩解家裡緊張的經濟狀況。但他父親硬是頂住了壓力，不僅沒讓他去做工，還借錢送他去學當時還是新鮮事物的電腦。這對他們家而言，不啻一場豪賭。

最後，憑著他爸爸的眼光和他自己堅持不懈的努力，他以初中學歷，從學 DOS（磁碟作業系統）和五筆（輸入法）起步，學程式設計，參加工程師考試，做培訓老師，修電腦，戰戰兢兢得到第一份工程師的工作，成為主力工程師，成為技術總監，跳槽到大公司，跳槽到更大的公司，到微軟，創業，創業失敗，第二次創業。如今，家裡不僅還了所有的債，父母也有了自己的房子，家人過上了優渥的生活。

我看完後，除了感慨人生的際遇起伏，最大的感覺是：他其實不是窮，他只是那時沒錢。

「沒錢」也會讓人不安。但我總覺得，「沒錢」和「窮」並不一樣。一個真正的窮人，常常思考的只有現在——不是怎麼滿足當前的願望，就是怎麼度過當下的難關。他僅有的見識和資源，讓他沒有餘裕去想別的。但一個沒錢的富人，無論怎麼困窘，心裡都會藏著未來。

同樣，我也想跟你說，你不是窮，你只是現在沒錢，但你有未來。

你在讀好學校的最好科系，這個專業是你感興趣的。無論你現在怎麼想，在未來，這個選擇的價值會逐漸凸顯。我看到過太多人，因為選了自己不感興趣的行業，人到中年開始艱難地轉型。你還有家人，他們雖然無法給你太多指導，但他們愛你、信任你，願意幫你分擔壓力。不要低估愛的力量，這是很重要的財富。

如果有一個人，願意跟你交換，讓你把名校背景、喜歡的專業、通情達理的父母折算成金錢換給他，他出多少錢，

你會願意跟他交換？

　　你不是沒有未來，你的問題是對未來有些急不可耐。因為窮過，你比別人更怕輸。不管有沒有險惡的敵人，你都需要自己緊繃著神經，一直處於戰鬥模式，只有隨時看得見進步，你才會心安。

　　所以努力，於你就有了特別的意義。你的努力，不是為了達到某個具體的目標，而是為了擺脫你內心的不安。你不知道自己要去哪裡，你也不知道要怎麼去，但你知道自己不想要這種不安。你覺得，在你努力的時候，內心的不安就會減輕一些。於是，「努力」就變成了一種強迫症。你害怕自己懈怠，害怕失去動力。你甚至想像，如果情況更糟一點，比如父母逼你賺錢，或者周圍人都看不起你，也許你會更有動力。

　　可是，如果你只有抽象的方向，沒有具體的目標，只要努力的結果而不想要努力的過程，這種努力就無法持續。更何況，你現在強迫自己所做的努力，對平息你內心的不安來說，沒有意義。

　　你想要的，不是這種迷茫中無序的努力，而是像「知友」Dingole 那樣，在生存的底線上演絕地反擊，在充滿激情的拚搏和奮鬥中感受活著的意義。可是你忘了，他最初想奮鬥的目標，就是你現在所在的位置，輕而易舉能夠得到的東西。

　　剛剛我幫你「私信」請教了一下 Dingole，我問他：「你是怎麼在絕境中保持專注，而不讓自己胡思亂想的呢？」

　　他說對那時的他而言，是「嚮往」，是對成為一個工程

師的嚮往，也是對一個美好的、不一樣的未來的嚮往。我想，他說的「嚮往」，應該就是希望吧。

那麼，你的「嚮往」是什麼呢？

差點忘了說了，在 Dingole 最初學打字的時候，他的「嚮往」，是到辦公室當一個打字員，「1 個月能掙 1 萬元呢」。

我知道你會對父母有些歉疚，覺得他們那麼辛苦，自己那麼懶怠，對不起他們。你要知道，每代人有每代人的活法，你並沒有懶怠，只是你努力的方式跟他們不同。他們最想要的，也並不是穿美麗的衣服，用好的化妝品，而是你一切都好。除此之外，我還想給你 2 條具體的建議：

（1）過一種簡化的生活，並把它當作一種美德。重點不是省錢，而是不要為選擇「物美價廉」的東西浪費你的腦細胞，它們理應用在更重要的地方。

（2）每週強制自己休息 1 天。旅遊、看閒書、和朋友聊天，怎麼都行，但不要待在宿舍。重點是無所事事。與努力相比，你其實更需要閒暇來釋放焦慮。

希望能對你有幫助。祝開心！

陳海賢

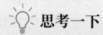

思考與實踐

FIND YOURSELF AGAIN

FIND YOURSELF
AGAIN

思考一下

（1）在你的印象中，什麼時候你覺得自己最窮？

（2）在你的印象中，什麼時候你覺得自己最富？

（3）最近 1 個月，你最缺的是什麼？這種匱乏對你造成了什麼影響？

（4）你有哪些資源，即使有人想用你所缺的東西與你交換，你也會斷然拒絕？

（5）如果已經擁有了所缺的東西，你會做些什麼來避免自己再次陷入匱乏？

（6）你怎麼才能為自己的匱乏創造一些認知盈餘，比如賺一筆錢備用或每週安排固定的時間休息？

實踐一下

1. 培養容忍匱乏的能力

正念的練習透過觀察和體會情緒，來弱化情緒和行動之間的

聯繫，增加對匱乏的容忍能力，減少匱乏導致的衝動行為。

最簡單的正念練習，就是觀察自己的呼吸。你可以深深地吸入一口氣，再緩緩地呼出一口氣。仔細體會空氣進出鼻腔的感覺，透過對呼吸的關注讓心靈回歸當下。

也許你所處的情境非常艱難，甚至一團糟。先別忙著逃離，試著簡單地跟這種艱難或一團糟的窘境相處。當你的思維混亂時，回到當下這一刻。允許自己平靜地看待窘境。

也許你會產生不確定感，或者焦慮感。這種感覺不舒服，會讓你想做一些事從這種感覺中逃離。如果你感受到了逃離的衝動，深呼吸，允許這種不確定感和焦慮感停留在這裡。觀察這種情緒。觀察這種情緒引發的衝動，如果我們能真實地體驗這種混亂和不確定感、焦慮感，這種體驗和觀察本身就能幫助我們明朗。

如果我們能切實地理解這種衝動，就會知道這種衝動只是人想從焦慮中逃離的本能，並不是問題的解藥。而我們有一個真實的錨點，就是呼吸。如果思維和情緒讓我們混亂，隨時回到對呼吸的關注上來，這能帶我們回到當下的清明。

2. 培養製造盈餘的習慣

培養製造盈餘的生活習慣，如果每個月有固定開支，比如房租、水電之類，在銀行帳戶開通定期扣款功能，防止這些常規的付款資訊帶來匱乏的焦慮。

如果你缺時間，除了必要的休息，每週留出一個下午，作為機動時間，並把這當作工作計畫的一部分。這半天時間專門用於應付計畫外的事情、緊急的事情和因拖延沒做完的事情。

3. 建立從簡的決策程序

如果有 2 個選項讓你猶豫不決，很可能這 2 個選項對此刻的你來說相差不大。 也許你擔心自己將來因為做錯選擇而後悔，但無論你選了哪個，你都可能後悔；而無論你選了哪個，對現在的你來說，它都是你所能做的最好的選擇。

建立決策程序不僅是為了做正確的選擇，更是為了簡化決策過程，節省認知資源。越是在小事上，越應該簡化決策程序。如果你總在小事上猶豫不決，你可以這樣建立一個屬於你的決策程序：

（1）分析上週很消耗你認知資源的 3 個選擇；

（2）分析這 3 個選擇所消耗的認知資源與它們的重要性之間的匹配程度，選出消耗的認知資源與其重要性不匹配的選擇，對它們進行歸類。

（3）分析選項中可作為決策依據的指標。這些指標必須清晰、明確。以購物為例，價格、發貨地遠近、口碑等，就可以成為決策指標。決策指標越簡單越好，不超過 3 個。

（4）根據這些指標建立自己固定的決策標準。比如，買東西就選貴的，吃飯就選近的。

（5）把這些決策標準寫成成文的準則，貼在醒目處，**對這些準則保持迷信。**

再次強調，建立決策程序的目的，不是幫你做出正確選擇（因為根本沒有正確選擇），而是節約認知資源。對於處於匱乏中的人，節約認知資源比做怎樣的選擇更重要。同時，為了強化決策程序的正當性，你需要引入迷信的力量，相信你的選擇是上天的旨意。

多年後 的 回望

FIND YOURSELF
AGAIN

我們總是把「貧」和「窮」放在一起。可是從詞義上看,「貧」和「窮」是完全不同的。「貧」指的是沒錢,而且很可能是暫時沒錢;指外在的狀態,一旦環境變化,這種狀態也會發生變化。而「窮」指的是在一個狹隘、局促的空間,自己的力量無法施展發揮。如果說「貧」是暫時的,「窮」則包含著一種絕望,就好像自己無論多努力,都無法改變現狀。窮途末路、山窮水盡,說的就是這個意思。「窮」所代表的,是可能性的匱乏。

所以從這個角度講,也許你只是貧,但不是窮。或者說,**我們可以貧,但不能窮。**

如果說解決「貧」的辦法是多賺錢,那解決「窮」的辦法,還包含尋找心理上的出路。

我有一個來訪者,一直焦慮自己的未來。這些焦慮除了讓她煩惱,也幫助她考上了一個好中學,考上了一個好大學,找到了一份好工作。焦慮的時候,她自然會把原因歸為顯而易見的現實境遇。讀書時是升學壓力,畢業時是就業壓力,工作了自然是工

作壓力。在焦慮的時候，她也幻想有一天會過上那種休閒的日子：侍弄花草，讀讀閒書，看看劇，學學廚藝，到處旅遊……

後來在某個時機，她真的從公司離職了。這是她人生中第一次有了這樣一段無所事事的閒暇時光。她原來在公司的收入不錯，夠她不工作也能生活很長時間。所以離職之前，她對自己說：「終於可以好好休息了。」

第一天，她買了很多花草，給它們澆了水，在午後的陽光下讀一本文學書，發了朋友圈。第二天，她買了一個新烤箱，開始研究廚藝，做了一個披薩，又發了朋友圈。第三天，她想幹點啥，卻忽然開始焦慮起來。她總覺得自己會錯過，或者正在錯過什麼。她開始想：「我這樣休息，是不是太不上進了？我會不會很快就會被時代淘汰？」

在這種焦慮下，時間變成了需要打發的負擔，這些休閒的事自然也變得索然無味了。

當她來找我的時候，我試圖讓她理解她的焦慮並非來自客觀的處境，而是來自她的內心。她一直在努力適應那種快節奏的、競爭激烈的生活，對這種環境的應對方式塑造了她。現在她被移植到一個悠閒的環境，自然會有很多的不適應。享受生活也是需要學習的。而她堅稱，她焦慮是因為外部條件，是因為她還沒有實現財務自由。她說：「如果我實現了財務自由，那我就能真正開始享受生活了。」

所以她很快又找了一個像以前那樣快節奏、競爭激烈的工作，一邊焦慮，一邊憧憬閒暇的時光。

在討論「貧」和「窮」的差異時，我忽然就想起了她的故事。

外界的匱乏會引發心理的匱乏，可心理的匱乏未必都是由於外界的匱乏，而是受到我們由貧引發的應對模式的影響。

我舉前面這個例子，在某種程度上也說明我離真正的貧窮已經遠了。可我還記得它的影子，慌亂、脆弱，朝不保夕，總覺得稍有意外，就會大禍臨頭。就像一個溺水的人，踮著腳尖，仰著脖子，才能露出呼吸的鼻孔，避免被淹沒。富人有大把的機會可以揮霍，窮人一生也許就只有 1、2 個機會。你只能死死抓住，而不敢錯過。正是這種焦慮導致了短視，總希望能一下子解決問題。可是真正有效的改變，卻需要長期的積累。

從這一點上講，回顧我在這章裡提到的辦法，關於讓自己內心豐盛的辦法，它們不是不對，而是太輕巧，輕到配不上身處其中的人所感受到的那種沉重。

但有一點我仍然是相信的：**愛，或者人與人之間的相互支持，是解決匱乏最有效的方式。** 要說貧窮，沒有誰比人類的祖先更貧窮，每天面對危險，連基本的食物都不一定有，所有的掙扎和努力都只是為了活著。可是那時候他們面對貧窮的辦法就是，在一起，透過結成部落和家庭，來相互支持。安慰會減輕痛苦。所以如果你暫時沒有辦法改變匱乏，至少可以試試去建立某些聯繫，不讓自己這麼孤獨。

可是有時候，貧窮本身就會造成孤獨。因為貧窮不只是錢少，更是一種身分標籤——低劣卑下，讓人羞愧，覺得自己什麼都配不上。有時候正是這種身分的標籤，讓人不敢走出匱乏陷阱。可是我們不要忘了，貧富只是我們的一個特性，我們還有很多特性，我們的愛好，我們的情懷，我們的喜怒哀樂，我們的夢想和追求，

我們的痛苦和挫折。所有這些我們更核心的自我，並不能用貧富來衡量。

對於身處困頓中的人，我總是建議他們，如果有條件就學習一門專業的技能，木匠手藝、廚藝、程式設計、畫畫……當焦慮來襲，技能讓你有地方可躲，技能也是誠實的，你投入多少，它就會回報多少。它能夠把當下和未來聯繫起來，你在當下的投入，就是長期的積累。

如果在人群裡沒有出路，我們就去技能中尋找出路。學那些實用的、不需要很高成本又能賺錢的技能，從熟練的技能中體會自我的豐盛，也許這是我們走出匱乏陷阱的辦法。

FIND YOURSELF AGAIN

第五章

FIND YOURSELF
AGAIN

愛與孤獨

沒有人是一座孤島，可以自全；每個人都是大陸的一小片，主體的一部分。

——約翰·鄧恩

如果我不為我自己，那誰會為我呢？如果我只為我自己，那我又是什麼呢？

——猶太拉比·希列

01 如何面對不完美的父母

以前中國網路上有一個非常有名的小組，叫「Anti-Parents 父母皆禍害」。小組有 10 萬多個成員，Logo 是剔骨還父、割肉還母的哪吒。打開這個小組網頁，光瀏覽標題，你就會感覺到撲面而來的怨念和殺氣。理性點的，像是「誰在操縱你」、「他們將孩子當作了『物』而不是『人』」、「教你如何跟父母對峙」……不理性的，乾脆就是「我跟我爸打架了」、「我媽罵我白眼狼」或者「我決定去死了」。

以前網路上還有個不太有名的小組，叫「反父母皆禍害」，只有區區 2,500 個成員左右，非常不成氣候。組裡的論調基本都是「我和父母曾經吵架，如今一切安好」、「和父母對調角色才知道」、「放下恨，是對自己的救贖」……怎麼看怎麼像管委會大媽臥底群。

這 2 個群代表了 2 種對待父母的不同態度：憤怒和原諒。雖

然從中國的歷史傳統看，後者要比前者正統得多，但當時前者可比後者有人氣得多。

這幾年心理學普及的成果之一，是心理學能夠讓我們重新審視自己和父母的關係，了解父母對我們成長的影響，副作用則是，「父母」不幸從備受尊重的家庭權威，變成了心理問題的替罪羊。經常有人跟我說：「我的問題來自我的原生家庭。」說這些話的人，大多讀過一些心理學的書，這些書會不遺餘力地宣傳原生家庭對人格的巨大影響。

他們說對了一部分，「家庭是人格的製造工廠」。如果仔細回溯，你會發現，童年時父母的爭吵、忽視、溺愛、或明或暗的控制、嚴苛的要求、難以琢磨的期待等確實會影響我們的人格。但是，這種說法也把我們從生活的承擔者和決定者，變成了無辜的受害者**以至於我們很容易忽略這些行為背後隱藏著的，極少是極端可惡的壞父母**，更多的是有著各種缺陷的普通父母。他們受制於他們的時代背景、教育水準、成長環境和社會地位，他們中的很多人並不是不想愛孩子，而是不會。他們甚至意識不到問題，但傷害卻已經實實在在地發生了。

這些傷害滋養了憤怒，而憤怒又承載了生活的其他不如意，在像「父母皆禍害」這樣的豆瓣小組蔓延。

憤怒界定了一種人際關係。這種人際關係裡，有一個強者，有一個弱者；有一個施害者，有一個受害者。無論你在憤怒中做什麼──指責、控訴、報復……憤怒總會把情緒兩頭的人緊緊綁在一起。所以憤怒延續了我們和家庭的關係，讓我們無法獨立，更別提它對關係的撕裂和破壞。

憤怒太重，像「反父母皆禍害」小組這樣的「原諒」又太輕了，輕到讓人懷疑，它通過粉飾太平，回避問題。

　　有沒有更合適的路可走？

　　我有個朋友，是個工程師，事業發展得不錯，但他一直不太開心。他父母在一個單位的廚房做點雜事，沒受過什麼教育，只會跟他說類似「你要好好讀書，見了親戚要禮貌」之類的話。至於三觀、職業生涯、人生理想之類的話題，更是無從談起。

　　但他自己在慢慢成長。他考上了當地很好的中學，又上了一個很好的大學。上大學之前，他從來都是聽話的孩子，沒頂撞過父母，上了大學之後，他發現原來除了成績之外還有很多東西需要在乎，可他父母從來沒和他聊過這些，他們還是用老一套來教育他。於是衝突大量產生了。無論父母說什麼，他都要反駁幾句。那時候，他心裡憋著一句話：「你們對我的教育有問題！」

　　這句話他怎麼也說不出口，但這句話背後的怨恨卻在積壓著。

　　父母當然能感覺到孩子的變化，但他們最終也沒能跟他好好聊聊這個話題，只是在見面時會說：「你要多關心爸爸媽媽了。」但他並不知道該如何回答，因為從內心裡，他希望自己儘快跟這個家脫離，但他又有說不清的內疚和自責。於是一家人在沉默中慢慢疏遠了。他找了個離家很遠的工作，也很少給家裡打電話。有一年回家，父母照例跟他叨念，誰誰家的孩子，就在街口的藥店工作，一家人天天都能坐一起吃飯，現在孩子都生了，多好。

　　他心中忽然有股憤怒升起，扯了扯嘴角低下頭說：「你們小時候要我好好學習，將來考北京、上海的大學，可不是為了讓我天天陪你們吃飯啊。」

話一出口，他就覺得歉疚。父母沒接話，大概他們也不知道該說什麼。他想說聲對不起，卻怎麼也說不出口，只好梗著脖子沉默著，埋頭吃飯。於是一家人陷入了尷尬的沉默。

　　很快，他回到了自己工作的城市。有一天他跑來問我：「你覺得我現在怎麼樣？」

　　「很好啊。」我詫異地看著他，「一路上好的學校，現在有車有房，事業也順利，就是缺個女朋友嘛。」

　　「那你覺得，我這些成就，全靠自己努力，還是也有父母培養的功勞？」

　　「啊？應該也有父母培養的功勞吧？」我愣了下，「你為什麼這麼問？」

　　「我就是想確認一下。」他說，「這麼多年來，我父母從來沒有參與我的學習和生活，只對我提要求。當別人父母為他們輔導功課、跟他們談心的時候，我卻只能自己努力。現在，我就是很想確認一下，這麼多年，他們是不是也在有意培養我。」

　　「如果是呢？」我問。「如果是，那我就不是一個人。」他說，「我已經很久沒有父母在我身邊的感覺了。」他的憤怒慢慢地消失了，隱藏在背後的悲傷顯露出來。我知道這悲傷是什麼。是一個我們很難承認的事實：我們沒有能理解、支持和幫助我們的父母，也沒有別人都有的嬉笑打鬧、無憂無慮的童年——至少不是理想中的那樣。我們誤以為「幸福美滿的家庭」是人生標配，最終卻發現那其實是奢侈品。而最讓我們難過的，是父母已經盡力了，他們能提供的、能想到的，就是這樣了。

　　我們悲傷的是，父母和我們對這一切，都無能為力。

假期，我那個朋友回了趟家。回來後他說，父母都老了。

心理學家伊莉莎白‧庫伯勒‧羅斯在研究人們怎麼面對死亡時，曾經提出一個著名的悲痛5階段理論：否定、憤怒、討價還價、抑鬱、平靜。這個模型也被廣泛地用來解釋人們面對一切不如意的事，比如，一個人面對不完美的父母，會經歷的心理歷程。

所以，該怎麼面對不完美的父母呢？除了憤怒和原諒之外，也許我們還有悲傷。悲傷不是什麼好的解決方案，但它最接近真相。悲傷能幫我們從憤怒中解脫出來，把我們從簡單的受害者，變成一個為自己生活負責的獨立的人。我們在悲傷中，滋長了愛和同情。這種愛和同情，既給父母，也給那個曾經弱小的自己。

02 我們和原生家庭

在參加的各種活動裡，我最喜歡問答環節，聽眾的提問常常告訴我一些他們的經驗。我很少只是根據問題，告訴他們一些我知道的知識。我會把問答當作一個干預的機會。我常常會想：

「為什麼他們在這個場合問這個問題？」

「為什麼他們這樣問，而不是那樣問？」

「我的回答想給他們什麼樣的影響？我怎麼說，才能真的影響到他們？」

就好像我們也在一種 mini（小型）的關係裡，做一個 mini 的諮詢。

有次我去做了一個關於「家庭中的愛和怨」的分享。現場來了不少聽眾，為此主辦方還特意在前排加了幾排蒲團給大家坐。在問答環節，大家的提問也很踴躍。

　　這樣一個討論家庭的場合，當然離不開有關原生家庭的問題。有位女士問：「我以前不覺得原生家庭對我有多重要，最近幾年讀了一些心理學的書，才越來越認識到我媽媽對我的影響。我媽媽是一個非常焦慮的人，她有很強的窮人思維，她總是在焦慮錢的事，也總是貶低我不能幹，拖累了她的生活。她的話暗示性實在太強了，以至於我覺得我真的變成了她所暗示的那種什麼都不行的人。前幾年還好，我還有個工作，從上一個工作離職以後，我變得更差了。請問，我該如何擺脫這種影響？」

　　這是關於原生家庭很典型的問題。關於原生家庭，一直有 2種觀點。第一種觀點是原生家庭決定論，認為原生家庭就像是人的底層作業系統，對人的影響深遠。我們現在所有的問題和困境，都是原生家庭帶來的，或者至少，能從原生家庭裡找到影子。這一部分的結論有一定的道理，如果你去讀精神分析方面的書，他們也很擅長抽絲剝繭地把你現在的問題跟原生家庭聯繫在一起，這種聯繫加深了人們對「原生家庭決定論」的印象。

　　第二種觀點是自我決定論，強調人的自由意志，強調人的選擇。這種觀點認為，如果一個人沉浸於原生家庭的影響中，就會把原生家庭當作一個方便的藉口，只是借著原生家庭來逃避自己應該承擔的生活責任。

　　其實嚴格來講，這 2種觀點並不是矛盾的。它們真正的區別是，如果我們理解原生家庭的影響，當下究竟該怎麼看待這種影

響，是單純增加了自我認知，提示了我們改變的方向，還是變成了無法改變的理由？

當這位朋友強調原生家庭對她的影響有多深，似乎暗示自己無法改變，她的提問又是如何擺脫這種影響。也許她沒意識到，對原生家庭的這種描述已經成了她思考「如何擺脫」的障礙。

於是我問她：「你離家多久了？」

她說：「我畢業 7 年了。」

我說：「那如果從上大學開始，是不是已經 11 年了。原生家庭當然會對人產生很深的影響，可是你離家已經 11 年，按理說應該發展出一些跟原生家庭不同的新經驗了。如果你是最近讀了幾年的心理學書，才發現原生家庭的影響，那我覺得你還是應該把這些書扔掉。因為這些書不僅沒有幫你解決原生家庭的問題，反而讓你更糾結原生家庭的問題。」

她嘟囔了一聲，顯然對我的回答不太滿意。接著問：「那你有什麼具體做法上的建議嗎？」

我說：「如果你真的想擺脫這種影響，不如這樣做。你先回家去跟媽媽吵一架。告訴媽媽她對你的影響，她如何讓你受傷。吵完以後，無論結果如何，你都告訴自己，這件事就到這兒結束，你要重新開始你的生活了。然後你就回來想想，該怎麼去找一份自己滿意的新工作。」

說完建議，我問：「你會嘗試這些建議嗎？」

「不會。」她很乾脆地說。「我媽媽是不會聽的。我想說的是，原生家庭對人的影響真的是很牢固……」她又說起了對原生家庭影響人的理解。當她這麼說的時候，下面的觀眾開始竊竊私語。

我就接著說：「你看，你似乎在說，你的原生家庭給你帶來了很大的影響。你問我怎麼辦，但你同時也說，你不想聽我的建議，因為你不想改。如果是這樣，那我可能也沒有辦法幫你。」

　　聽眾的聲音更大了。她還想問什麼，但是不甘心地坐下了。看上去，我跟她似乎起了一個 mini 的衝突，而觀眾是想支持我的。可是他們的這種支持反而讓我不安。

　　我真的有理由這麼說嗎？會不會我自己太強勢，沒有幫到她，反而傷害了她呢？

　　雖然問答已經結束了，但我其實還在想這個問題。我在想，她為什麼要告訴我原生家庭對她的影響，但又不想接受我的建議？真的是如我所說的，她用原生家庭逃避了生活的責任？我回答的方式讓她不能接受？或者她透過強調原生家庭的影響真的很大，來告訴我不想改變並不是她的錯？

　　然後，我忽然想到了另一個答案。這個答案隱藏在她說「我媽媽是不會聽的」這句話裡。她說過這句話，她說這句話的時候，是有種倔強在的，可是我忽略了。一瞬間，我的腦海中閃過很多畫面。我想起我的很多來訪者，他們學了很多關於原生家庭如何影響人的知識，也會想把這些知識拿去跟媽媽探討。有些探討只是頭腦中的模擬，有些探討是真的去做了。但這些探討通常都不會有好的結果：誰能接受那些指責自己的知識呢？更別提指責的人是自己從小養大的孩子。激進一點的媽媽會說：

　　「你讀書讀傻了吧！」

　　「你自己過得不好還怪我了？這麼多好都不記得了，這點不好倒記得牢，我這麼多年養你白養了！」

溫和一點的媽媽可能會說：

「好了好了，算我不懂行了吧，那你以後自己當媽時當得好一點。」

這時候，他們通常會是跟媽媽強的。他們想要讓媽媽承認，但媽媽不肯承認。他們想在這場事關自己的辯論中贏了媽媽，可是贏的方式，就是「我過得不好」。只有「我過得不好」，才有接下來的「都賴你！」。

這是原生家庭的影響嗎？也許是。可是這種影響不是發生在過去，而是發生在現在，**在我們現在和媽媽的關係的糾結裡啊！**

後來我想了想，如果再重新讓我回答這個問題，我大概會這麼說：

有時候我們強調原生家庭的影響，是想讓媽媽看到我們受的傷害。就好像她看到了，我們才能放下，繼續往前。可是很多時候，這種看見是等不到的。於是，這種影響就變成了我們自己一遍遍重複的咒語，把我們的生活困在這裡，無法前進。有時候媽媽看不到，我們就想說給別人聽，讓別人知道。

你今天提這個問題，可能也是想讓我們知道這種傷害。我不是你的媽媽，可是如果我的承認對你有用，能夠幫你放下這個糾結，那我也願意承認這是一種很大的影響和傷害。可是如果它不能，那你也要想一想，面對等不到的承認，是否還要停在這個咒語裡，不斷重複它。

我想，也許這是她真正想要的答案。這也是很多人想要的答案。

03 獨立和革命一樣困難

海賢老師：

　你好！

　我的父母從我很小時就開始吵架，相互消耗，媽媽說話太狠太直，很傷人，我爸爸可能被傷透了，一直保持冷暴力不說話。雖然他倆現在老了關係好了，但留給我的陰影卻揮之不去。總覺得自己沒有能量，在家的時候很壓抑，想逃離，和家人也沒有親近感。他們兩個人溝通方式不同，反覆提離婚，又被勸阻，被綁在一起湊合著過，沒有多少愛和理解。我媽有種在家庭中得不到滿足，所以將全部希望寄託於我的趨勢，有時候細想很嚇人。

　去年我來到法國留學，陰差陽錯找到了很理解、支持我又善良到不行的人。我們像認識了 10 年一樣感情很好又彼此獨立。性格、品味、生活習慣都很相配，很有默契。他在巴黎大街上扶盲人、幫媽媽搬嬰兒車，對別人很關切。我的成長環境和經歷讓我謹小慎微的同時，也讓我對人有極佳的洞察力和判斷力，我觀察到太多細節，很珍惜他，想和他在一起生活。但是家人因為膚色，因為人種而歧視他，他們選擇性忽視我從初中到現在對黑人的熱愛。

　我一直覺得黑人不僅僅是音樂、體育方面的天才，他們深厚的文化，對大自然的偏愛，對自己歸屬的清晰認識，幽默的性格，就算有被奴役的歷史也掩蓋、貶低不了。我很愛

他，所以向我媽媽試探，說我有比較親近的黑人朋友。但是沒想到她哭著跟我反覆說她不喜歡，她覺得噁心，覺得在外人面前抬不起頭來，沒面子，說：「我沒有給你那麼開放的教育方式，你怎麼就變成了這樣。」說得我好像和怪胎一樣。她說：「養你這麼多年不是讓你長大去嫁黑人的。」

這種道德綁架和親人特有的控制權壓得我喘不過氣來。她要我把那個黑人朋友送我的禮物扔出去，甚至威脅如果我們在一起，她就要跟我斷絕一切關係。我那天哭到凌晨4點，覺得這個事情真的是無解的，我不想失去他，如果堅持在一起，只能發展地下戀情，雖然感情很好，但是我不能給他任何保證。

我也想自己是不是太自私了，要不要長痛不如短痛，分手算了。可是，另一個自己又在說，憑什麼僅僅因為一個人的膚色，家人就要逼我放棄選擇愛人的權利，這對我來說太不公平。我很清楚自己想要什麼，難的不是選擇本身，而是選擇之後的承受。

目前，我和他還是在一起了，很幸福、很珍惜。但是每次和我媽媽聊完天都會不開心，我試著告訴她種族歧視是不對的，但是你也知道中國的國情擺在那裡，心再強大也有耳根子軟的一天，也會去在意別人的看法。為了保護他，我要傷害我的家人；為了家人，我要放棄我自己，還有傷害他。怎樣都不能兩全。我很困惑、很無力。

家人是軟肋，也是牽絆。他們給了我很多，卻沒有給我愛人的能力。我想聽聽你的意見。

無名同學：

　　你好！

　　我經常遇到在父母不和的家庭中成長起來的來訪者。這也讓我思考，父母吵架對孩子的影響到底是什麼？也許是給孩子提供了一個不那麼美好的愛情範本，也許是對親密關係的恐懼和疑慮，可更普遍的問題是，這些孩子都很難從家裡離開。

　　人是需要情感支援的，這是人活著的動力。一個女人如果無法作為妻子從丈夫那邊獲得情感支持，她就會強化自己母親的角色，轉而從孩子那兒去獲得情感支持。這並不意味著這個媽媽會對孩子百般地好，而意味著她會對孩子有更多的控制。你說你媽有種「在家庭中得不到滿足，所以將全部希望寄託於我的趨勢」，說的就是這個。

　　當孩子長大成人，媽媽和你這種過於親密的情感聯繫就會出現危機。雖然媽媽自己不會承認，但她其實並不想你長大、戀愛、結婚、離家。就算她不得不接受你會成家這個事實，她也會希望女婿是她挑的，將來有一天她能跟你住在一起，幫你帶孩子。這樣，在她的印象裡，你不是結婚離家，而是你還在家裡，只不過多了個女婿。

　　這樣的關係，對你來說是困惑的。一方面，你需要自己的成長空間，需要長大，去面對外面的世界；另一方面，你也很難放下媽媽，畢竟你是媽媽唯一的情感牽掛，她一不高興，你就會不開心。

　　現在，你遠去法國，找了個媽媽絕對不會幫你挑中的男

朋友。你在為自己的生活爭取空間,這很好。可是你爭取得不徹底。你的身體離開這麼遠了,你的心也能像你的身體那樣離開嗎?

我覺得,你媽媽做得沒錯,是你錯了。你的錯並不在於你找了一個媽媽不認可的男朋友,錯在你明明找了一個媽媽不會認可的男朋友,卻還想讓她認可。

你媽媽在期待一個「聽話懂事」的女兒,你讓她失望了,所以她對你有很多怨言。可是你又何嘗不是在期待一個「通情達理」的媽媽呢?這樣的期待,到底誰比誰更正義呢?

如果你還是孩子,我們自然會說,媽媽在關係中要負更多的責任,社會自然期待一個女人要當一個好媽媽。可現在你已經不是孩子了,如果你覺得這種過於親密的關係妨礙了你,你就要給自己爭取空間,為自己的生活做主,而不是去爭取媽媽的同意。

革命不是請客吃飯。從家裡獨立的難度,不遜於一場革命。這不是客客氣氣、親親愛愛就能解決的事情。獨立是不需要別人允許的,尤其不需要你媽媽允許,否則就不是獨立了。如果你已經下定了決心,準備好面對媽媽的眼淚了,我們再來談策略。

策略很簡單,就兩句話:「聽媽媽的話,做自己的事」和「依靠男朋友,別依靠媽媽」。你不需要再跟媽媽商量男朋友的事情了,對於她說的話,你都聽著,但不要表態。如果你還沒有經濟獨立,趕緊想辦法讓自己經濟獨立。別氣你媽媽,但也不需要順從她。審慎地考慮自己的愛情,不要因

為反抗媽媽而結婚，不然你這婚還是為媽媽結的。如果你真的對自己的愛情很確信，告訴男朋友你們會遇到的困難，如果他願意，就去結婚。媽媽嘛，找個合適的時機再告訴她就好了。

也許你會擔心，那萬一我媽媽失望該怎麼辦？她是會失望的啊，可是如果你一直記掛著她的失望，你又會期待她通情達理了。你們又會在愛和怨之間糾纏，你就離不開。

媽媽有她自己的困難要去面對，正如你也有你自己的。你解決不了她的問題，也別奢望她來解決你的問題，這個問題包括你有一個不會同意你和黑人結婚的媽媽。這是你需要自己去面對的難題。

也許，沒有你可以依靠的時候，媽媽才會學著去依靠自己的丈夫。就像你沒有媽媽可以依靠的時候，最終也會去依靠自己的男朋友一樣。

祝你早日獨立！

陳海賢

04 成為自己的教養者

問：

不知從何時起，我便喪失了愛父母的能力。從高中開始，我便獨自一人在外地求學，那時身邊的許多同學會因為念家

而苦悶，要是女生的話，甚至還會哭鼻子。但整整10年過去了，我一人在外，竟從未想起過家的溫暖。

事實上，我的家庭並沒有破碎，更沒有傷害。我打小就生活在父母的重重保護之下，許多困難並不需要我去親自面對。看上去這是一個相對安全的環境，但它卻從未給我足夠的安全感。

我似乎被父母的過度關心壓垮了。每當他們試圖為我提供幫助，我都需要花費大量的精力來應對緊隨而至的心理壓力。我不是怕給他們添麻煩，不是羞愧於自己不能自食其力，而是單純地想要躲避，就像面對熱情的陌生人——尷尬，不知所措。

近幾年來，我一直在拚命學習那些和父母相處過程中沒能學會的東西。例如，為自己負責的意識、信任他人的能力，通過個人魅力去引導他人而非通過感情脅迫和利益交換去引導他人的能力。從同事和朋友的評價來看，似乎我做得不錯，但是維持這樣的狀態令我身心俱疲。我似乎很容易掉回舊有的家庭模式中去，成為一個替他人操碎了心、替他人擔驚受怕，進而以各種手段控制他人，以獲得自身心理平衡的傢伙。

我和幾任女友也有相似的問題。我總是想要呵護甚至拯救她們，也許是因為我更想呵護、拯救我自己。我覺得我在延續父母對我的情感模式——一定要以一種放棄自我的方式，把感情傾注到另一個人身上，才能安心。

這樣的情感模式令我恐慌。我害怕自己會變成和父母一樣的人，擔心愛人會離我而去，就像我現在想要徹底離開我

的父母一樣。

　　寫下這段話，我意識到，我似乎很想把我在感情上對父母的排斥描繪成一種正當行為。然而，對此我也抱有很深的負罪感。似乎我的背後有千萬隻手在指著我——那可是你的親生父母啊！他們做錯了什麼嗎？操勞一生竟然換來這樣的逆子！而我想要把這些聲音通通抹殺掉。

　　所以，我現在很想知道，如果子女已經到了25歲的年紀，卻仍對父母不念任何感情，是否還有機會重塑親子關係？我想，我最期待的那個答案應該是「沒有」。在這件事上，我實在太疲累了。但我還是想聽聽老師你的看法，不論怎樣，一定會有啟發。

　　答：

　　這位沒留稱呼的朋友，你好。並不是所有的提問者都能像你這樣，確切地知道自己想要的答案。你的信裡一直有一種特別的洞察力——對自己和父母的關係、對自身的情緒、對自己和伴侶的關係。我猜這種洞察力有些來自你學的心理學知識，有些來自你的自省。你一直在透過自省，擺脫家庭的影響。

　　你說這麼多年來，你從未想起過「家的溫暖」，但這麼多年，你肯定無數次想起過「家的問題」，在那些倍感孤獨的夜晚。你說父母對你的「過度關心」讓你只想躲避。這表面上是說父母給的多了，但其實是說父母給的少了。多的部分，是付出背後的「控制和操縱」，少的部分，是你真正渴

望的「安全感」、「親密感」和「愛」。

我們會警惕以愛之名行控制之實，我們也會忽略控制背後有對愛和親密感的渴望在。我並不覺得是「控制」讓你們遠離了，相反，我覺得是你們的遠離讓父母覺得恐慌，所以他們更想通過「控制」來拉近你們之間的距離。

他們需要「被需要」，所以總想以犧牲自己的方式給你更多。但他們並不知道你真正需要的是什麼，這多少有點悲傷。

你和父母都渴望彼此能夠更加親密，只是這種親密不會因為渴望就有。當你說「每當他們試圖為我提供幫助」，你的感覺卻像是「面對熱情的陌生人——尷尬，不知所措」時，你一定為此痛苦了很久。

但這不是你的錯。無論你在情感面上獨立，還是你因不需要父母無效的關心而很少回應，這都不是你的錯。這只是一個讓人無奈的事實。你不需要內疚。沒有愛會在內疚中發展起來。如果你想到家，只覺得沉重和疲憊，你就無法愛它。

關於父母的問題，我曾收到過一封讀者來信。在歷數自己父母的種種不是後，她總結說：「只有開始像對待外人般對待父母，每每選擇性失憶，不抱期待，也逐漸放下對期待中他們的回饋，居然讓家庭關係溫暖了起來。雖然（父母）還有他們從不承認的遷怒於人和價值觀灌輸，但不抱希望之後，我自己的心緒黑暗面確實少了很多。他們是我來到世上的生身父母，我自己才是我心智打開後的教養者。世間皆可為我師，亦有朋友、書本為交流者，是我自己之前錯了，不該對父母太心存寄望。翅膀硬了好作飛，浪費時間才真有可

能被拖入泥潭。現心已無礙。」

　　如果把信裡那些有怨氣的部分去掉，她提供的也是一個有用的觀點：放下期待，從零開始和父母相處，以及成為自己的教養者。成為自己的教養者，其實還有一個別名，叫「獨立」。只有當我們不僅在物質上，還在精神上獨立，我們才能真正從與父母的愛恨交織中解脫出來，客觀地看待我們與他們的關係。在那個時候，我們也許反而能找回一些家的溫情。

　　成為自己的教養者，你期待父母怎麼愛你，你就怎麼愛自己。這並不容易。不過為人父母本身就不容易。如果你覺得辛苦，那就不妨把這種辛苦當作為人父母的艱辛吧！

　　祝一切順利！

陳海賢

05 我不想跟我媽媽一樣

海賢老師：

　　您好！

　　我昨天收聽了您的一場關於如何擺脫內心的匱乏與不安的講座，收穫很大。我缺錢，缺安全感，缺知識，缺愛，什麼都缺。

　　我經常處於一種匱乏和不安之中而不自知。但是我寫信

給您是想討論另一個問題：我和我媽媽的關係。我發現我最初的不安感和匱乏感來自我的媽媽，她原生家庭很窮，沒上過學，嫁到這邊後沒有地位，也沒有話語權。我依稀記得從小開始，我媽媽就不停地在我耳邊嘮叨，說我爸爸或者我爺爺奶奶怎麼怎麼樣，反正都是不好的話。有時候我爸會因為這些話打我媽，她是家庭的受害者。然而，她也是個施害者，用語言攻擊我。她總是說我笨。然後，我就真的很笨了。我現在自卑、內向、敏感。

家裡很窮，掙錢很難很難，反正沒有人和事是令人滿意的。我媽經常跟我說，我爸沒本事，我爸是不愛我的，如果沒有我弟弟，我的境遇應該會更差（家裡重男輕女）。

有時候我不想回家，因為我怕面對那樣一個環境。我感覺家並不都是溫暖的，我渴望一個溫暖的家。

我討厭我媽媽，無趣、小心眼、言語苛刻、自私冷漠、短視、功利，老是跟別人比，好像缺少感受到快樂和幸福的能力。她帶給我沉重、無聊、壓抑的感覺，而不是積極樂觀。其實她行動力很強、很積極，也在積極努力賺錢，但我好像只接收到了她的抱怨。

現在，我感覺自己成為越來越像我媽媽一樣性格的人了。我一直在與這種心理對抗，「內耗」特別嚴重。但是有時候我又覺得她說的都是對的，我更加矛盾、痛苦。我有點抑鬱，我的動力系統和能量系統好像都壞了，尤其是在這個滿是霧霾的冬天。

有時候我又覺得她很可憐。她一直困在自己心中的監牢

裡，從來沒有享受過平靜和快樂。

我也為自己有這樣的想法而愧疚。我知道她很愛我。她生我、養我，供我上大學，做什麼都是為了我和我弟弟，她沒有貪圖過物質上的享受，衣服也都不捨得買。她都是為了別人，沒有考慮過自己。我應該對她感恩的，我怎麼能怨恨她呢？我很心疼她，可是也怨恨她。

陳老師，我這種心理正常嗎？我應該怎麼辦才能走出這種矛盾的心理？應該怎麼改變這種認知？誠懇盼望您的回覆，不勝感激。

沐沐

沐沐：

你好！

信冬天就收到了。一般在春節前後，家庭問題比較讓人心煩。現在春天來了，花也開了，天氣也暖和了，不知道你過得怎麼樣，心情是否好一些了。

你說得沒錯，如果要追根溯源，我們總能從原生家庭裡找到一些匱乏和不安的理由。你說你的不安來自嚴苛的媽媽，她「無趣、小心眼、言語苛刻、自私冷漠、短視、功利，老是跟別人比」，還經常說你笨。這我相信。只是我覺得，這種不安，可能並非你媽媽經常說你笨那麼簡單。

在我的工作中，我經常遇到這樣的家庭：爸爸在外做生意，經常不顧家；媽媽一個人帶孩子兼操持家務，滿心怨氣；孩子呢，焦慮、不自信，不想上學。

他們爭吵的方式很特別，經常是媽媽指著兒子對爸爸說：「瞧瞧你家兒子！」

「你家兒子」的說法有兩層含義：孩子是個問題孩子；這個問題是你（造成）的。聽到這樣的說法，爸爸會氣呼呼地責問兒子：「你為什麼不爭氣！」有時候脾氣上來，爸爸甚至會動手打他。

爸爸的反應，也有兩層含義：這不是我的問題；既然你說是我的問題，那我幫你解決，看你心疼不心疼。

這是典型的中國式家庭的爭吵案例。表面上，兩人都在抱怨孩子，其實是媽媽借著孩子來抱怨爸爸：「你為什麼不顧家，不管孩子！」而爸爸也是借著孩子來反駁媽媽：「我也很辛苦呀！」、「你為什麼不管好孩子！」孩子呢，夾在中間，不知所措。

為什麼他們不能直接表達呢？也許他們不習慣直接的表達方式，畢竟那樣的話衝突會直接而強烈得多。他們需要把孩子當一個媒介來緩衝一下，用孩子的問題來掩飾他們自己的問題。於是孩子就變成了一種獨特的情緒通道。有時候，為了讓這種溝通方式持續，他們會製造或者維持孩子的問題，而孩子也會配合他們，讓自己變成一個問題孩子。

但孩子心裡是分不清媽媽的憤怒和指責，究竟哪些是針對爸爸的，哪些又是真的針對自己的。他只會覺得，惹媽媽生氣了，那自然是因為自己不好。如果媽媽說他笨，他也會覺得自己笨。

而你們家裡，還有另一個故事。如果家變成了戰場，那

家裡弱勢的一方，通常需要一個盟友。你媽媽嫁到家裡，沒有話語權，那麼她需要你站在她身邊。所以她才會反覆強調你爸沒本事，你爸不愛你。而你爸爸自然也把你歸為你媽媽的人而逐漸疏遠你，雖然你自己未必情願。

我們總以為，內心的匱乏和不安是貧窮引起的。不過，和這些爭吵相比，貧窮其實真不算什麼。所有的缺失，歸根究底都是因為缺愛。比窮更糟糕的，是父母的爭吵，比父母的爭吵更糟糕的，是父母把孩子當作工具，捲入自己的爭吵裡。

那我們該怎麼辦呢？我覺得最重要的事，是把自己對父母的感覺和父母他們想透過你表達的感覺分開。你能分清楚父母對你的否定裡有多少是他們對彼此的否定，有多少是他們對自己生活的失望，又有多少才是真正對你的失望嗎？

要分清楚這些，就要跟他們分離。你需要跟媽媽分離，哪怕你心裡有很多的內疚和自責，你仍然要去尋找屬於你自己的新生活。

你是成年人了，與無助的孩子相比，你可以去尋找屬於自己的路，這就是一種幸運。不要擔心你媽媽，要相信她會在自己的婚姻中找到辦法。比如，她會努力掙錢，畢竟她在這個婚姻中已經多年了。你不需要內疚和自責，不要擔心破壞了自己和媽媽的同盟關係。要知道，這根本不是屬於你的戰爭。

祝你早日找到自己的路。

陳海賢

06 無法拋棄的親情

　　舉一個最近的例子，我在做自我轉變訓練營，每週都會和學員透過網路，線上一起探討自我轉變的難題。線上討論的形式，看起來是大家有問題問我，但其實我很少有簡單直接的答案給他們。相反，隨著探討的深入，我們常常對問題有了更深的了解。

　　有個學員是一位 30 多歲的女士。她說：「我的問題是，我好像做什麼事都不能投入。我參加了一個寫作班，想學習寫小說，可是寫了 10 天就放棄了。我想學心理學，去考了一個證照，雖然我有興趣，可是發現年紀太大，從頭開始不切實際，所以也只好放棄了。好像我的人生一直都是這樣，遇到一個障礙我就放棄，什麼事都無法深度投入。你的課程讓我們探索不能改變的假設，我發現，我內心的假設是：如果我沒有社會價值，就會被拋棄。這也許是我很怕挫折的原因，我該怎麼辦呢？」

　　說實話，我不知道。我從很多人身上見過這個問題。但我不知道是什麼造成了她的問題。既然她說她的問題是做什麼都浮於表面，我不想再給她一個浮於表面的答案了。

　　於是我請她講講她的生活。她說：「我進入職場已經 10 年了。10 年，周圍的人都升職、加薪，晉升到了管理層，可是我還在做基礎的工作。10 年前，我剛入職，拿的工資是 22K，10 年後我拿的還是 22K。我不知道這 10 年我在幹什麼。就好像我的人生停在了 20 多歲的年紀。我的心態停滯了，我的工作停滯了，我的生活也停滯了。我沒有親密關係，沒有成家。唯一沒有停滯的，

是我在變老，我的父母也在變老。」

時光的流逝卻沒有沉澱成一個人的成長。說到停滯，她有些傷感。我遠遠地看見了她的生活，可是我還沒有進入這種生活的線索，我還不知道是什麼導致了她的生活停滯不前。

想起她前面說想寫小說，我隨意問道：「你想寫一本什麼樣的小說啊？」

她說：「我不知道。我只是壓力一大就看小說，這麼多年已經看了很多本，都成癮了。看得太多了，就想試試，不過很快發現自己不是這塊料。」

既然逃避壓力都能成癮，那壓力一定很大。我問她：「你生活中的壓力是什麼？」

就好像在等著我問這個問題，她很快就說：「是我的母親。」

「哦？」

「我母親已經中風多年了，一直臥病在床。我之前也有糾結，我就掙這麼點錢，是不是該回老家，好好去照顧她。可是一想到我和我媽完全綁在一起，我就害怕。因為那樣，我就完全沒有了自我。雖然我本來就不是很有自我。」

我問她媽媽中風多久了，她說 10 年。正好就是她所說的停滯的時長。我問她誰在照顧媽媽，她說：「我有在照顧，每週我都會回去。去年我接她過來跟我一起住，發現那真是一個噩夢。我請了一個看護，可是看護根本搞不定我媽，我媽一直抱怨、挑刺。看護都請了十幾個，沒有一個能成的。」

我提醒她，媽媽對看護挑刺，是更想要女兒的照顧。

她說：「沒錯。我媽媽總說，你不用管我，去忙你自己的事。

可其實我知道,她想讓我照顧。實在累了,我也想逃開。那時候,我就會罵自己,這是你媽,你不能把她當作一個累贅!可事實是,她就是一個很大的⋯⋯壓力來源。」

聽她講跟媽媽的糾結,我忽然對她的無法投入和長期停滯,有了一個新的理解。

我說:「聽你這麼說,你其實有 2 份工作,一份是你現在做的事,另一份是照顧你媽媽。照顧媽媽才是你心裡覺得真正重要的工作。跟它相比,你現在的工作只能算兼職。有時候我們不喜歡一份工作,可以辭職、轉行,可是你的這份工作,辭不掉。」

她低聲說:「是的。她是我最重要的工作。如果我不管她,就不會有人管她。有時候,我媽媽跟看護鬧脾氣,我知道她又想我了。我會跟她說,你稍微改變一點點,鬆一下手,我就會好。我是一個獨生子女,我的身體也不好,我還沒成家。你還有我,可是等我老了,我還有誰?我還有什麼?我什麼都沒有。我比你還要可憐。」

濃重的哀傷彌漫了整個直播間。有人問爸爸去哪兒了?她說爸爸原來跟媽媽感情也一般,媽媽生病後,爸爸就躲開了。又有人建議她送母親去療養院,她忽然變得堅決起來。她說:「我不想。我一直以為我在照顧我媽媽,今天我才發現,我也在救助我自己。以前我覺得如果沒有社會價值,就會被拋棄。我現在才發現,那不是我的想法,而是我爸的。這是他對我媽的態度。如果連我都放棄我媽了,那就證明我爸爸的想法是對的。我不只在照顧我媽媽,我也在用我的堅持告訴他,他錯了。」

她的堅決透著一種力量。而這種力量讓所有人都看到,她已

經做了自己的選擇。她不是不投入於自我發展，她只是把所有的精力和注意力都投入到對媽媽的照顧上，沒有給自己的自我發展留下空間。

她說：「我對自己的投入，就像是對媽媽的背叛。確實，對我來說，我自己並不重要。我甚至想，如果有一天我媽媽走了，我爸爸走了，我也可以走了。」

她的話在直播間激蕩，大家都被深深地打動。

可是出路在哪裡？

如果是以前，也許我會說要有極限。但這次，我說不出口。

有時候，太快想給一個出路，是對人家問題的貶低。我想起以前做團體心理諮詢時遇到的另一個女生，也是年紀不小了，依然單身。她的父母關係也不好，她總是一邊抱怨爸爸太控制自己，一邊和父母住在一起，糾纏不清。

團體裡的人都勸她離開，說她代替媽媽成了爸爸的伴兒，甚至有極端者說「你變成了爸爸的小三」。

她被激怒了，大吼道：「你們以為你們說的我不知道嗎？你們以為我不想離開去發展我自己嗎？可是我是他的女兒，他是我爸爸！我有什麼辦法！我能輕易離開嗎？他有心臟病，我能不照顧他嗎？」

我想說離開，但我沒有說。我只是說了這背後的糾結、無奈和忠誠。

至於這位線上的女學員，也許你會想，媽媽是媽媽，你的工作是你的工作，為什麼你不能一邊照顧媽媽，一邊好好發展你的工作呢？如果你也被一段關係纏繞，如果你也有一段重要的關係

占據了你全部的頭腦，變成了一個不能了結的事，你就會懂。

　　但我還是說了，給自己留一些空間。畢竟這份不能辭的工作也有結束的一天，雖然她一定不想它結束，但她要為下一份工作做準備。這並不是多麼光明的出路。我很遺憾，並沒有一個更好的答案給她。

　　可她還是謝了我，她說：「我一直以為我是被迫的，陳老師讓我看到了，是我的忠誠讓我做出了選擇。我不是不投入，我也有我的投入和堅持。」

　　後來的發展，有些出乎意料。她說自從那次線上討論以後，她並沒有絕望，反而好了很多。「既然這是我選擇的，我也可以試著做些不一樣的選擇。」所以有時候，她也試著不回家，把更多的時間留給自己，而媽媽也接受了。

　　看不見的忠誠，變成了一種看得見的忠誠。看見了，也許我們就多了一些理解，無論對自己還是對他人，不是嗎？

07 找回關係中的邊界

　　我剛學心理諮詢那會兒，覺得自己在做神聖的事業，滿腦子都是奉獻自己的想法。我的老師給我講了一個故事：

　　從前有個善良的女士，她去散步的時候看到一隻流浪貓，覺得野貓很可憐，就把牠帶回家好好餵養。過了幾天，她去散步，又遇到一隻野貓，覺得那隻貓也可憐，只好也帶回了家。第三隻、

第四隻……附近的野貓好像都被她遇到了。很快，她家變成了貓窩，她所有的生活都被貓占據了。她一邊在家養貓，一邊怨氣沖天，覺得自己的生活被這些貓給毀了。可要扔下這些野貓，她又於心不忍。她就這樣成了貓奴。

老師講這個故事，是提醒我，**無論出於什麼樣的善心，助人者和求助者之間都應該有邊界**。在幫助別人的時候，我們要警惕好心突破了邊界，最終損害了彼此的關係。

在心理諮詢行業裡，「邊界」是一個挺重要的詞，大意是說，我們需要承認和尊重彼此的獨立性，「我為我的生命負責，你為你的生命負責」，絕不輕易越界。就像 2 個雞蛋，都帶著自己的殼，你再想跟別的雞蛋親近，也只能期望成為「一個籃子裡的雞蛋」，而不能期望成為「同一枚雞蛋」，如果挨得太近，容易雞飛蛋打。

獨立其實是一件挺寂寞的事情。這意味著我們既無法庇護他人，也無法受他人庇護。我們需要赤裸裸地獨自面對存在本身。為了克服這種孤獨，我們會在朋友和家人之間創造更加親密的關係，來有意地模糊這種邊界。

我有個朋友，前段時間來向我諮詢抑鬱症的事。事情是這樣的：她有一個多年的好友，最近因為離婚而情緒低落。去醫院診斷後，醫生說是抑鬱症。這位朋友經常半夜打電話向她哭訴前夫的種種不是，一打就是 1、2 個小時。她很著急，問我怎麼能幫助這個朋友。

說實話，對於那些以「我有一個朋友」開頭的問題，無論問的是「我有一個朋友，得了焦慮、抑鬱、強迫症，我該怎麼幫

他？」，還是「我有一個朋友，失戀了、出櫃了、迷上SM（性虐戀）了，我該怎麼勸他？」，我都會有些警惕。我總擔心他們會過度介入別人的生活，這大概也是諮詢師的職業本能。

「要遵守邊界啊！」我在心裡默念了一遍老師的話。

於是，除了提供一些關於抑鬱症的知識之外，我特別叮囑她：**「不要試圖做一個拯救者，你沒有辦法拯救別人的人生**，那是上帝的工作。」

我跟她講了流浪貓的故事，還跟她說，我看到過很多這樣的故事：朋友之間從噓寒問暖開始，到漸行漸遠結束，中間還插著「你責怪我不理解你的痛苦，我責怪你不感恩我的付出」這樣的戲碼。

最後我說：「不是我們的愛心不夠，是我們的能力不夠。邊界就在那裡，很客觀，我們只能遵守。」

「嗯，」她嘆了口氣，「可她在這邊只有我一個朋友，我能怎麼辦呢？」我也嘆了口氣，覺得我也說得太多了，也有些越過邊界了。過了一段時間，她給我打電話。我們又聊起了她的那位朋友。

「還不錯。」她說，「我們一直都在聯繫，關係也很好。」

「是嗎？你是怎麼做的？」我很好奇。

最開始的時候，那位朋友打來電話，她都耐心聽著。時間久了，她也感覺有些厭倦，就開始在電話這頭敷衍起來，說些類似「你要積極樂觀」、「要振作一點」、「不要想太多」之類的話。朋友的病情卻開始加重了，有2次她半夜裡被電話吵醒，是朋友打來的，哭著說想要自殺，希望她來陪。第三次電話打來，她衝

到朋友家，朋友正躺在床上哭。

「我陪她哭了一會兒，等她好了一點，我跟她說了你跟我說的話。」

「什麼話？」

「就是邊界、規律之類的，」她說，「我跟她說，如果再這樣下去，我們就真的要分開了。我不想離開你，你也別讓我離開你。為了別陷入這樣的規律，我們來限制一下我們的關係吧！於是我要求她，每週只能給我打 2 次電話，每次別超過半小時。」

「她答應了？」我問。

「她問我能不能增加 1 次！」她笑著說。這當然也是挺重的負擔，不過這是她願意為友誼付出的代價。

我覺得她很勇敢。說出這些話是很難的，既要克服對「自私」的恐懼，也要克服對「無能」的恐懼，承認彼此關係的限度。

這讓我想起一句話：在成為一個更好的人之前，你可能先要成為一個更「壞」的人，因為後者更真實。同樣，**在保持長久的親密關係之前，你可能先要學會獨立和分離。**

可是，很多人寧可保持某種依賴關係，也不願意看到邊界的存在。我猜這是因為我們很難面對這樣的事實：人生而孤獨。我們既無法讓別人承擔我們的命運，也無法幫助別人承擔他們的命運。我們所能做的，只是照顧好我們自己，然後讓他人照顧好他們自己。

邊界把我們分割成一個個獨立的個體。有時候，為了擺脫這種孤獨感，我們會嘗試越過邊界，去跟他人建立更親密的關係，分享更多彼此的生活，最終卻還是發現，邊界是客觀存在

的限制，你不尊重它，就可能被它傷害。所以就經常變成你活著活著，能喝酒打牌的朋友越來越多，能聊天說話的朋友卻越來越少。

越是親密的關係，越難識別和遵守邊界。和朋友相比，家人的關係更親密，他們的邊界也更模糊，以至於很多人沒意識到，哪怕在相互依賴的親密關係中，也有邊界存在。事實上，很多夫妻正是因為無法遵守邊界，在兩個人的關係中感到窒息，才逐漸遠離彼此。

至於父母和孩子，更是如此。孩子生命的前幾年，完全依附於父母。他們的邊界是孩子逐漸長大成人之後，才慢慢出現的。但是在心理上（以及事實上），我們會本能地認為，孩子的事就是父母的事，父母的事自然也就是孩子的事。孩子小的時候，父母要負責孩子的全部，等孩子長大了，父母的日子沒過好，孩子也有義務去幫他們過好。

於是這樣的情節出現在了都市的各個角落：

阿道一邊忙著自己的工作，一邊操心著老家父母之間的關係，他們已經爭吵快 10 年了。「如果他們的關係變好了，那我就能安心工作了。」他心想。

安安一邊幻想著遠方，一邊惦記著回海南照顧父親。「我還想繼續看看我在社會上怎樣做才能夠生存下去。我很想繼續一邊學習，一邊工作，可是我的父親需要我，我該怎麼辦？」她說。

小雨一邊在北京發展蒸蒸日上的事業，一邊惦記著要回家買房，照顧得抑鬱症的媽媽。「這是我的命，不承認不行呀。」他說。

甘心嗎？不甘心。可他們都很難勸服自己，我的事是我的

事，父母的事是他們自己的事。因為在他們成長的過程中，家人也會不斷以愛的名義，介入他們的生活。如果那時候有人跟父母說應該讓孩子獨立，估計父母會非常不屑：「小孩子懂啥，我這是為他們好！」於是，父母和孩子的生活，被緊緊地綁到了一起。愛和自私，自己的需要和家人的需要混雜在一起，家人的邊界，也自然變得模糊，以至於有一天，當孩子長大成人，想重新劃定一條邊界的時候，孩子卻發現自己已經做不到了。

「這就是我的命啊。」他們說。這句話，道出了太多的無奈。無奈的一邊，是人口流動的工業文明，年輕人在到處遷徙，尋找自己的生活。無奈的另一邊，是流傳千年的家族意識、以孝為先的傳統文化。

於是，他們陷入了這樣的境地——往後一步是委屈自己，往前一步是內疚自責，進退兩難，無法動彈。

FIND YOURSELF AGAIN

思考 ㊣ 實踐

FIND YOURSELF
AGAIN

🧩 試一試

1. 與父母通信

　　父母和孩子之間，常常有很多很複雜的愛恨情仇。這些複雜的情緒會因為父母和孩子之間的交流不暢而長期積壓，變成阻礙溝通的情結。如果你也有積壓的情緒，你可是試著做以下練習：

　　（1）給父親或母親寫一封信。在這封信裡訴說你對父親或母親的真實感受，包括你的憤怒、抱怨、感激或愛，以及所有你最想和父親或母親說的話。在寫完信之後，把這封信出聲朗讀一遍。

　　（2）試著從父親或母親的角度給自己寫一封回信，同樣出聲朗讀一遍。

　　（3）你並不需要真的寄出這封信。把這封信收起來，珍藏到某一個地方，在需要的時候，拿出來看。

2. 記錄和他人的連結

　　每天晚上睡覺之前，想想今天和他人產生的時間最長的 3 次

互動，記錄下這 3 次互動中，你是否感覺到了跟他人的親近和連結。以 1 ～ 10 分計分。如果感覺到非常強烈的親近，得 10 分，如果沒有感受到連結，得 1 分。記錄 8 週。

思考一下，我能做些什麼來增加跟他人之間的連結。

3. 慈愛冥想

找一個安靜的地方坐下，讓自己放鬆。緩慢而深沉地呼吸，輕輕閉上眼睛。深呼吸，直到自己安靜下來。緩緩地伸出右手，放到自己的胸口，感受自己的心跳。

想像某個正溫柔對待我們的人，這個人可以是父母、愛人、孩子、朋友。當某個人微笑的臉龐浮現在你的腦海中時，透過最溫柔的方式，去碰觸和這個人相關的美好記憶。感受自己的心跳，就像感受他的心跳一樣。感受你對他的關心和愛，就像他對你的關心和愛一樣。

輕聲默念：

「願他平安健康。

願他幸福快樂。

願他內心平靜。

願他充滿活力。」

…………

按你自己的節奏，試著擴展這些語句的句式。每次默念一句，想像這些美好的願望像一束光，進入他的身體。

把這些祝福從某個人身上轉移到另一個人身上，你的想像也會從某個人身上轉移到另一個人身上，並逐漸擴散到家人、朋友

乃至整個親友群體，體會你和他們之間的連結。

在冥想結束時，仔細體會這種溫暖，把這些溫暖收藏，並提醒自己：如果你願意，你可以在任何時候都激發這些慈愛、溫暖的感覺。

 我想問你

(1) 哪一個瞬間，讓你感覺爸爸或媽媽是真的愛你？

(2) 如果你心情不好，誰會第一個發現？

(3) 在什麼時候，你感到孤獨？

(4) 生命中哪些人的出現讓你感恩？

(5) 翻一翻家裡的老照片，哪一張最能勾起你溫馨的回憶？

 你也可以問自己

(1) 假如我也為人父母了，我能在哪些方面做得比自己的父母更好？

(2) 假如結婚了，我會在哪些方面做得比自己的父母更好？

(3) 我的伴侶帶給我哪些新的經驗，能夠替換我從原生家庭帶來的經驗？

(4) 在什麼時候，我感到自己被需要？

(5) 如果讓我寫一些祝福卡片，我會在卡片上寫些什麼內容，寄給誰？

多年後
的
回望

FIND YOURSELF
AGAIN

　　這一章的題目叫《愛與孤獨》，我本來想講的，是我們在關係中所面臨的普遍的難題和困境。可是修改以後，我把更多的篇幅放到了我們跟原生家庭的關係上。這既是因為我們跟父母的關係是最糾纏、最難分難解的關係，也是因為當我們陷入跟父母糾纏的時候，我們更難去發展其他真正能夠緩解孤獨的關係。反之，如果我們在外面感到孤獨，我們也更容易回到原生家庭，跟我們的父母糾纏在一起。

　　糾纏也是一種聯繫，我們也會對這種聯繫寄予緩解孤獨的渴望，雖然它經常以失望告終。為什麼明明會傷害彼此，我們卻還要拉著彼此不放呢？只是因為父母不如意嗎？不是，而是因為我們既離不開，又放不下。既不願意承認我們滿足不了對方的期待，也不願意承認對方滿足不了我們的期待。只能拚了命想把對方改造成我們想要的樣子，並因為改造失敗而責怪對方不配合我們。

　　如果可以，我們永遠都希望跟自己的原生家庭保持某種聯

繫，因為原生家庭是我們的來處。我們誰也不能低估父母對我們的影響，就像歐文·亞隆的自傳體小說裡，他已經一把年紀，早已功成名就，兒孫滿堂，夢裡呼喊的卻仍然是：「媽媽，我表現得怎麼樣？」

怎麼才能跟原生家庭建立更好的關係呢？有時候，我們需要先離家，去尋找屬於我們的世界，才能再回家，以成人的身分，跟家人保持一種新的、相互支持又富有邊界的聯繫。

怎麼離家呢？通常的出路，當然是分離和獨立，劃定彼此的邊界。可是一旦分離了，我們就需要忍受自己的孤獨，也要忍受對方因為我們的離開而過不好。這與我們長久建立的忠誠相違背。就像前面文章中的那個女學員，忙著照顧媽媽，卻沒有空間去發展自己。

怎麼辦呢？我想起一個故事，講一個女人出生在一個非常封建的家庭裡，她愛上一個男人，但是沒能力突破家庭的束縛，最後服從家庭的安排，嫁給了一個自己完全不愛的男人。她嫁給那個男人以後，他們有了一個兒子，她就把所有的注意力都放到了兒子身上。慢慢地，兒子長大，要離家了。臨走的時候，兒子就問媽媽：「媽媽，我走了，你會孤單嗎，會寂寞嗎？我走了，你孤單的時候，誰來安慰你呢？」

媽媽說：「你走了，我會孤單，會寂寞，也找不到人安慰。可是我不要把我自己的困難變成你不能出去的理由。」

「我不能把自己的困難，變成你不能出去的理由。」這是從父母的視角，媽媽為子女做的最難的犧牲。

這個故事給了我們關於「忠誠」的新的理解。如果我們知道

離開是人生必經的道路，如果我們的成長需要離家，那推動「離家」的行為難道不是另一種愛嗎？這種行為不僅沒有背叛我們的忠誠，相反，它遵循了另一種忠誠，更艱難的忠誠。

第六章

FIND YOURSELF
AGAIN

拖延還是不拖延

後天能做的事，就別趕著明天做了。

——馬克・吐溫

寫小說就像夜間開車，你的視線只達車頭燈照
得到的範圍，但你還是能走完整段路。

—— E. L. 多克托羅

01 拖延症是心理還是社會問題？

經常有一些來訪者來跟我討論拖延症。

比如，有一個來訪者，到諮詢室的時候，她警惕地看著我。她說自己身上沒發生任何不好的事，也沒覺得自己心情不好。只是偶爾看看網路小說，拖延著不想看書學習，忽然有一天就發現自己已經 4 門課不及格了，還收到了退學警告。她小心翼翼地避開父母因為超出生育限制而把她留在農村、不讓她在人前喊他們爸爸媽媽的童年往事，也不願意講幾乎從不跟室友說話的大學生活，只是想問：「我有拖延症，該怎麼辦？」

當我說「你拖延是因為你太孤獨了」的時候，她卻傷心地哭了起來。

還有一個來訪者，她出生於一個重男輕女的家庭，母親總覺得，女孩子不需要有什麼出息，將來在小鎮上找個人嫁了就好了。但她並不甘心過平凡的生活。高中時，她就一個人拖著巨大的行

李箱，拋下因為不同意她復學而與她冷戰的母親，到一個完全陌生的城市去復學。如願考上一個好大學後，她一直過得風風火火。她津津樂道於自己在創業論壇遇到的富比士排行榜上的學長、策劃的在全校都有很大影響的活動、在各種商業競賽中獲的獎……

她來諮詢的原因，也是「拖延症」。

她總是把寫論文和考試前的複習拖到截止日前最後幾晚熬通宵，而她的成績卻比那些按部就班的同學還好。但她很不喜歡這種焦慮的感覺，也擔心這樣的拖延症會讓她有一天因為過度疲勞而「掛」了。

我問她拖延到最後並完成任務時的感覺，她說：「是戰鬥和勝利的感覺。我很享受一次次在最後關頭力挽狂瀾的感覺。這讓我覺得自己能行。」

「但是也很累。」她補充說。

我曾被邀請去電視台的一個節目談談拖延症。這個節目的主要收視族群是退休在家的老頭、老太太，節目平時討論的都是中醫養生之類的話題，編導經常說「昨天那個節目我又好想給自己的臉打馬賽克啊」之類的話。當我問她：「你們的節目不是給老頭老太太看的嗎？他們為什麼會關心拖延症啊？」，她說：「哎呀，隨便啦，你想這麼多幹麼？！」當我問她具體要講什麼時，她就說：「哎呀，你就隨便扯吧。」約定是那天下午錄節目，她早上才把節目企劃和採訪提綱發給我。

在表達完對這個編導的這種工作態度的欣賞後，我開玩笑地問她：

「你應該有拖延症吧？」

「當然有啦，」她說，「難道你沒有嗎？」

我想了想，說：「有的。」

我發現，當我們討論拖延症時，其實經常是在討論 2 種完全不同的東西：作為心理問題的拖延症和作為社會現象的拖延症。

作為心理問題的拖延症是沉重的。它常常根植於來訪者童年的挫折和創傷經歷，也展現了來訪者種種無法適應現實的不合理信念。它常常和焦慮、抑鬱、成癮等嚴重的心理問題相生相伴。這些心理問題遠比「拖延」更嚴重，以至於心理諮詢師或精神科大夫在對來訪者的問題做診斷時，會忽略相對較輕的拖延問題。它像層密密麻麻的網，把來訪者包裹其中，讓他們艱於呼吸，難以掙扎。

作為社會現象的拖延症則要輕鬆一些，以至於當你打趣別人有「拖延症」時，還能引起對方的會心一笑。

在這麼一個「人人都有病」的時代，人們喜歡用一些似是而非的心理學概念來表達他們的自我懷疑和焦慮。拖延症沒有病重到要住精神病院，也沒輕到無關痛癢，輕重剛好。於是它就成了一種流行的時代病。

雖然大家都在說自己有拖延症，但他們表達的意思卻不盡相同。有時候，他們是說「我的生活不應該像現在這樣——如果不是有拖延的話」，拖延症不幸成了他們發洩對生活不滿的出氣筒；有時候是說「我做得不夠好，不是因為我懶，也不是因為我笨，而是因為拖延症」，拖延症不幸成了自我安慰的替罪羊；有時候，人們說自己有拖延症，只是在自嘲，「我有病我驕傲」。在這種情況下，通常是什麼病流行，人們就會得什麼病。

拖延症會流行起來，當然也有一些現實的原因。一方面，在我們所處的時代，人人都有很多目標和欲望。想要的東西多了，時間就不再是用來度過和享受的了，而是完成目標的工具和資源。我們沒有「用好時間」，就會不自覺地產生內疚和自責感，覺得自己像個敗家子。

　　另一方面，細碎的社會分工經常逼迫我們做自己不那麼想做卻又不得不做的事情，全然不顧我們自己的感受和意願。當我們對這些事情產生本能的抗拒時，我們不會覺得是這些事情有問題，而會覺得是自己有問題。還有些時候，事情是我們自己想做的，目標也是很有意義和價值的，但目標實在太遠，實現的過程又長，大腦和身體經常不聽使喚，偷懶、逃避。於是拖延症就產生了。

　　所以，當你說自己有「拖延症」時，你可以想想，**你在用這個詞表達什麼，它背後的情緒和問題是什麼，以及它對你意味著什麼。**也許你會發現，「拖延症」並不只是拖延著不做事那麼簡單，它背後有我們對生活的恐懼和渴望在。

02 拖延症與自我期待

　　很多在旁人看來「拖延」得病入膏肓的人，並不覺得自己有拖延症。還有很多旁人看起來和拖延症不搭邊的人，卻哭著喊著想要混進拖延症隊伍。

我遇到過一個來訪者，他一週工作 6 天，每天工作 10 小時。可是他說來諮詢的原因，是他有拖延症。在表達完對他的景仰之情後，我小心翼翼地問他：「你的意思是說，你太忙了，時間不夠用？」

　　他斬釘截鐵地說：「不，我是說，我有拖延症。」

　　他的工作效率並不低，大部分時間都被工作占滿了。如果非得說有病，與其說他有拖延症，倒不如說他有強迫自己工作的「強迫症」。

　　偏偏很多像他這樣努力工作、積極上進的人，也覺得自己有拖延症，這常常是因為，他們心裡都有一個過於理想化的自我。和這個理想化的自我相比，現實的自我永遠都不夠好。他們覺得正常的自己就應該是一直專注而高效的，像個上緊發條的機器，永不疲憊。一旦表現出鬆懈，他們就會對自己心生不滿，覺得自己拖延、效率低下，並惡狠狠地責備自己。他們常常這樣問自己：「為什麼別人看起來更有效率，我卻不行？」

　　「為什麼我前一段時間能心無旁騖，效率很高，現在卻不行？」

　　他們得出的答案是：我有拖延症。這個答案能夠讓他們把拖延行為當作一種病症排除在自身之外，能讓他們保持對理想自我的想像。

　　除了過於理想化的自我、對成功的強烈渴望，他們說自己有拖延症，也常常源於對意志力的誤解。比如，他們會誤認為意志力是完全主觀的，能隨著人的意願而改變。如果他們表現出了鬆懈，他們就會認為不是意志力的客觀限制，而是自己在偷懶。曾

在某個階段保持專注和高效後，他們也容易誤以為自己在每個階段、每個任務中都應該保持這樣的專注和高效，否則就有拖延症。他們曾經用 12 秒跑完了 100 米，所以在跑馬拉松的時候，仍期待自己保持這樣的速度。

他們很少這麼想：偶爾出現的拖延，會不會不只是一個問題，還是一個提醒。它提醒我們生活的其他方面出現了問題，比如工作時間太長、工作結構不合理、工作時間占用了生活時間，因此，大腦用拖延表示抗議？

我見過一個管理諮詢顧問，他是少數覺得自己沒有拖延症的人。他克服拖延症的策略是這樣的：如果工作任務需要 3 天完成，他就前兩天用來看書閒逛，到第三天再全力以赴。最後一天當然非常緊張，他常常只能扒幾口飯，熬到深夜，在書桌旁工作一整天，在 deadline（最後期限）到來之前有時還會遇到各種驚險，但無論怎麼樣，任務總會如期完成。

他覺得自己沒有拖延症。

我曾經仔細詢問過他這種工作習慣是怎麼形成的，我問：「你就不擔心工作完不成或者工作品質得不到保證嗎？」

他告訴我，他以前是接到任務，從第一天就開始做。後來他發現自己實在太拖沓了，不僅工作效率低，還做不了別的事，所以乾脆主動嘗試把工作放到最後一天完成。他仔細考察過自己花 3 天完成任務和花 1 天完成任務的工作品質，發現差不了多少。無論怎麼樣，工作最後總是會完成的，而且他清楚自己最後一天的潛力。

像他這樣的人可真不多。倒不是說喜歡把事情拖到最後一刻

的人不多，而是說能像他這樣主動選擇拖延的人可不多——反正要拖延，我就認命吧！很多人都有類似他之前的工作狀態，最開始東搞西搞，最後連滾帶爬滾過 deadline。但大部分人從接到任務的第一天就開始焦慮了，如果這時候讓他們先做會兒別的，他們會覺得自己犯了大錯。雖然他們也經常在最後一刻才把工作做完了，但他們卻會覺得，自己要是能早點動手，就不用承擔 deadline 之前的焦慮了。

明明是他們自己選擇了把工作留到最後，回過頭來，他們卻覺得，該承擔責任的是那個叫「拖延症」的小妖怪，而不是他們自己。「拖延症」能夠幫助他們逃避這樣的事實：他們一直都有選擇，只不過他們選擇了拖延。

03 找出你的拖延症原因

1. 誘惑與拖延症

有一本書叫《深度工作力》，講述了深度工作的價值，以及在網路環境中，保持一種深度工作的可能性。我讀了這本書最大的收穫，是想去鄉下買個小房子專心寫作，過與世隔絕的生活，就像書裡舉的卡爾·榮格的例子一樣。我花了很長時間在網上找哪些鄉下的房子合適。當然這個想法最後並沒有成真，但它又成功地給了我一個理由，拖延了我對本書的修訂。

其實我們每個人都知道深度工作的重要性。可是目前的環境，

讓深度工作面臨前所未有的壓力。幾乎所有的網路公司和自媒體都在絞盡腦汁搶奪用戶的注意力，其推出的這些產品簡直就是注意力的殺手。有段時間我打開抖音，發現自己刷得根本停不下來，最後只好卸載了事。相比之下，用於深度工作的注意力簡直不堪一擊。甚至有一些研究表明，網路環境正在塑造我們的大腦，讓我們變得更願意加工碎片化資訊，弱化了我們深入思考的能力。

為什麼會這樣？我們經常陷入現在的誘惑和未來更長遠利益之間的衝突，按照心理學家沃爾特・米歇爾教授的說法，人的大腦存在著 2 個系統：「冷系統」和「熱系統」。這 2 個系統是長遠利益與當前誘惑在我們大腦中交戰的戰場，「冷系統」的區域在我們的前額葉，它是理性的、自我控制的，它更高瞻遠矚，能為更長遠的利益考慮，它在不停地提醒我們「想想未來，想想未來」。

而「熱系統」的區域在海馬迴和邊緣系統附近，它是人腦最原始的部分，和我們的情緒有關。而很多注意力的誘惑，都是在激發情緒上下功夫。當這個系統被啟動，無論是出於及時行樂的誘惑，還是出於焦慮和恐懼，人很快就會被吸引。情緒代替了思考，人因此失去了深度工作的能力，變成了一個不停激發情緒的機器。

2. 壓力與拖延症

誘惑會激發「熱系統」，壓力同樣會激發「熱系統」，讓人產生逃避的衝動。

很多人覺得，壓力會帶來動力，沒有壓力會讓我們更懶散和

拖延。因此，給自己施加壓力往往成了這些人戰勝拖延的「秘訣」。我們喜歡在拖延之前狠狠地恐嚇自己，在拖延之後強烈地譴責自己。可結果經常是，當我們這麼做的時候，拖延變得更嚴重了。

該怎麼理解壓力和拖延之間的關係呢？

一般的說法認為，壓力和動力的關係是一個倒 U 型曲線。當壓力強度在曲線轉捩點的那個最佳值時，人的潛能最容易被激發，壓力最能創造動力。過了某個值後，壓力會產生更多焦慮、抑鬱等負面情緒，人就會拖延著不願去面對問題。這個理論有合理的部分，但它並沒有說明工作的壓力來自哪裡，以及什麼樣的壓力會引起逃避反應，什麼樣的壓力不會。

實際上，決定一個任務是否讓人有壓力，不是這個任務的難度、時長，而是我們與這個任務的關係。它是我們想做的嗎？我們覺得這個任務有意義嗎？我們能自主地決定這個任務的進程嗎？我們能勝任這個任務嗎？如果這個任務做砸了會怎麼樣呢？

假如這些問題的答案就是我們想要的，任務再艱難，我們也願意去面對挑戰，並從這樣的工作中找到成就感。但假如答案都不是我們想要的，任務再容易，我們也會覺得壓力重重，並想要逃避和拖延。

我遇到過一個學生，家裡很窮，父母舉債才湊齊他的學費。大四那年，他面臨這樣的窘境：如果無法在一學期之內修完 4 門課，他就要延期畢業，甚至被退學。可就在這時候，他沉溺網遊。他完全知道自己順利畢業並進入職場對這個家庭的意義，但當談到將近的考試時，他卻說他已經想明白了，畢不畢業也無所謂了，畢不了業去幹體力活，也能幫家裡分擔負擔。

很多「拖延症」的學生，都面臨類似的壓力。他們有些是因為家庭貧困，也有些是因為父母對他們有很高的期待和要求。他們覺得，自己能把對物質生活的要求降到最低——「怎麼樣的生活無所謂，有口飯吃就行」。這不過是他們逃避壓力時說服自己的藉口。**正是在拖延和逃避中，他們逐漸失去了改變的信心**，不願意再去面對並解決學習和生活中的問題。

正向心理學之父馬丁・塞利格曼曾經想弄清楚狗是怎麼得抑鬱症的，他把兩群狗趕到 A 和 B 兩個籠子裡，並給籠子通電。A 籠子和 B 籠子用一根鐵杆接通，所以兩個籠子的狗都經受了一樣的電擊。區別僅在於，A 籠子裡有切斷電源的開關，而 B 籠子裡沒有。

A 籠子裡的狗很快學會了通過按壓開關切斷電源，而 B 籠子裡的狗卻什麼也做不了（當 A 籠子裡的狗切斷電源時，B 籠子也斷電了）。把這兩群狗分別放到 C 籠子裡，C 籠子裡並沒有開關，但是籠子很矮，狗只要奮力一躍，就能跳出籠子。當給 C 籠子通電時，原來在 A 籠子裡的狗很快學會了從 C 籠子裡跳出來，而原來在 B 籠子的狗卻趴在籠底，嗚嗚地承受著電擊，一動不動。因為在前面的實驗中，B 籠子裡的狗已經習得了這樣的信念：「我再做什麼也沒有用了。」今天這種叫作「習得性無助」的信念，被普遍認為是抑鬱症的根源。

同 B 籠子裡的狗一樣，人如果也形成了這樣的信念，也會很快放棄。面對任務的時間壓力，人有時候會產生這樣的習得性無助：那種我再努力也無法趕上時間進度的感覺。這時候，壓力除了製造焦慮，再也激發不起人的戰鬥欲望了。甚至連焦慮的情緒，

也會逐漸轉為抑鬱，人就開始徹底放棄。

所以說，壓力是拖延症最大的盟友，甚至可以說，**拖延症的問題，在某種意義上，也就是壓力管理的問題。**

3. 完美主義與拖延症

與我們的常識相悖，拖延症患者並不是沒有上進心。相反，他們中的很多人對自己都有很高的要求。拖延症患者中也有很多的完美主義者。

也許你會好奇，自己的任務從來都差強人意，連自己都不太滿意，工作的過程又是拖沓低效，這也算完美主義嗎？

是的。**完美主義並不是以工作結果或者工作過程來評判的，而是以你對自己的期待來評判的。**

我自己以前是這樣的：如果接到一個約稿，會忍不住設想這個稿子應該如何構思精巧、妙筆生花，如何讓編輯和讀者讚嘆不已。因為這樣的期待，我覺得哪個開頭都配不上這篇稿子，所以遲遲無法動筆，直到快交稿的時候，逼著自己隨便寫點交稿了事。如果要準備一次講座，我也會在開始前，偷偷設想這次講座應該如何精彩絕倫，如何影響、改變他人。這麼一想我又無法開始動手做第一張 PPT（演示文稿）了，最後也只能草草了事。

如果你也這樣，**習慣在一個任務開始之前，先給自己設立一個看起來不太可能達到的完美標準，並因為這個標準而遲遲無法動手，那你可能也是一個完美主義者。**但並不是所有的完美主義者都拖延。我們身邊有很多高效和卓越的人，他們對自己、對工作也有很高的要求，但他們並不拖延。

關於這一點，心理學區分了 2 種不同的完美主義者：適應良好的完美主義者和適應不良的完美主義者。他們對工作都有很高的要求和標準，但 2 種完美主義者在信念上存在重大區別。

第一個區別是關於自己的。適應良好的完美主義者不僅有對自己的高標準、嚴要求，而且相信自己有與這種標準、要求相匹配的能力。他們的高標準與高的自我意象是相適應的。他們想的是：「我要做到這麼好，而且我能做得這麼好！」

而適應不良的完美主義者在高標準之外，卻常常有與之不匹配的低的自我意象，他們並不相信自己真的能符合完美標準。他們想的是：「如果能做這麼好就好了，可惜我肯定做不到。」所以高標準只會增加他們的挫敗感，提醒他們自己的不完美，而他們偏偏又很難忍受自己的這種不完美。

所以完美主義還是不完美主義本身並不是問題。問題是，在完美主義背後，你的自我認知。

「我是一個什麼樣的人？」

「我是否在追求我配得上的東西？」

「我會成功嗎？」

當你以完美主義要求自己，並覺得那不過是你在追求一個觸摸不著的自己，而周圍有一群人在等著看你的笑話，這種完美主義就會讓你變成適應不良的完美主義者。久而久之，你就會拒絕行動，所有的行動都帶著天然讓人羞恥的標籤：你在追求你配不上的東西，甚至連你的雄心都不應該有。

可是如果你覺得自己本來就很好，只有那些完美的標準才配得上你，你就會不堪忍受自己在工作中敷衍。因為最終呈現的工作也

是你的一部分，是你自我的延伸，你不想讓不合格的工作污染它。

是什麼造成了兩者的差異呢？很多人會說批評。據我的觀察，確實有很多不能行動的完美主義者，他們的成長過程受過很多批評和苛責。可是正如表揚不一定是好的，批評也不一定是壞的。表揚一件不夠好的工作，有時候就是在傳遞「就你這樣，你能做成這樣已經不錯了」的貶低。同樣，有時候批評一件工作，也可能是在傳遞「我相信憑你的能力，你能做到的要比這個好得多」的鼓勵。

真正的問題是什麼呢？**是自我是否會被接受的安全感。**一個學畫的孩子如果不斷被父母批評，他就會形成這樣的信念：「我必須要畫出完美的畫來，否則就會被批評。」這是高的完美標準所造成的不安全感。同時他還會想：「因為我經常被批評，我一定不夠好。」這是低的自我意象所造成的不安全感。當這 2 種不安全感疊加起來，變成不被接受的恐懼和失敗，那這種不安全感，就會造成適應不良的完美主義者。

第二個區別是關於失敗的。適應良好的完美主義者雖然同樣討厭失敗，但他們會把失敗看作成功路上必然的經歷，看作成長和學習的機會。在他們看來，一個人的知識和能力是可以不斷增長的，而失敗正是「刷經驗值」的過程。所以他們能在失敗後很快調整自己，重新出發。而適應不良的完美主義者卻把一個人的能力看作固定的東西，而他們所面對的每個任務都是對自己能力的證明和考驗。他們的心裡存在這樣的信念：

「如果我不能輕而易舉地完成這件事，說明我不夠聰明，缺乏天賦。」

「如果我努力後仍然失敗了，這是一件很丟人的事，還不如當初不做。」

假如你還記得本書第 1 章的內容，你就會發現，適應不良的完美主義者，秉持的正是僵固型思維，他們會把每個任務當作威脅而不是成長的機會。而失敗也總會給他們帶來很大的挫折感。適應不良的完美主義者對成功的想法也很一根筋。有時候一次考試失敗都能動搖他們的人生信念，覺得自己就此完蛋了。

我遇到一個博士生，明明該發表的論文已經發表了，導師也催促她趕緊畢業了，她的畢業論文卻一拖再拖，最終一再延遲畢業。她覺得自己在「思考」前面所寫的論文的問題。「這個論文的框架還不夠完整」、「這個實驗數據雖然能自圓其說，但還有另一種可能性無法完全排除」……她不斷思考這些缺陷，但有些缺陷又無法彌補，結果問題越想越多，論文寫作也越來越拖。

她害怕的，是評審的老師和答辯的老師說她的論文不夠好。她害怕被否定，寧可在自我批評中拖延，也不願去面對費力掙扎卻仍然可能失敗的風險。**拖延，成了逃避失敗風險的無奈選擇。**

4. 孤獨與拖延症

拖延的另一個重要原因，是孤獨。

我有一個作家朋友，叫張春，現在她也是心理諮詢師了。有一天很認真地跟我說，她發現身邊那些有拖延症的朋友都很孤獨，所以她總結說，所謂拖延症，其本質就是「缺愛」。她對自己的研究成果很得意，讓我鑒定一下。

我很認真地思考了她的說法，覺得她說得對。

拖延症患者經常陷入巨大的空虛當中。他們經常懷疑自己所做的事情的意義，甚至懷疑整個人生的意義。所以他們需要在網遊、酒精、當下膚淺的感官刺激中去尋找存在感。

　　還有什麼比覺得這件事沒意義，更容易讓人拖延的呢？

　　拖延症患者常常缺少這種因愛產生的意義感。一方面，他們是孤立的，並不覺得自己有人在乎，也不真的在乎別人，因此，當面臨一個任務時，他們對拖延可能造成的對未來自己、對他人的影響漠不關心。但這種孤立和冷漠的感覺讓人很難忍受，需要透過其他感官刺激來確認自己的存在感。另一方面，孤獨的人也很喜歡刷朋友圈、微博和社交網路，這既是他們與他人建立聯繫的渴望和努力，也避免了他們與他人真實交往所帶來的壓力。這些微弱的聯繫緩解了他們的部分孤獨，但卻把他們的時間截成了碎片，讓他們更加拖延。

　　所以，從根本上說，拖延症反映了人類固有的意志力缺陷。**而這種缺陷的背後更深刻的情緒感受同樣不能忽視：希望和恐懼、夢想和現實、自我超越和自我懷疑……在一對對矛盾中掙扎著等待突破的人性。**我們正努力尋找和世界、和自己的相處之道，而這條道路，最終還是會指向我們自己獨有的成功和幸福。

04 自我譴責和自我諒解

　　很多人覺得，在和拖延症的鬥爭中，他們彷彿分裂成了兩個

自我：上進、正義的自己和墮落、邪惡的自己。上進的自己經常責備墮落的自己，墮落的自己則經常無地自容，覺得自己一無是處，內疚和自責就這麼產生了。

我們樂於看到自己的內疚和自責，是因為我們本能地以為內疚和自責是我們對抗拖延的朋友。我們相信，當屈從誘惑或者開始拖延時，需要有一個嚴厲的聲音對我們提出批評——就像孩提時父母和老師所做的那樣。

所以，成功學的口號從來都是：「想成功嗎？那就對自己狠一點。」我們自然覺得，自己之所以拖延，就是因為對自己不夠狠。於是我們更加自責。

可誰又不是一邊內疚，一邊拖延著呢？

內疚和自責能用於抵抗拖延是一種錯覺。通常的情況是，我們在上一次拖延中對自己的態度越嚴厲，下次拖延就越嚴重。內疚和自責會讓我們陷入「放縱、自責、更嚴重的放縱」的惡性循環。內疚和自責會降低我們的自尊，讓我們覺得自己懶惰、一事無成，進而破罐子破摔。內疚和自責也會帶來更多的壓力，而壓力會讓我們更容易屈從誘惑。

那怎麼辦？如果不對上次拖延感到內疚，我們有什麼辦法來抵禦下次拖延呢？難道真像網上段子說的，當那個墮落邪惡的自己說「別學習了，出去玩會兒吧」，那個上進正義的自己也要跟著說「好啊，好啊」才對嗎？

也許真該這樣。

凱莉·麥高尼格在《輕鬆駕馭意志力》中講到，和我們的常識相悖，當人們屈服於誘惑時，不讓他們感覺到內疚，相反，讓

他們感覺到快樂，居然能夠增加人們抵禦誘惑的能力。因為相比於內疚，自我諒解反而更能增強責任感。一旦擺脫了內疚和自責，我們反而能夠思考為什麼會失敗，而不是簡單地把原因歸於自己的無能。

我們也不用消耗大量的心理資源去安撫內心的挫敗感了。我們反而有更多的心理資源增強自控力，在和誘惑的戰爭中重整旗鼓。

通常我們認為意志力是戒律規條，是理性的東西。可是談著談著，我們卻談到愛了。事實上，要增加自控能力，同樣離不開愛和自我憐憫，這些更感性、更柔軟的東西。

現在，讓我們來做這樣的想像：想像有一個孩子，他已經盡力了，卻因為貪玩的天性沒有完成老師安排的作業；再想像你是這個孩子的爸爸或媽媽，你會怎麼教育這個孩子呢？你覺得這個孩子希望得到什麼樣的教育呢？

孩子需要的，不是嚴厲的批評，當然也不是放縱，而是那種帶著愛的規範，慈愛而堅定。堅定是不忘目標和方向，慈愛是能夠原諒和接納，畢竟他只是個孩子。

你就是那個孩子。你也應該成為自己慈愛而堅定的父母。**告訴自己，自己只是一個凡人**。接納自己的不足，愛自己。在拖延之後，用自我激勵代替自我譴責，提醒自己能夠做得更好。同時，不把上一次的拖延看作需要償還的欠債，而把它看作一個結束。帶著新的目標輕裝上陣，重新出發。

因為說到底，能夠把我們從拖延的泥潭中拯救出來的，還是得靠愛啊。

05 與自己談判

改善拖延症很重要的一點，是處理和自己鬧彆扭的關係。你不能對自己太苛刻，但也不能對自己太放鬆。既然不能譴責自己，不如我們學著跟自己談談。

自我管理的本質，就是自我談判。

插句題外話，自我管理和管理員工的道理是完全一樣的。你知道怎麼激勵別人，也就會知道怎麼激勵自己。相反，如果你管不好自己，你也難讓別人服你。再插句題外話，與自己相處其實跟與別人相處的道理也是一樣的。**你知道怎麼和別人相處好，你也就能跟自己相處好**。相反，如果你跟自己的關係很彆扭，估計你和別人的關係也好不到哪兒去。

拖延症的特點之一，就是很難從娛樂狀態切換到工作狀態，而一旦投入工作，需要的意志力就沒那麼大了。就像啟動一輛汽車需要很大的動力，而一旦正常行駛，它對動力的要求就沒那麼高了。問題是，我們經常會打斷這種行駛進程，看看網頁、聊聊微信，覺得這不是什麼大不了的事，我們會很快回來。可一旦從工作切換到娛樂了，重啟工作狀態就很耗費意志力。

所以，當你想要上網或聊天時，不要馬上去做。但也別惡狠狠地告誡自己不能做。你得跟自己商量：

「你想玩啊？」

「嗯。」

「不玩行不行？」

「憋不住啊。」

「那半小時後再玩行不行？再工作半小時，半小時後就允許你玩。」

「那……行吧。」

一旦已經處於正常的工作狀態中，你就會發現，自己抵禦誘惑的能力增加了。

你勸說已經處於工作狀態中的自己繼續工作，要遠比勸說自己從娛樂狀態回到工作狀態容易。那怎麼能讓自己從放鬆的娛樂狀態切換回工作狀態呢？原則是一樣的。在娛樂的時候，你會覺得回到書桌旁連續工作幾個小時，那簡直是人間地獄。你有很多理由讓自己繼續玩，覺得反正今天快過去了，反正時間還有的是。你甚至能聽到自己發誓賭咒的聲音：「今天不在狀態，就玩吧，明天我一定好好工作。」

這時候，又能發揮你談判的才能了。你可以跟自己商量（注意，要好好商量）。

「你不想工作啊？」

「嗯。」

「不玩行不行？」

「憋不住啊。」

「這樣，你先到書桌邊工作半小時行不行？就半小時。半小時後允許你玩。」

「那……行吧。」

如果覺得坐半小時太難，你也可以說服自己先工作 10 分鐘。重要的是，要啟動工作狀態，讓娛樂中的自己克服畏難情緒。一

且你進入工作狀態，你會發現，繼續工作其實也沒那麼難了。

你一定會好奇，如果半小時後，另一個自己還是想玩，你該怎麼辦？那就做個誠實守信的自己，讓自己玩一會兒吧。至少你多賺了半小時，不是嗎？

06 迷茫時看著腳下就好

關於拖延症，我經常想起一個故事。

從前有一個老和尚和一個小和尚下山去化緣，回到山腳下時，天已經黑了。

小和尚看著前方，擔心地問老和尚：「師父，天這麼黑，路這麼遠，山上還有懸崖峭壁，飛鳥走獸，我們就只有這一盞小小的燈籠，只能照亮腳下這一點點地方，我們怎麼才能回到家啊？」

老和尚看看小和尚，平靜地說：「看腳下。」

有時候我們會這樣，迷茫、自我懷疑、焦慮，看不清遠方的目標，不知道該做什麼。這時候，**如果你只有足夠的精力和資源照亮你腳下的一點點路，那麼就看腳下**。走著走著，回過頭，也許你會發現，自己已經走得很遠了。

哪怕只做你能做的最小的事，做著做著，你會發現，自己已經做了不少了。這也許是告別拖延症最簡單，也最有效的道路。

思考

與

實踐

FIND YOURSELF
AGAIN

試一試

1. 用 WOOP 思維克服拖延症

心理學家歐廷珍發明了一套能夠增加執行力的思維方式，他把它叫作 WOOP 思維。完成一次 WOOP 思維只需要十幾分鐘的時間，卻能帶來意想不到的收益。過程如下：

Wish：願望。放鬆，深呼吸。想一個你打算在當天、當週、當月或本年之內完成的願望，並把它寫下來。

Outcome：結果。想像實現願望之後的最佳結果是什麼？盡量生動地想像達成這個願望以後的經歷和感受。

Obstacle：障礙。有時候，事情並非如你想像得那麼順利。找到那個妨礙你達成願望的最嚴重的內心障礙，這個障礙可以是某種行為、某種情緒、某個觀點或者某個習慣。重要的是，這個障礙必須是阻礙你行動的真正原因，而不只是表面現象。這需要你對自己的行為有深入的了解和剖析。

Plan：計畫。要克服或規避障礙的話，想一個最有效的方法，

並把它熟記於心。想像這個障礙出現在何時何地。制訂一個「如果……那麼……」的計畫：如果障礙 X 出現了（何時何地），那麼我就採取行動 Y。把這個計畫重複講一遍給自己聽。

舉例來說，我的願望是今天能夠完成本章的內容（W）。如果能按時完成了，我就能順利交稿。

一段時間的辛苦終於有了結果，我也能兌現給編輯的承諾，書也能按時出版（O）。

我的障礙在於，我會經常看手機，用微信聊天或者滑網頁，一滑就是很長時間。這麼做的原因是，當我缺乏思路、寫不下去時，我就會有些煩躁，所以想透過手機逃避這種情緒（O）。

所以我制訂了一個計畫（P）。當我在圖書館寫東西時，如果在上午 9 點到 11 點 30 分之間想看手機（X），那我就站起來，伸展一下身體，做幾個深呼吸（Y）。

這個方法有效嗎？當然。你看到本章順利完成了，就是明證。

（WOOP 思維是被諸多心理學實驗證明切實有效的思維方式。具體可參考：《正向思考不是你想的那樣》，歐廷珍著）

2. 嘗試 GTD

GTD（Getting Things Done）原來是大衛・艾倫所寫的一本暢銷書的名字的縮寫，後來逐漸發展成了全球性的時間管理方法。有時候，我們拖延，是因為要做的事情太多、太雜。手裡放下了了，心裡卻放不下。這些未完成的事情占用大腦的記憶體，無法清理，導致了做事效率低下。

通常的任務管理方法，是列出所要做的事情，並按輕重緩急

排序。雖然整理了，但所列的任務仍然會被放到記憶體裡，仍然占用記憶體資源。GTD 提出的原則是多做一步，不僅列出要做的事情，而且列出這件事下一步該怎麼做：處理、擱置還是丟棄？大腦是很傻、很天真的，一旦你列出了怎麼做，大腦就認為你對這件事已經有了主意，它就會放心地把這些事貼上「已完成」的標籤，從大腦的記憶體搬到大腦的硬碟 —— 長時記憶中去了。相比於記憶體，大腦硬碟的容量自然要大很多。等需要的時候，你可以再把它從硬碟中調用出來。

所以，多做一步，不僅應列出要做哪些事，還應列出這些事要怎麼做，也許你會發現，整個世界清靜了不少。

3. 番茄工作法

相比於一長段時間，人們在小段時間內更容易集中注意力。番茄工作法就是透過把時間切割成一個個以 25 分鐘為單位的「番茄鐘」，讓自己在這 25 分鐘內集中注意力，來克服拖延症。具體做法如下：

（1）制定要完成的工作目標。將目標分解成不同的任務，並把任務列入計畫表。

（2）設定番茄鐘，時間為 25 分鐘。目前手機應用商店上有很多設定番茄鐘的 App（應用程式），網上也有實體的番茄鬧鐘可買。

（3）開始完成第一個任務。設置番茄鐘，專心致志地工作，直到番茄鐘響鈴或提醒時間到（25 分鐘）。

（4）停止工作。在該任務後畫一個番茄，表示第一個番茄鐘

結束。

（5）休息 5 分鐘，活動一下身體。

（6）開始下一個番茄鐘，繼續該任務。反覆循環，直到計畫表中的任務完成，刪除任務。

（7）每 4 個番茄鐘後，休息 25 分鐘。

（8）如果在番茄鐘期間，有事情打擾導致工作中斷，這個番茄鐘作廢。在打擾結束後，重新開始計時，重新計算這個番茄鐘。

 我想問你

（1）從長遠來看，你的目標是什麼？這個目標對你有什麼樣的意義？

（2）如果不拖延了，你會有什麼變化？這種變化對實現這個目標有什麼幫助？

（3）你最在乎的人是誰？如果不拖延了，他會怎麼看待你的這種變化？

（4）有哪些理由能夠讓你原諒自己近期的拖延行為？

（5）如果把你的過去清零重新開始，你希望自己在開始新工作時有什麼樣的狀態？哪些積累可以作為你重新開始的基礎？

 你也可以問自己

（1）我怎樣才能找到一個或幾個能夠相互支持、相互監督的學習或工作夥伴？

（2）我在哪個空間學習或工作的效率最高？我在哪個時間段的學習或工作效率最高？

（3）把工作切割成多小的一塊時，我覺得自己能很順利地完成它？

（4）拖延的任務給我什麼樣的感覺？什麼讓我想從這個任務中逃開？

（5）怎樣制訂一個「如果……就……」的計畫，來阻止自己拖延？

FIND YOURSELF AGAIN

多年後
的
回望

FIND YOURSELF
AGAIN

　幾年前，我曾在知乎出版過一本小小的電子書：《拖延症再見》。這本書參考了市面上比較流行的幾本有關拖延症的書——《輕鬆駕馭意志力》、《增強你的意志力》、《拖延心理學》，同時加入了一些我自己的理解，這一章的內容也是源自於此。

　從書和話題的流行，有時候我們可以窺探社會心理的變遷。在本書初版的時候，拖延症還是一個很熱門的話題，那時候很多人都為自己的拖延焦慮。但現在看來，這種焦慮多少有一些「人定勝天」的樂觀，彷彿是在說「機會就在眼前，只要我不拖延，我就能抓得住」。當社會的要求和自我的意願發生矛盾時，他們也本能地把問題歸咎於自己，覺得問題不是外在的要求不合理，而在自己太拖延。

　今天，在經歷了關於「996 [1]」、「躺平」還是「內卷」的討

---

1. 996 是指早上 9 點上班、晚上 9 點下班，一週工作 6 天的工作制度，這個制度反映了中國網路企業盛行的加班文化。

論後，人們似乎開始少了些自我強迫的要求，多了些自我關愛的需要。人們也逐漸認識到，有些不一定是自己的問題。時也運也，有時候環境在這裡，就算自我再努力，也不一定有用。也因為這個原因，我覺得對自控、拖延這樣的話題，人們的關注減少了。

但還有很多人，深陷於拖延的困擾。如果說行動是我們從頭腦走向現實的通道，很多人似乎在拖延中迷失了自己。他們不停地在頭腦中尋找答案，在行動與不行動之間內耗，而不知道答案其實是在自我與現實的碰撞中產生的。

為什麼會這樣？我覺得，一個主要的原因，是我們賦予了行動太多的期許。簡單來說，我們想得太遠了。如果有人告訴你（並讓你相信），你的行動是行之有效的，也許你也願意去做一些事。可是如果你對這件事的效果是懷疑的，你就會陷入拖延的泥沼，就像用拖延避免頭腦中已經註定的失敗。

這不是真的，行動並沒有一錘定音的功效。就像我前面說的，答案不在你的頭腦裡，一旦你開始行動，就會有新的變化出現。而最終的結果，不取決於這些新變化，而取決於你對這些變化的應對。我經常用的比喻是，做事情就像下棋，你下一步，現實下一步，你只能根據現實的情況再下一步。而只要你的行動繼續，這盤棋永遠都不會結束，更遑論輸贏呢？

我經常和一些深陷拖延的來訪者一起制訂一些行動計畫，當面臨行動難題時，我只是讓他們試著想想自己所能邁出的最小的一步是什麼？比如讓退學在家的學生先出門，讓糾結要不要找工作的同學先做履歷。有些人會疑惑：這小小的一步有用嗎？

這要看你怎麼定義有用。如果是要達到你最終想要的結果，

這小小的一步不一定有用。**可是每一小步的行動，都能創造一些新的可能性**。透過聚焦於此時此地的行動，創造新的可能性，這是小小一步的意義。

對於深陷拖延的同學，我經常介紹他們一句祈禱詞：「上帝啊，請賜予我勇氣，讓我改變能夠改變的事情；請賜予我胸懷，讓我接納不能改變的事情；請賜予我智慧，讓我分辨這兩者。」

如果把這句祈禱詞精簡一下，就是控制的二分法：努力控制我們能控制的事情，而不要妄圖控制我們無法控制的事情。前半句的意思是專注精進，後半句的意思是順其自然。

生活有太多我們控制不了的事。我們控制不了自己的過去、生活的環境，控制不了原生家庭；我們控制不了別人對我們的評價，控制不了別人怎麼想、怎麼做，更控制不了別人是否喜歡我們。我們還控制不了一個基本的事實：所有人都會死，而且我們不知道自己什麼時候會死。只要不承認某些東西我們控制不了，我們的腦子裡就一直會有一個「它應該是這樣」的想法。某種意義上，前面介紹的應該思維就是對我們控制不了的事情的執著。

什麼是我們能控制的呢？如果你想鍛鍊身體，你可以控制自己是否早起，晚上是否去社區散步，還可以控制自己的飲食。就算不能控制自己每天都鍛鍊身體，每週至少可以保證鍛鍊 1 天。可是我們並不願意控制這些，因為這些事情看起來太微小了，不能馬上改變結局，我們寧可由著性子去想那些自己控制不了的事。

所以，控制二分法的第一步，是思考擔心的事情裡，**哪些是自己能控制的，哪些是控制不了的，並把注意力轉移到自己能控制的部分**。

但是，很多事情不是非此即彼的。有些事既有能控制的部分，又有不能控制的部分，該怎麼辦呢？比如，給同事留個好印象這件事。同事怎麼想雖然不能控制，可是一個人勤快一些，多幫一些忙，給同事留下好印象的機會似乎會多一些。

　　對於沒辦法完全控制的事情，可以使用控制二分法的第二步：把能控制的部分找出來，並做成計畫，努力把它做好。

　　關於控制的二分法，我在《了不起的我》這本書裡，分享了更多的思考和闡釋。在那本書裡，我舉了一個例子，我遇到過一個博士生，他還需要發表一篇 SCI（科學引文索引）文章，才能畢業。他很焦慮，向我諮詢，我們就談到怎麼定目標、做計畫。他說：「老師，你說得似乎很有道理，但發表文章不是我能決定的。我既不知道實驗數據是否理想，也不知道導師是否有空幫我改文章，更不知道編輯會持何種態度，我做計畫有什麼用呢？」

　　他說的是實情。這種不確定、不可控的感覺很糟糕，很多人因此陷入拖延的泥潭。可是仔細思考就會發現，每個不可控的事情背後，都有可控的成分。比如，他雖然不知道這次實驗的數據是否理想，但知道多做幾次實驗會有更大機會獲得理想數據。他不知道什麼時候會有研究靈感，但知道多讀幾篇文獻會有更多的機會獲得研究靈感。他不知道導師是否有時間修改文章，但知道多催導師幾次，導師更可能給出回饋。

　　「知道」的部分，都是他能做的工作。所以，如果把事情背後可控的部分找出來，並做出計畫，我們就不會陷入焦慮的虛無當中，因為我們一直有事可做。

　　聽完我的建議，博士生點了點頭，但他接著說：「可是，老師，

按時畢業對我來說真的很重要，我連工作都找好了，萬一畢不了業，可怎麼辦？」他焦急地看著我，似乎就等著我給他一個保證，保證他這麼做，就一定能夠畢業。

他的話讓我想起了另一個例子。有一次，我去一家公司做關於拖延症的分享。有位聽眾站起來問我：「我想好好利用自己的業餘時間，所以給自己制定了很多目標。身體很重要，所以我計畫每週跑至少 3 次步，為此辦了健身卡。公司經常有外派出國交流的機會，所以我計畫好好學英語，為此報了培訓班。同時，我還想讀很多經管和商業領域的書，來擴展視野。可我每天一回到家，還是滑手機、瀏覽網站、打遊戲，時間不知不覺就過去了。我覺得自己有拖延症，請問怎麼才能有所改進？」

我問他：「既然做不到，為什麼要制定這麼多目標呢？」

他的回答跟那個博士生一模一樣：「可是我能放棄哪個呢？這些目標對我來說都很重要啊！」

這是一個很有趣的現象。在我的實踐中，大部分人都會覺得，控制的二分法對控制他們的焦慮是有用的，可是很少有人能真的做到。因為他們的思維會被另一個問題帶走：這件事對我重要嗎？

這是人自然分配注意力的原則，**人的習慣是思考一件事重不重要，而不是思考這件事能不能控制**。而這種思考方式，會把他們的目光引到對最終結果的擔憂上，而不是此時此地的行動上。可是對你來說，你唯一能控制的就是此時此地的行動。

想未來可能的結果和想此時此地的行動，對應的是 2 種不同的思維方式：遠的思維和近的思維。所謂遠的思維，是關注想像中的、抽象的、遠的事情，是思考事情的意義和最終的結局。而

所謂近的思維，是關注真實的、正在發生的近的事。遠的事能激勵我們，近的事能幫我們行動。

在用遠的語言時，我們總是先判斷一個事情的結果，評價一件事有沒有用，再決定要不要做。好像我們需要某種承諾，才能夠有所行動。可是，很多時候，一件事有沒有用，只有做完才會知道。如果我們不能投入做事，事情通常也做不成。大部分人希望先看見，再去相信。而有時候，我們需要先相信、先投入，才能看見想看到的東西。如果我們一定要在頭腦中預想出行動的結果，反而會失去行動的能力。

我有一個來訪者，為未來的事情焦慮，覺得做什麼都沒有用。這是一種習得性無助。我讓他每次焦慮的時候，問自己 2 個問題：

我現在能做什麼？

我願不願意去做？

我希望透過這樣的問題，能把他的注意力引到此時此地，關注最近發生的事。可是他說：「我現在就在想，這有什麼用呢？」我說：「你已經熟悉了遠的語言，稍不注意，這種語言就會擠進來。現在，不如讓我們來試試另一種語言。你能回答一下，你現在能做什麼嗎？即使在這麼沒有動力的狀態下。」

把來訪者從遠處拉回現在並不容易。他愣了一會兒，說：「我可以去散步、找朋友聊天、品嘗美食……」每說完一個項目，我就跟他確認一下，這是他能做的，他點頭稱是。等他說完，我問他：「哪一件是你願意做的呢？」

他說：「我都不願意。」他想解釋原因。我說：「沒關係，你不願意，就停在這裡。」相比於一個人的不願意，為什麼不願

意又是遠的思維了。他的解釋，只會把他的「不願意」固化。我希望來訪者能把注意力放到近的地方，所以打斷了他。而且我也想給他暗示：你能控制自己的行為，也需要對自己的行為負責。

他想了一下接著說：「我並不是不想試。可是我擔心，我會不會真的去做。」

「那麼，為了真的去做，你現在能做的是什麼？」他想了想，說：「我可以做一個筆記，把那 2 個問題濃縮成 1、2 句話背下來。當我焦慮的時候，我可以翻出來提醒自己。」

「好的。那你願意嗎？」

「我願意試試。」 於是，這段諮詢被濃縮成了 2 個問題：我現在能做什麼？我願意做嗎？

接下來 1 週，他不斷用這 2 個問題提醒自己，不要想太遠的事。像是 2 個時間的錨點，當他的思維飄向焦慮時，這 2 句話能把他拉回到此時此地，並有所行動。他的焦慮，因此減輕。

這也是我經常會推薦給因為焦慮而失去行動力的同學。你需要從頭腦走向現實，你需要走到現實中去，你需要在裡面。就像我的老師告訴我：「很多時候，我們的心都是浮的，有很多念頭產生，這些念頭把我們帶離了此時此地。為了讓心安頓下來，你就需要有一個焦點。如果你在這個焦點上保持足夠長的時間，就會變得專注。一專注，你就在這件事裡面了。」

在裡面了，你就找到了那條「走出自己」的路。然後，你就會忘了自己。

第七章

空虛和意義感

任誰皆可對生命之道有所懷疑，倘若我們對之
無疑，生命反自顯其意蘊道理。

——皮亞特·海恩《古魯思》

我躺在這裡，沒發現任何意義，但生命一直讓
我感到驚奇。

——無名氏

01 什麼都對、什麼都錯的無感症

按：我們經常會無來由地陷入這樣的狀態：看起來生活沒什麼問題，卻總覺得哪兒都不對。想努力改變，卻總無力擺脫。後面的答讀者信也許能告訴你一些答案。

海賢老師：

您好！

曾有一段時間，我把心理諮詢當作醫治「病症」的良方。我見了 2、3 個心理諮詢師，長期的、短期的。我也曾經把心理諮詢師看作我的 dream job（理想工作）。但是，每次坐到心理諮詢室裡，了解完基本資訊，諮詢師都會以這樣的方式開頭：

「你的問題是什麼呢？」

這時，我就會有些茫然。其實我不知道哪裡出了問題。

是的，我感到痛苦，這種痛苦源自於我的生活，也是這種痛苦驅使我來到這裡。但是，我的問題是什麼呢？

「換句話說，你為什麼會來到這裡？你想要解決什麼問題？」

諮詢師好心地提醒我。什麼問題？我不知道。我想說，沒有問題，其實一切都過得去，每個人都會有一點煩惱，這沒什麼關係，熬一熬，就過去了。那麼我又有什麼理由坐在這裡呢？

我又想說，到處都有問題。我的人際關係、學習、生活，我如何看待事物，如何面對困難，怎樣活著，似乎都有不對勁的地方。但哪兒不對勁，我說不出來，只覺得痛苦。於是，我便說一些也許雙方都可以接受的「問題」——拖延症啦，不善人際交往啦，缺乏自我啦，然後祈望諮詢師能在不斷跳躍的話題中理出線索，找到我不曾找到的終極問題。

我也在不斷地為我糟糕的生活尋找一個解釋，希望透過這個解釋找到對策，然後讓一切都好起來。

我過於苛責自己，習慣否定自己，永遠不滿足，永遠都覺得自己做得不夠好。嗯，這是完美主義吧；我作息不規律，這是自控力的問題吧；我遇到困難總是逃避，借由小說、電影建構的小世界來逃避現實世界，把學習任務拖到最後才完成（或者到最後還沒完成），這是拖延症吧。

我似乎發現了很多問題，但沒有一個得到解決。於是人格理論跳出來，說這是你性格的問題。你就是個 INFP（內向、直覺、情感、知覺型）人格，無藥可醫，面對現實，發揮優

勢吧。

　　那我的優勢又是什麼呢？我並不知道。很多事情我並沒有嘗試。即使嘗試了，也是淺嘗輒止。似乎是我的執行力出了問題。

　　如果有強大的執行力，一切就都好了吧！

　　於是我制訂了滿滿的計畫，一項項高效率地完成了。第一天，我很開心。第二天下午，我覺得有點累，沒有完成當天的任務，我很沮喪。第三天，我又開始拖延，當天一項任務都沒有完成。第四天，我開始思考這麼做有什麼意義──我的生活就是不斷完成任務的過程嗎？這些無趣的任務又有什麼意義呢？

　　哦，意義。看來我缺少一點價值感，一個奮鬥的理由，一個夢想。於是，我花很長的時間思考諸如「我的夢想是什麼」、「我活著是為了什麼」、「生活的意義是什麼」之類的問題。當然，沒有最終的答案。現實裡我依舊三天打魚，兩天曬網。

　　最近看了知乎上某篇文章，我又獲得了新的啟發。我的問題在於對「價值」、「意義」的執著。同時，生活的意義不在別處，就在當下。專注於當下，專注於簡單的小事。「這次，也許會有點用吧？」我這麼想。

　　老師，您覺得我的問題是什麼呢？

　　或許，這只是應該如何開頭的問題。

　　祝安！

小宇宙

小宇宙：

　　你好！

　　讀到你這封信，我很不厚道地笑了一下。不好意思，你這麼痛苦，我居然笑得出來，真是太沒同情心了。

　　我笑是因為，我想起了你這個年齡的姑娘大概在做什麼。她們會追星啊，追劇啊，討論八卦新聞啊，談戀愛啊，自拍啊，使勁打扮自己啊……緊跟時尚潮流雖然有些膚淺，但至少給她們帶來了簡單的快樂。她們是輕快的、透亮的。她們的膚淺也有道理：沒有傻呵呵的青春，人又是怎麼成熟起來的呢？

　　你跟她們不一樣。我猜你對這些都不感興趣。你會覺得這些太俗了。但你其實也在緊跟潮流——心理問題的潮流，「拖延症」、「不善交際」、「缺乏自我」、「完美主義」，連「INFP」都算上了。凡是你看到的心理學問題，你都一一安到自己身上，來看看自己是否匹配。

　　我知道，你急切地想為自己的痛苦命名。你就像一個戰士，在黑暗中陷入了「無物之陣」，你感覺敵人就在周圍，卻看不見他們。縱使你劍術高超、一身力氣，也只能一次次把劍揮向虛無的空氣。

　　對一個戰士來說，這是多麼無力的悲哀。「我的問題到底是什麼呢？」當你這麼說的時候，我分明聽到你在對敵人喊：「快現身吧，來與我痛苦一戰！」你並不害怕戰死，但實在不想悶死啊。

　　如果讓我來定義你的問題，你可能有些抑鬱了。很多人

以為抑鬱是那種撕裂般的「痛」，但其實很多時候不是。抑鬱也可能是那種不好不壞、不快樂也不痛苦、想改變又不知如何下手的「悶」。

也許你會奇怪：「為什麼會抑鬱呢？沒什麼事發生啊？」

問題可能就出在沒什麼事發生上。你大概是那種什麼都很順的學生，成績說不上太優秀，但肯定不差；對自己的專業說不上喜歡，但也不討厭；和周圍人的關係說不上多親近，但也不被孤立。你想反抗點什麼，都找不到可以反抗的東西。你的生活就像一潭死水，你能想到的改變，也僅僅是把自己的學習計畫做得更完善一些。所以你拖延了。連你的拖延症都提醒你，問題不在這兒。

要讓一潭死水活起來，你需要源源不斷地把活水引進來。讓自己的生命活起來，你就需要生命裡發生點什麼，尤其是在你這麼年輕的時候。那些印刻在我們頭腦中大喜大悲的經歷和體驗，而不是臆想關於生命意義的答案，才是真正讓生命有質感的東西。

我不記得從哪兒看到，說完整的人應該包含3個部分：獸性、人性和神性。獸性應該是野性的、充滿欲望的、撕裂一切的，就像電影《泰山》中的泰山在森林裡縱情奔跑，撲向獵物。神性是創造性的、投入專注的、利他和奉獻的，就像莫札特在去世之前寫下的《安魂曲》。

唯有人性，是人類為了適應社會運轉而發展起來的，循規蹈矩、裝模作樣、瞻前顧後、精明算計……既壓抑了獸性，也壓抑了神性。怪不得在一個發達的文明社會中，人們會普

遍覺得無聊，就像從森林回歸的泰山被迫穿上了人類的晚禮服，在社會的要求下生活，逐漸忘了自己在森林快意飛奔的歲月。

也許你的抑鬱，正是你身體裡的獸性和神性在提醒你不要忘了它們的存在。

如果你實在不知道問題出在哪裡，那就給自己製造個問題出來。去旅遊，去戀愛，去冒險，去抱怨，去走極端，去開懷大笑，去深夜痛哭，去做任何自己不敢想也不敢做的事。在這個過程中，去發現不一樣的自己。只要不違法亂紀，就不要害怕。

內心的平靜，非得在折騰以後，才會真的得到。就像崔健老師的歌中所唱：「快讓我哭，快讓我笑，快讓我在雪地上撒點兒野……快讓我哭，快讓我笑……因為我的病就是沒有感覺！」其實你的病，就是沒有感覺。祝開心！

陳海賢

02 不想愛 太麻煩

按：有時候，為了避免受傷害，我們會有意識地避免生活中的麻煩。看起來生活平靜了，卻平淡到有些無聊。後面的答讀者信會告訴你，**當我們避開生活的麻煩時，也常常避開了生活的快樂和意義。**

海賢老師：

　　你好！

　　我今年 26 歲了，打小家庭和睦，小康水準。父母關係良好，姊弟關係也好，家庭氛圍寬鬆。父母不會強迫我做什麼，要求也不高。網上那些看起來很恐怖的親子關係，我都沒有碰上過。現在做點小生意，吃穿不愁，也有 4、5 知己朋友，沒事瞎侃。

　　現在的問題是，我從來沒愛過人，異性沒有，同性也沒有。我沒有社交障礙，從小到大和同學們都相處融洽。在社團學生會裡，自己也是一把好手，大學時是學院各種演講辯論比賽的主力。交際能力不能說左右逢源，但也不差。

　　但我從來沒有愛過一個人。不是感情受傷後的逃避，而是從一開始的冷眼和麻木。看著周圍人一個個愛得翻天覆地，我只覺得奇怪；看著周圍人一個個愛得纏纏綿綿，我只覺得麻煩；看著周圍人一個個愛得分分合合，我只覺得這也可以啊！

　　我並非對異性沒有好感。但是晚上回去睡個覺，就基本上置之腦後了。我也有對異性的性幻想，但是從來沒有幻想去和她們生活。我從來沒有非常想見一個人，約她們的時候經常拖拖拉拉。上大學的時候，曾經莫名向一個女生表白，幾天後她拒絕我，我當時真是如釋重負。

　　不僅是沒有愛過人，我對生活也是無感的。認識我的人都覺得我是一個很負責任的人，會很自覺地處理好事情。但我知道那只是因為我嫌不處理好會很麻煩，並不是我多麼有責任心。我愛好唱歌，但寫信的時候才想起來已經半年沒有

去飆歌了。我沒什麼夢想，沒什麼一定要做的事情，也沒有什麼人生目標，不覺得人生有什麼意義。

我想這一切都源於我的人生太順利了。沒有家暴，沒有父母的壓迫，沒有他們望子成龍的期盼，學生時代成績一直中上，是老師眼中的透明人。上了個二本[1]的普通院校，也就平平淡淡地畢業了。畢業了自己做點小生意，沒有房貸的壓力，沒有不靠譜的上司，沒有鉤心鬥角的同事，賺的小錢足夠支撐我買東西時可以更看重外觀而不是價格……太平淡順利的人生讓我感到恐懼，我不知道我到底有多少斤兩。哪一天生活炸了，我不知道我會怎麼樣。也許會沉淪，也許會振奮，但我想更有可能就是說句：「哦」。

我的本科專業是心理學，以我淺薄的學識，感覺這樣的狀態似乎沒有什麼問題，但真的沒有問題嗎？

第一次把我這個問題寫出來，胡言亂語一番，但感覺還不錯。

謝謝你的這個欄目。

天涯煮酒

天涯煮酒：

你好！

在每篇問答的末尾，我總是會提醒想來信的讀者控制一

---

1. 中國大學劃分為不同級別，一本院校通常是指較頂尖的綜合性大學，而二本院校則相對較為普通。

下信的字數。縱使這樣，我仍然會收到很多或短或長的信。短到只有幾十個字，長到洋洋灑灑幾千字——也是，一旦開始表達了，誰還會去管字數呢？

在我心裡，一封信的最佳字數，是 800 ～ 1,000 字。所以，當我習慣性地把游標放到信的末尾，想看看有多少字時，跳出來的字數統計讓我揉了揉眼睛。

900 字，一字不多，一字不少。

我看了好幾次才確認，這 900 字的整數不是你故意設計的，因為它還包含了我寫的 7 個字的題目。但我猜，你一定注意過多少字是合適的。你也仔細修改過這封來信，我看了 2 遍，都沒發現錯別字或語病。

這封信的恰到好處，讓我開始想像你的為人。你應該從來都是禮貌而得體的，不會在別人面前太低落，也不會高興得忘乎所以，估計從未情緒失控過。在關係中，你從不疏遠，也不會越界。所有的情緒和行為，都符合情境和別人的期待，既沒有意外，也沒有驚喜，正如你所描繪的人生，它是「順順利利」的。

禮貌常常意味著距離，無論是對人的距離，還是對生活的距離。但看起來，這種距離並沒有讓你覺得孤獨。你的生活一直都波瀾不驚，只是作為一個心理諮詢師，我會好奇，這波瀾不驚的背後，是否會隱藏著什麼秘密，以至於你不僅對「愛人」無感，還對「生活」無感？我不禁腦洞大開地想：

會不會你描述的平順的人生並不是事實，只是你的願望？

會不會你的生活並不像你所描述的那樣舉重若輕，你只

是想讓它看起來毫不費力？

　　會不會你是個深藏不露的 Gay（同性戀者）呢？

　　會不會你經歷過很重的情感創傷然後失憶了呢？

　　會不會為此你困惑已久，所以才在填志願的時候選擇了心理學？

　　下一步，你會不會為了尋求刺激，而去計畫一個完美的犯罪呢？

　　……對不起，最近偵探電影看得有點多。你讓我想起前段時間很多媒體在討論的「草食族」。這個詞說的是很多日本男人，不願意去公司上班謀生，也不願意努力工作，他們能把自己的生活過得很精緻簡約，卻對物質和女人都沒什麼欲望和興趣。他們寧可把女性朋友當閨蜜，也不想找女友，更不想結婚。專家分析說，這可能是因為上一代日本男人活得太累、拚得太狠，到這一代，拚傷了，所以不當狼了，改當羊了，不吃肉了，改吃草了。

　　「草食族」雖然少了點力量和血性，但好歹是人畜無害的。也許你就是「草食族」的中國傳人。不想有大的野心並沒什麼，不想談戀愛也沒什麼，個人有個人的活法，只要你過得舒服就行。

　　可是，你的感覺並不好。

　　人有時候能夠騙過自己的理智，但很難騙過自己的感覺。你心裡一直有一種隱隱的恐懼，這種恐懼你只用一句話帶過了，你擔心：「我不知道我到底有多少斤兩。哪一天生活炸了，我不知道我會怎麼樣」。

恐懼的背後，常常有渴望在。你在害怕什麼呢？又在渴望什麼呢？是親密的溫情（最好是不費力氣的）、自己才能的充分發揮，還是去經歷各種各樣的事，和各種各樣的人發生聯繫，而不是像現在，在記憶中搜腸刮肚，也找不出一個像樣的人生故事來？不僅沒有愛情故事，連個悲劇故事都沒有。

也許你會說，我又不是導演，要精彩的故事幹麼？其實你不知道，我們的人生就像一個故事，而人生意義正是附著在故事情節的跌宕起伏中。我們先要有欲望，然後才會有挫折，然後才會在艱難的選擇中發現自己是誰。可以說，意義正是我們在對苦難的應對中發展出來的。如果你說，哎呀，這些都太麻煩了，何必呢？順利是順利了，可是這樣的人生情節，在電影裡，是會被導演無情地用「Ｎ年以後」的字幕一筆帶過的。然後，你回憶起來，也會是一片空白。也許你害怕的正是這個。

你說你恐懼的是不知道自己有幾斤幾兩，也恐懼遇到事的時候不知道自己會怎麼樣，那是對的，這些問題的答案，只有在真的經歷事情以後，才能浮現。

我一直覺得，我們多少有些低估了苦難的價值，而生活的麻煩，正是苦難的小試吃包。若不是經歷麻煩，我們無法變得豐富，至於解脫，更是無從談起。而這些生活的麻煩，有很大一部分，是關於愛情的。你要知道，你躲過了這些麻煩，同時也錯過了很多欣喜。

也許從宏觀的角度看，會有一些人一生順利。出身名門，讀好學校，找好工作，結婚生子，生活幸福。但如果你把他

們的生活掰開了看，還是會有很多糾結、裂痕、無奈。生活就是包含著苦難和麻煩，但這也正是生活的活力和滋味所在。

也許，你所經歷的順利，正是你最大的不順利。又也許，因為你現在經歷得不順利，讓你的人生又開始慢慢變得順利起來了。誰知道呢？

祝好！

陳海賢

03 每天勸自己好好活著

按：活著本是一件自然而美好的事，但有些人卻需要經常給自己找理由，勸說自己好好活著。後面的答讀者信中想跟你探討，活著的意義究竟在哪裡。

海賢老師：

您好！

我是一個家庭幸福、夫妻和睦、孩子（2歲）可愛、工作穩定、大學畢業、熱愛生活的女青年。我也沒有抑鬱症。

我生活看上去挺努力的，不努力的部分是因為懶惰；我對生活還蠻好奇的，讀書、學習專業以外的學科、玩遊戲、練習廚藝、養狗。我也有一些朋友，但沒有一個能讓我說出這樣的話：「我每天都在勸自己好好活著。」

我每天都在勸自己好好活著。

「只有活著才會有各種各樣的可能！」

「人生沒有意義，人生的意義就是去找出意義！」

「覺得沒有意思是因為我視野太窄、懂得太少！」

「父母養我那麼多年，老公為我付出那麼多，孩子那麼小，我死了他們怎麼辦？」

「明天一定會有好事的，起碼巧克力還是甜的！」

「我過得已經很幸福了，我根本沒有理由尋死！」

「死會很疼、很痛苦！」

「電視劇還沒看完……」

「活都活了……」

「不要想這個，馬上想想別的事……（我能在 10 秒內讓自己注意力轉移，嗯，工作的時候也可以。）」

……甚至是「死過人的話，老公會很難處理這間房子……」

我平均每天至少會想到 3 次。留下過自殺防治熱線（網站）的連絡方式；看到自殺的新聞覺得他們很可惜、不應該；除了超速駕駛、開車時故意走神、騎摩托車的時候亂剎車以外，沒有嘗試過其他行為。

其實我平時還是常會感到愉快，也很想得開。多麼不可思議的，乃至變態的人或事，我都覺得很無所謂，完全可以理解，甚至覺得為這樣的小事費神有什麼意思呢？

我總有一種「古來萬事東流水」之感。我不過是在完成應該完成的任務，盡該盡的義務。我很容易沮喪。沮喪的理由也莫名其妙，包括人類會滅亡，宇宙會熱寂，吃了的巧克

力會變成「翔」[1]……

　　期待自己死於很酷的意外，火山爆發和海嘯尤佳。至於噎死什麼的……還是讓我好好活著吧……

　　我那麼努力地想要活著，那麼我根本不想自殺，對吧？只不過是偶爾情緒低落，矯情罷了。

　　我很希望得到老師您的回覆，但您可以永遠都不用回覆。這樣我今天勸自己的理由又多了一個：「我給一個很棒的心理學家發了諮詢郵件呢，我為了活著又做出更多努力了。」、「還沒等到回覆呢，死什麼死……」

漾漾青溪
凌晨 1 點

漾漾青溪：

　　你好！

　　我有一個好朋友，是個抑鬱症患者。因為我是一個心理諮詢師，她就有這樣的便利，經常來諮詢我該怎麼做。我嘗試教她一些簡單的、被很多實驗證明有效的心理治療方法，包括「留意和記錄生活中的好事」、「識別並反駁自己的消極想法」等等。這些方法被設計出來的初衷就是努力讓人活得更積極一些。她很認真地做了，但效果似乎並沒有想像中那麼好。

　　她經常還是會想到死，想死的時候，就會跟我說：「你看，

---

1. 中國網路流行用語，意指排泄物。

我已經努力這麼長時間了，我都已經贏了這麼多次了，我就不能休息一下，讓自己輸一回嗎？」

我無言以對。沉默了很久，我只好跟她說，如果你真的決定要放棄了，請你提前告訴我，好讓我有心理準備。

幾年前，我關注過正向心理學的內容，也經營過一個叫「幸福課」的專欄。正如這個分支學科的名字，「正向」心理學一直在強調研究人的積極面，也在傳遞這樣的價值觀：「人應該積極、幸福地生活。」可是一旦「幸福」變成了另一種「應該」，它也會變成讓人幸福不起來的壓力，就好像因為我不夠幸福，所以我就有什麼重要的缺陷和問題。

很多時候，不幸福不代表你有問題，而有時候僅僅是因為，真實的人生就是複雜而艱難的。擺出積極的姿態容易，感受到真正的幸福卻難。於是就有人問我：

「老師，我能不能不積極？」

「我能不能不幸福？」

「我能不能不努力活著？」

我知道問這些問題的人，也並非不想要幸福——誰又不想呢？只是，「不幸福的生活」更接近他們所理解的生活真相。「不願積極了」，也更像他們眼中真實的自己。如果我們對這些問題的答案統一只是「不，人應該積極地生活」，那麼，積極不過是另一種「必須如此」的政治正確罷了。

我覺得，人的自由意志，人做選擇的權利，是要大於積極和幸福本身的。所以，我所理解的積極生活，不是「應該」，而是「想要」。它從來只是一個選擇，有時候，還是一個很

艱難的選擇。

更年輕的時候，我也偶爾會想到死，尤其在受挫的時候。但在大部分時候，我只是隨便想想。最好的死法，當然是世界末日，這樣大家都公平了，我們也不用背負「選擇死」的責任了。再長大一點，想死的心倒是少了，而「生活這麼麻煩，不如放棄算了」的想法，還會經常有。

可為什麼又沒放棄呢？

我的理由，和你勸說自己的理由是一樣的：父母、親人和孩子。我的理由，和你勸說自己的可能又有些不同，是因為這些理由從來沒停留在頭腦的理念裡，而是存在於生活的感官中。這意思是說，重要的不是我知道這個道理，而是我能感覺到它。

我女兒今年快2歲了。就在我寫這篇文章的時候，她晃晃悠悠地邁著還不穩的步伐，撲閃著大眼睛繞過桌角，抱著我的大腿，一邊把小腦袋埋在我的大腿上，一邊用稚嫩的聲音叫「爸爸」。我的妻子是我大學時的同學，年輕的時候我們一起經歷過很多艱難的歲月，現在才稍微有了些家業。我的每一個糟糕的決定，她都與我共同承擔。我的來訪者，他們願意信任我，每週付錢來跟我訴說他們的生活苦惱。我的一些讀者，比如你，願意給我來信，願意讀我的文章。我打心裡希望他們過得好，這讓我覺得自己的存在有價值。

是啊，又有什麼理由放棄呢？

也許你感覺到的「人生沒有意義」是對的，有時候我也這麼懷疑。但只要你所處的關係中，人與人之間的連結是真

實的，你就有理由選擇相信一些東西。因為你不是一個人。

著名心理學家和哲學家威廉·詹姆斯年輕的時候，也經常想到去死。他思考了很多哲學理念，想幫助自己從抑鬱症中擺脫出來。在一個糟糕的冬天，他對自己說：

「我喜歡自由的自主權，喜歡別出心裁地行動，我不去小心翼翼地等待客觀世界對我們的注視和為我們決定的一切。自殺看上去是展現我的勇氣的最有男子氣概的方式。現在，我將隨著我的意志再進一步，不僅以這個意志來行動，還要相信它，相信我自己的真實性和創造力……生活需要去經歷、去受苦、去創造。」

這是他對自由意志的豪言壯語。不過，最終，幫他從抑鬱症中拯救出來的，不是這些理念，而是人。透過與人打交道，他終於結束了哲學妄想症般的自省。34 歲的時候，他結婚了，他從穩定的感情中尋找到了一種從未有過的平和。

緩過來後，詹姆斯說，普通而乏味的生活之外，需要一些野性而原始的東西來平衡，否則，人很容易陷入虛無和對生命意義的無端猜忌。我猜這種野性而原始的東西，應該是感覺上的，是與生活真實質感的直接接觸，是流動在我們身上的情感。

你說的「古來萬事東流水」的感覺，其實佛陀也有。你從這種想法中看到了虛無，並因此沮喪。相反，佛陀卻從中看到了豐盛和解脫。在一行禪師寫的佛陀傳記《故道白雲》裡，佛陀已經垂垂老矣。他的皮膚已經有了很多皺紋，腳上的肌肉也鬆軟無力了。那時候佛陀已經決定，在 3 個月後入

滅¹。他和侍者阿難陀最後一次爬上了靈鷲山，在山邊，望著夕陽緩緩落下，佛陀說：

「阿難陀，你看，這靈鷲山多美！」

縱使落日轉瞬即逝，也無法消解它那刻的美。不信的話，你也可以去爬一次山，看一次日落，感受一下這種生命最原始的美。

祝幸福快樂！

陳海賢

04 讓自己成為拼圖中的一塊

有一個年輕的女士，大學畢業了幾年，沒找正經工作。喜歡看大冰寫的那些講流浪天涯的奇人異事的書，覺得世俗的生活沒太大吸引力。她知道我在佛學院教過心理學，就來跟我探討佛法。她說她也讀《心經》，覺得自己完全可以不理賺錢、戀愛、成家之類的俗事。她覺得自己可以解脫了。唯一的問題是，她經常覺得世間的一切都沒什麼意義，所以什麼也不想做。

並不是第一個人這麼跟我說。很多人在煩惱時，想從佛教、老子或莊子的哲學中去尋求解脫，結果卻發現這些哲學只是增加了他們的虛無感。

1.佛教術語，指的是達到涅槃的境界，也稱為入滅定。

真實的生活是意義的土壤，當我們跟真實的生活失去聯繫時，哪怕最高深的哲學，都無法幫助我們領會人生意義。人生意義應該來自對生活的淬鍊和總結。如果連生活都沒有了，又何來意義呢？

　　我覺得任何一種有用的哲學，都應該教導我們自在、投入地生活，既不為生活教條所困，也不從生活中逃離。有人說，少不習老莊，老不讀孔孟。這是因為少不更事的時候，我們很容易誤解老莊或者佛經的哲學所宣揚的脫離生活的虛無，只有當我們經歷足夠多事情，才會讀出自在和解脫。

　　虛無的反面是意義感。人生到底有沒有意義？對於這個問題，不同的人有不同的答案。當記者去問作家陳丹青時，他斬釘截鐵地說：「人生沒有意義！」

　　人生沒有意義。我從很多場合聽到過這種論斷，我覺得這種說法可能包含 3 層含義：

　　（1）在本質上，人生本來就沒什麼意義。意義是人為了自己的生存構建出來的東西。正如政治經濟學家馬克斯‧韋伯所說：「人是懸掛在自己編織的意義之網上的動物。」可以說，整個社會文化的運行，其本質都是為了創造人生存所必需的意義感，以避免人直接面對存在的虛無。

　　（2）生活的意義是人自己賦予的。關於「人生的意義在哪裡」這樣的問題，**我們都應該是問題的回答者，而不是簡單的提問者**。我們尋找答案的過程本身，也許就是意義所在。

　　（3）問人生意義這樣的問題沒有意義。思考人生意義這個抽象又無聊的問題幹麼，不如好好活著，努力做好自己的事情。

　　正向心理學家喬納森‧海特認為，人在進化中的優勝劣汰不

是以個人為單位的，而是以種族為單位的，意義就是我們感受到的與種族的連結。這種意義的按鈕在瑣碎的日常生活中是關閉的，但是在戰爭、祭祀或者關係到種族發展的重要活動中，這個意義的按鈕就會被開啟。這時候，人就會忘了自己，願意為種族的利益獻身，進而讓自己所在的種族能夠在進化的殘酷競爭中占得先機。所以，他覺得，意義感的本質在於我們感覺到了自己和所在群體的連結。

意義的本質在於連結。但推演一下，這種連結不僅包括個體與群體的連結，也包括時間序列中，此刻與過去或未來的連結。當個人感覺到自己和未來、和他人、和更大的世界有聯繫時，當個人感覺到自己是更宏大而有序的整體的一部分時，我們就會產生意義感。

就像拼圖中，一塊單獨的拼板，不知道能用來做什麼，就會被隨意處置。但如果你不僅知道這塊拼板，你還看到整體的圖景（比如星空），看到這塊拼板在整體中的位置，那麼這塊拼板就有了意義。

這塊單獨的拼板可以是我們現在所處的階段，而整體圖景，是我們的一生。如果我們清楚地知道我們經由什麼樣的過去到達了現在，又會經由什麼樣的現在去往未來，我們就會知道這個階段在我們人生中的位置，就像知道一塊拼板如何構成一個完整的圖景一樣。相反，如果我們的過去、現在和未來都是割裂的，我們就會感到空虛。

時間軸上，連接現在和未來的，是目標。目標感正是意義感的重要來源。湊合、沒希望、沒前途的人生，會讓人覺得空虛。

這塊單獨的拼板也可以是我們自己，而整體圖景，是我們的人際關係。

我們無時無刻不在和他人發生關係，家人、朋友、愛人、同事、社會和國家。人際關係上，連接自己和他人的，是愛。如果我們彼此需要和被需要、愛和被愛，我們就會有意義感。相反，如果我們是孤立的、與人隔絕的，就會覺得空虛。

有一次，我在一個講座中和大家討論人生意義的問題。有位女士說，很長時間她都覺得自己的生活沒有意義。她是一個公務員，每天做繁瑣和重複的行政工作，直到有一天，她忽然真真切切地體會到了生活的意義感。

那天她當媽媽了。她知道有個小生命在依賴著她，所以她得好好活著。

這塊單獨的拼板可以是我們的人生，而整體圖景，是永恆的世界。

總有一天，我們都會死去。「就像一道短暫的光縫，介於兩片永恆的黑暗之間（弗拉迪米爾‧納博科夫）。」人的一生就像這塊孤零零的拼板。

該怎麼面對死亡呢？死亡讓自我的意識湮滅，我們卻不會消失，而會以另一種形式存在，就像一滴水因為匯入大海而得到永生。

人類、生命甚至宇宙的進化歷史是一幅超出了我們想像的宏大畫卷，我們就是這幅永不停息的宏大畫卷中的一環。「自我」是短暫的，但這幅畫卷永存。

想到這些的時候，我並不覺得虛無，而是感到敬畏。這是我們意義感的最終來源。

思考與實踐

FIND YOURSELF
AGAIN

試一試

1. 回訪故地

從出生開始,你在哪些地方生活過?這些地方留下了你怎樣的歲月?有時候,意義需要我們和過去的生活有所連結。

回訪故地,回憶那些重要的過去。發現自己從哪裡來,也許會幫助你了解自己想到哪裡去。

2. 為自己寫一份墓誌銘

想像一下,如果你已經走到了人生的最後階段。回顧自己一生的種種,你有過歡樂,也有過傷痛。但是你沒有遺憾,也沒有後悔。

現在,你要給自己寫一份墓誌銘,來總結自己的一生,總結你珍視的價值,你最希望創造的人生意義。你會希望自己怎麼度過這一生?以「這裡躺著_____,他有這樣的一生」為開頭,寫一份自己的墓誌銘。

3. 看一次夕陽

有時候，我們感受不到生命的意義，是因為迷失在思維和理智中，迷失在鋼筋水泥的建築中，失去了與大自然的聯繫。

重回大自然。你可以去某個公園、河邊，或者山上，重要的是去一個遠離都市、視野開闊的地方，看夕陽緩緩落下，也許你更能了解生命的美麗和易逝，重新找回生命的質感。

 我想問你

（1）你所經歷的最快樂和最悲傷的事情分別是什麼？

（2）目前為止，你在生命中最珍惜的一段時光是什麼？

（3）你所做的最勇敢的一件事是什麼？

（4）人生的哪一刻，你覺得生活是充實而充滿意義的？

（5）生命結束之前，你希望自己能為這個世界留下些什麼？

 你也可以問自己

（1）假如有一天，我能從自己的煩惱中走出來，我會對那些和我有類似麻煩的人說些什麼？

（2）假如能成為一個小說中的人物，我希望是誰？為什麼？

（3）假如人生真的像一幅拼圖，我希望這幅拼圖像我看到過的哪幅畫？我希望現在的自己處於這幅畫中的哪個位置？

（4）假如把人生看作一段旅程，我會怎麼評價到目前為止的這段旅程？我期待接下來的旅程會是什麼樣的？

（5）我現在做的事情，與人類進化歷史有什麼樣的關係？

多年後
的
回望

FIND YOURSELF
AGAIN

　　我沒想到，《無感症》這篇文章，還會激起一些漣漪。幾年以後，有個來訪者從很遠的地方來，他說：「我是因為看了你很久以前寫的一篇文章來的。我覺得這篇文章寫的就是我。」

　　這個來訪者說：

　　「我結婚了，有孩子上小學了，在一個不錯的國企上班。工作沒太大壓力，收入也不錯，好多年前就買了房子、車子。我生活在一個二線城市，以這邊人的眼光看，我的生活已經相當不錯了。可我就是提不起勁。對什麼事，都無法投入，沒什麼興趣。

　　我想，也許是因為我缺個興趣愛好。所以我就努力去找一個愛好。有一段時間，我經常去看話劇演出，也接觸了當地的話劇社團，好像自己對話劇表演有點興趣，可又一想自己沒有任何表演基礎，也不是那種很『放得開』的人，而且社團裡都是比我小很多的年輕人，可能會有代溝，去了幾次就不去了。我又想，也許學攝影更適合我這個年紀。

　　我就買了個單眼相機，還報了當地攝影協會組織的培訓班，

參加了幾次攝影活動。剛開始，我似乎找到了一些興奮的感覺，可很快這種感覺又消退了。拍了沒幾次，我就把相機給放下了。後來我想，也許相較於向外尋求寄託，可能更應該向內尋求答案，應該加強學習，讓自己的內心強大起來。所以我就買了很多課程，包括您的課。剛開始聽很興奮，覺得找到了改變的方向，可沒過多久，又變回了『聽過這麼多道理，卻依然過不好這一生』的狀態。」

他說：「我不知道自己怎麼了。我好像到處都是問題，可又好像沒什麼問題。我很長時間都處於悶悶不樂的狀態，似乎沒有什麼事情能讓我真正快樂起來，生活得很麻木。所以我想來找您聊聊。」

我問他：「你的工作呢？你喜歡你的工作嗎？」

「不喜歡，但也沒有很厭惡。我工作十幾年總體上是按部就班的，也正常晉升到了管理階層。以前曾經爭取過調整工作職務的舉動，但因為種種原因都沒能如願，所以也就習慣了『被安排』。我覺得現在做的就是一些行政、流程性的工作，多我一個不多，少我一個不少。近幾年，我在工作中處於游離的狀態，一直無法投入，應付了事，越來越沒有存在感和自信心。就算我上心一點，也不會有什麼差別。」

我又問他：「你結婚了吧？那你的愛人呢？你跟她的關係還好嗎？」

「沒有太好，也沒有不好。她也在當地的一個事業單位上班。平時我們都各過各的，回到家，她看她的連續劇，我聽我的網課。除了女兒的事，我們也很少交流。」

沒有太好，也沒有不好，這就是無處不在，又無從改變的悶。就像毛姆的小說《月亮與六便士》裡的主角做出了巨大的犧牲，才脫離了生活的常規。莫非人真要這麼決絕的改變，才能擺脫這種生活的困境，重新找回活著的感覺？

　　難道，他就沒有自己想要的東西嗎？

　　他說：「沒有。我從來沒有特別想要的東西。在我的印象裡，我從來沒有要求我父母買過什麼，因為我知道，就算要求了也沒用。你這麼問，我倒是想起一件事來。我高中的時候，我媽媽出差去上海，給我帶回來一雙鞋。這雙鞋是白色的，我覺得款式有點女性化，我不喜歡，不肯穿。我媽堅持讓我穿。她說，既然已經買了，就要穿著，不能浪費。我跟她吵了很久，最後實在沒辦法，就只好穿著它去上學了。最初的幾天，我總是下意識地把我的鞋藏起來，生怕同學看見。慢慢地，我也就習慣了。我一直穿著它，直到穿破了為止。」

　　來訪者繼續講他的故事。後來他按父母和社會的要求學了一個「合適」的專業，又認識了一個「合適」的女生，回家鄉找了一個「合適」的工作，買了「合適」的房和車，有了一個「合適」的家。可是，他就是不知道去哪裡尋找生活的激情，尋找內心的「我想要」。

　　聽他講他的故事，我有些恍惚。我好像看到了很多人的人生。困住這個來訪者的不是生活的波折，而是另一種東西：常規。就像他們身上運行著社會早已寫就好的一行行程式，規定了該怎麼上學，選什麼專業，去哪裡工作，在什麼時候買房買車、結婚生子，該怎麼教育孩子，會如何衰老或死去。這些運行良好的程式，

一定在某些看不見的地方刻上了「標準化的人」的字樣。

　　為什麼會這樣？也許一切從得不到回應的「我想要」開始。也許是不被重視，也許是覺得它有危險，**當我們把我的感覺、我的想法、我的意願都藏起來，覺得它們不重要時，慢慢地，你也會認不出它們。**當有一天你需要它們時，卻開始找不到它們。同時迷失的，還有你自己。

　　所以透過這件事，我又理解了「沒有感覺症」。我給那個朋友的回信，說要讓生活中真的有一些事發生。現在我想補充的是，不只要讓生活中有事發生，也要讓我們感受事情的能力重新回來。那根植於生命的本能，就是我之所以為我的證據。如果沒有了「我」，「我」就會變成「他人」，而對於他人，我們當然也不會有什麼感覺。

　　在本章的第二封讀者來信中，那個覺得戀愛沒意思的男生，遇到的是另一個煩惱。當時我在信裡說，他是回避了麻煩。可是現在我想說，也許他也有另外的麻煩：他被劇透了。也許對他來說，戀愛或者生活，像是一個早已知道結局的故事，讓他無法投入。

　　在信裡，當我腦洞大開地說：

　　「會不會你是個深藏不露的 Gay 呢？

　　會不會你經歷過很重的情感創傷然後失憶了呢？

　　會不會為此你困惑已久，所以才會在填志願的時候選擇了心理學？

　　下一步，你會不會為了尋求刺激，而去計畫一個完美的犯罪呢？」

我發現這些玩笑無意中提示了他人生正缺少的一個重要的東西：歷險感。就像神話故事裡，故事的主角離開熟悉的村落，走進神秘莫測的黑森林，去遭遇女巫，戰勝惡龍，尋找寶藏，寫出屬於自己的傳奇。

神話學家喬瑟夫・坎伯曾說，現代人的精神危機的一個來源，是和神話的內核失去了精神上的聯繫。要知道神話不只是神話，還隱喻著人自我成長和蛻變的心理歷程。可是我們究竟是怎麼跟神話失去聯繫的？對於這位來信的朋友，如果他在走進黑森林的時候，說他有一個地圖攻略，把裡面有多少妖怪，這些妖怪會什麼樣的把戲都看得清清楚楚，那他自然就會覺得，戀愛或者人生其他的事情，也都稀鬆平常了。

為什麼會被劇透了呢？是因為我們這個時代對一切神秘的東西都「祛魅」[1] 了，還原成了理性、規則和應該，而這種神秘性是人生故事最重要的東西。也是因為，也許我們太恐懼去經歷一些事情，所以早早為自己找到了一個所謂人生攻略，卻不知這個攻略消除了這段旅程最需要的神秘性和歷險感。

想想愛情吧。以前遇到一個異性，慢慢去經歷 2 個人的相遇、結合，成立家庭，共同抵禦歲月的侵蝕，這是一件神秘又浪漫的事。如果失去了這種神秘性，性和愛就會變成技術問題，而經營家庭也會變成一種苦差。怪不得這麼多人都不願意結婚了。

可是真的能劇透嗎？我們從親密關係、電影和綜藝節目、上一輩的人身上看到的東西，真的能夠代替我們自己的親身經歷

---

1. 指剝去事物表面上那層虛假的東西，恢復事物的本來面貌。

嗎？須知生活的感受和意義，永遠都不會是一個動作、一種情節那麼簡單，永遠無法被劇透，無論愛還是痛，只有我們深深投入其中的人，才會有感覺。這是我們為投入所獲得的獎勵，是傳奇歷程中真正的寶藏。

坎伯還說過一句話。他說：「當我們在問人生的意義是什麼時，我們實際上在問的是，我們所經歷的最深刻的人生體驗是什麼？」這種深刻的人生體驗，就是人生的意義。

從這個角度看，我在文中說我們的人生意義在於以一塊拼板的姿態，嵌入到關係的拼圖、時間的拼圖、永恆世界的拼圖時，我其實也在說，也許這種連結會產生深刻的人生體驗。而無論如何，任何重要的人生體驗，都會指引我們的人生，告訴我們活著的意義。

FIND YOURSELF AGAIN

FIND YOURSELF
AGAIN

第八章

接納與改變

我們先是惹起塵埃，然後卻宣稱看不見。

—— 喬治‧柏克萊

無創造力的心靈能指認出錯的答案，但要指認
出錯的問題則有賴於創造性的心靈。

—— 安東尼‧傑伊

與其恐懼，不如擁抱。

—— 庫珀‧埃登斯

01 生活「有問題」還是「不如意」？

　　我父親是漁船上的機械師。在一艘漁船上，機械師是挺有技術含量的工作，要負責船艙設備的正常運轉。每次漁船經歷遠航後回港，他都要忙著修理船上的機器，換個活塞片啊，緊緊皮帶啊，校校齒輪啊。連帶著，我們自己家裡的電燈、馬桶、電扇之類的東西壞了，都是我爸拆開來修的。

　　他經常說：「這世界上沒有修不好的東西。什麼東西壞了，只要你能找到問題的癥結，找來材料，就能修好。」

　　我曾對我爸的話深信不疑。那時候，我正讀書，從小學到高中，每天都要面對堆積如山的作業和試卷。儘管作業和試卷中多的是我不會答的問題，但我知道這些問題其實都有答案，只要我努力，總會找到，就算找不到，也會有人知道。

　　後來我成了一名心理諮詢師，開始和各種各樣的人聊人生。每個走進諮詢室的人，都帶著困擾他的問題。有些人經歷了一些

重大的人生變故，比如美好的生活因為寶寶忽然得重病而被打破了；公司倒閉失業了；結婚多年的愛人出軌了……有些人則遇到了一些瑣碎的生活煩惱，比如學習成績不夠好，怎麼努力分數也上不去；錯過了自己心儀的學校或者專業；見到陌生人總是容易緊張……

「怎麼辦呢？」他們向我訴說他們的生活，然後茫然又急切地望著我，像指著一台壞了的機器，等著我指出問題的癥結，再把它修好。

於是我努力分析問題。你看，「這是一種消極的認知模式」、「你沒有發展出合適的應對策略」、「你童年的經歷損害了你的自尊」、「這是缺愛的表現」……

「嗯嗯。」他們頻繁地點頭，讓我覺得自己說的很有道理。

然後，他們就不來了。

有一段時間，我很困惑。為什麼我不能像我爸一樣，找到癥結，買到替代的零件，三下五除二把問題解決了呢？後來我才慢慢明白，修理機器、解數學題和解決生活問題並不相同。修機器或者解數學題時，你是超脫在問題之外的，但是面對生活問題時，你是糾纏在問題之中的。你解決問題的能力，本身就受這個問題的限制，是這個問題的結果。更何況，很多時候，生活中有太多因素是你無法控制的，但是它們卻實實在在地影響了你。

那能怎麼辦呢？無可奈何的時候，我也會向來訪者承認：「我可能做不了很多。我所能做的，只是陪伴你度過生活中這一段艱難的時期，等著生活慢慢出現新的轉機，等著你身上轉變的種子慢慢發芽。」

「好吧。」他們嘆了口氣。可是下次，他們還是來了。

我發現，很多人所遇到的困難，與其說是「生活問題」，不如說是「生活的不如意」。

「問題」總讓人誤會，只要找到癥結，換個零件，或者找到答案，就能恢復如初。可生活中的有些事，發生了，就發生了，既無法修復，也沒有答案。「不如意」則是說，我們總是期待生活往好的方向發展，可萬一它拐到了別的方向，想要強扭它，把它擰回正軌，卻也是難上加難。更多的時候，我們只能隨生活順流而下，在變化中努力適應。

這麼說來，**真正的「生活問題」其實只有一個，就是怎麼面對和處理「生活的不如意」。**

可大部分人並不甘心。他們會用修理機器或者解難題的思路來跟問題死磕，即使收效甚微，也會自然地認為是自己努力不夠，或者方法不對。哪怕是做高考試卷，一道難題不會，我們也可以先放放，做點別的。大部分人卻不願這樣做。他們擔心自己會在這裡丟分，而如果繼續努力，雖然沒有結果，但是至少還有希望。

承認自己無能為力很難，可悖論是，**一旦承認在某些事上無能為力，你所能做的，反而多了。**

前段時間，我看到一個諮詢訪談。有個年輕的產品經理剛畢業不久，在北京辛苦打拚。雖然他自己的事業剛剛起步，也面臨各種問題，可最困擾他的，卻不是他自己的生活，而是父母的關係。他父母關係不和，經常吵架。所以他要經常給父母打電話，聽父母各自訴苦，想盡一切辦法努力讓他們的關係好起來。他覺得，自己只有解決了這個問題，才能輕裝上陣，去忙自己的事業。

當心理諮詢師說「這是你父母的問題」時，他卻說：「不，這也是我的問題，因為它影響了我的生活。」

他說的有道理。可事實上，父母已經吵了幾十年了。雖然他百般勸解，卻收效甚微。

也許他遇到的，就是生活的不如意。

於是，諮詢老師說：「不如我們來聊聊，如果沒有這樣的問題，20 多歲的你，想過什麼樣的生活吧！」

不如聊聊別的，這聽起來像是逃避，問題的空間，卻這樣慢慢地打開了。問題以外的生活重新回到了來訪者的視野，來訪者發現，即使他不去處理這件事，仍有很多有價值的事情可做。

這就是生活的好處，除了直接面對問題，別處的進步又會兜兜轉轉回過來推動我們的生活繼續向前。就像焦點療法常用的比喻，生活像是一個黑白的太極圖，你可以把注意力放到「陰」的部分（問題），讓其縮小一些，也可以把注意力放到「陽」的部分（問題外的生活），讓其擴大一些，最終效果都是一樣的，就是讓我們的生活變得更好。但相比之下，把「陽」的部分擴大一些，似乎會更容易。

我有個朋友，學美術的。年輕時恃才傲物，總覺得自己會成為一個厲害的藝術家，可未來的遠大前程也無法彌補當時的窮，於是她來到旅遊景點，在那邊擺了個畫攤，想透過幫人畫素描來賺錢。

天快黑了，才等來第一筆生意。是一個戴眼鏡的中年男人，問她畫一幅畫要多少錢。她說 100 元。於是那個男人坐下了。半小時後，她畫完了，男人走過來看了看畫，哈哈大笑，問她：「你

覺得像我嗎？」

「像啊！」她理直氣壯地回答。

那男人說：「這樣，錢呢，我還是給你，畫呢，我就不要了，你自己留著吧。」說完扔下 100 元揚長而去。

奇恥大辱啊！這個還沒上路的年輕藝術家狠狠地把畫撕了，撿起了地上的 100 元，眼淚在眼眶裡打轉。「我一定要弄個框，把它裱起來，」她心想，「我要讓它時時刻刻激勵我！等我功成名就那天，再把它拿出來，作為我的心靈發展史上的重要事件展示給大家看！」

她氣鼓鼓地收起了畫架，往回走。走著走著，路過麥當勞店，肚子餓了。一摸口袋，唉，只有那準備裱起來的 100 元了。她猶豫了一下，走進了麥當勞，掏出那 100 元。

「給我來個漢堡！」

不知道是不是因為她沒把這 100 元裱起來，而是買了個漢堡，她最終也沒變成著名畫家。不過我喜歡她的生活態度，不跟問題死磕，隨時準備趴下。**日子看起來越過越糊塗，其實卻越過越清醒了。**

02 「放棄治療」與「自我接納」

有時候我會遇到一些這樣的來訪者：

「我覺得自己不夠有領導力，雖然我從小學到大學一直是班

長，但我覺得自己不夠霸氣，沒有其他人那麼有號召力。」

「我覺得自己很差，從大一到現在，我只拿過 2 次三等獎學金，1 次二等獎學金，從來沒拿過一等獎學金。」

「我覺得自己的性格很有問題。我比較內向，常常不知道怎麼和長官打招呼；上台演講的時候，也很容易緊張。」

「我……」

千奇百怪的說法，歸納成一句話，就是「我有問題」。

你不能說他們說的問題不存在。但如果你認同他們有問題，又總覺得哪裡不對。當我苦口婆心勸這些人「放棄治療」的時候，很多人會奇怪地看著我：「為什麼要放棄治療？」我只好跟他們解釋，**因為很多時候放棄治療也是一種治療**。心理學家森田正馬曾經說過，所有的神經症，其本質都是疑病素質。很多完美主義者既有很高的目標，也有對缺陷過於執著的關注。他們會把對世界的不滿意延伸到對自己的不滿意，從懷疑自己身體有病延伸到懷疑自己心理有病。於是他們來諮詢，千方百計想要改變自己。

「我有問題。」

有時候他們很自卑，因為他們確實為他們所認為的問題所折磨；有時候他們又很驕傲，因為他們以超出常人的完美標準要求自己，不肯放棄。成為普通人對他們而言，彷彿就是一種失敗，只是他們自己也沒意識到。他們同樣沒有意識到，他們前來諮詢、想要努力改進的行為本身，有時候也正是問題的表現之一。

所以在我看來，「放棄治療」也是他們需要的一種治療，**它有一個別名，就叫「接納自我」**。

當然我想勸他們的，並不是真的放棄「心理諮詢」，**而是放**

棄生活中隨時關注缺陷和問題、隨時準備治療自己的焦慮心態。

　　當我這麼建議的時候，一些人會追問：「改進自己怎麼也有錯了？如果我們都放棄治療了，那還怎麼進步？」

　　錯在我們把對自己的不滿和焦慮當作推動自己進步的動力。有時候不滿和焦慮是一種動力，但並不盡然，有時還有副作用。

　　真正的進步不是焦慮的自我懷疑，而是平靜的自我接納；不是被對自己的不滿驅趕著，而是被美好的目標吸引著。真正的進步都不那麼著急，我們默默耕種，耐心等著開花結果，相信成長會自然而然地發生。

　　而另一些人會追問：「好的，老師，既然接納自我那麼好，我怎麼才能接納自我呢？」

　　他們不明白，**接納自我的本質是捨棄，而不是追求。**捨棄我們對生活的過度控制，捨棄我們想要成為「完美自我」的想法，捨棄我們對「完美世界」的執念。我們需要「接納自我」並不是因為有什麼樣的好處，而是因為缺陷就是我們生存的事實。很多時候，生活是粗糙的而非精緻的，但是這種粗糙背後，卻隱藏著另一種生命力，在我們苦樂交融的人生裡。

03 「放棄治療」為什麼這麼難？

　　最近我遇到的一個來訪者，像是負面標籤的蒐集器。他覺得自己敏感、內向、自卑、不成熟、焦慮、抑鬱、有強迫症……所

有流行的負面標籤，他都樂於往自己身上貼。跟他訪談，我得非常小心，不能輕易說出任何一個負面的詞，否則他就會馬上把這個詞安在自己身上。

但我還是不小心說了。我說：「有時候我們的問題就是沒有耐心，急於改變。」

「對對，您說得太對了。我就是這樣沒有耐心，有時候特別著急，總想著快點把事情解決，一點都擱不住事！」他像是終於找到了問題的癥結，急切地望著我：「那我該怎麼改變呢？」

該怎麼改變「急於改變」的狀態？這可真讓我為難。最近我在讀保羅·瓦茲拉維克等人寫的一本小書——《Change：與改變共舞：問題如何形成？如何突破和有效解決？》，發現類似「怎麼改變『急於改變』的狀態」這樣的悖論，在我們的生活中無處不在。

當一個來訪者說「我的問題就是不能很好地接納自己」的時候，當一個媽媽一邊督促孩子做作業，一邊抱怨說「你就不能不用我的監督，自己就好好學習嗎」的時候，當一個妻子一邊指揮垂著頭的丈夫，一邊抱怨說「你就不能像個男人，不用我來告訴你該怎麼做」的時候，當丈夫對著妻子怒吼「你就不能好好說話嗎」的時候，他們所做的，正是他們想要反對的。更糟的是，**他們所做的，加劇了他們想要反對的。**

一些常見的神經症問題，也包含著這樣的悖論。失眠的人會因為總想著要睡著而失眠，焦慮的人會因為總想控制自己而更焦慮，抑鬱的人會因為責怪自己不積極而更抑鬱……

可是，讓他們放棄改變的企圖太難了。身處悖論中的人會自

然地覺得，如果他們不做點什麼，事情會更糟糕。於是，改變的企圖和問題的症狀本身勾結，形成了「問題、努力改變、問題加深、更想改變」的惡性循環。

為了擺脫這樣的惡性循環，「放棄治療」因此成了一種治療方式。

但要「放棄治療」談何容易！

身處悖論中的人的心理狀態，很像一間歪歪斜斜的老房子，雖然破舊，但還能遮風擋雨。房子裡的人也覺得房子不安全，他想的自然是該怎麼修補好它。現在，來了個心理諮詢師，告訴他說別補了，得把房子拆了重建，否則這老房子倒塌了會更加危險。正蜷縮在房子角落，千方百計躲避風雨的人，怎麼肯主動地走進風雨，去把房子拆了？

放棄防禦，去接近和了解內心的緊張和焦慮，就是這樣一場巨大的冒險。很多人一直在尋求改變，但很少有人明白，**有時候改變不是連續的、符合邏輯的修修補補**。它很艱難，就像一個人從懸崖邊縱身躍下，去經歷原有秩序的破碎，經歷那艱難又深刻的頓悟，才能重新站上一塊更加踏實廣闊的平原。

森田療法的理念正來源於對「放棄治療」的領悟。該療法的創始人森田正馬從小就有精神官能症，7～8歲時，他在日本寺廟裡看到彩繪地獄壁畫，感到毛骨悚然，陷入了死亡恐怖的陰影；12歲時，還在為尿床苦惱。16歲，開始有偏頭疼、心律失常、神經衰弱、失眠……森田就這樣帶著他的症狀一路痛苦地來到了青春期。

大一時，父母因為農忙，有2個月忘記給森田寄生活費。精

神官能症的人非常容易想多了，森田誤以為父母不支持他上學，覺得自己被忽視了，越想越氣憤，甚至想過在父母面前自殺。傷心難過之下，他決定放棄治療算了。他不再吃藥了。對「心律失常」、「神經衰弱」這些原本讓他擔心得要死的症狀，他都以「死都不怕，愛咋咋地」的心態置之不理了。在那段時間，他就只顧拚命看書學習，想把自己累死拉倒。

結果，他不僅取得了意想不到的好成績，連神經症的症狀也消失了。

因為這段經歷，森田發展出了著名的森田療法。這種療法的核心理念，就是「放棄治療」，「帶著症狀生活」。比放棄治療更近一步，**是不僅不治療症狀，還把它當作目標去追求**。我聽過一個有趣的例子。

一個老紅軍已經失眠很久了。他找到了一個著名的精神科醫生，跟他說：「大夫，我每天晚上躺在床上盯著天花板，翻來覆去睡不著覺，該怎麼辦？」

醫生想了想說：「你在說謊吧？怎麼可能有人整晚盯著天花板睡不著？」

老紅軍很有榮譽感，受不了有人說他說謊，急了：「我騙你幹麼？我到你這兒找樂來了嗎？我就是睡不著啊！」

醫生說：「我不信。」

……兩人爭執了一會兒。醫生說：「這樣，你證明給我看。今天晚上你回去，就盯著天花板，跟自己說，要是我睡著了，我就是個老雜種！你要沒睡著，下週再來找我，我向你道歉！」

老紅軍氣鼓鼓地回去了。晚上他盯了會兒天花板，越盯眼皮

越重，很快就睡著了。

所以悖論不僅能讓人進退兩難，還能助人改變。奧斯威辛集中營的倖存者、心理學家維克多·弗蘭克在其名著《向生命說Yes》中說：「一方面，正是恐懼導致了所害怕的事物的出現；另一方面，過度渴望其所希望的事情變得不可能。」為了防止「恐懼」和「過度渴望」壞事，他發明了一種叫「矛盾意向法」的治療方法。在這種療法中，他鼓勵來訪者越是害怕某件事，就越在意向中努力讓這件事發生。比如你要準備一個講座，擔心自己會在講台上臉紅、出汗，並因此出醜。你去找弗蘭克諮詢，他大概會建議你努力讓自己更臉紅、出更多汗。

這個方法之所以有效，同樣是因為它製造了一個悖論。當來訪者準備認真執行諮詢師布置的作業時，無論他是否在演講中臉紅了，他都是對的。如果他不臉紅了，這本來就是他諮詢的目標；如果他又臉紅了，他成功地完成了諮詢師要求的作業。當他能夠把臉紅解釋為是諮詢師要求他做的、「正確」的事情時，他的控制感就回來了。而最初正是因為控制不了自己的臉紅，他才會焦慮萬分。

這就是悖論的妙用：**透過製造一個特別的情境，讓你從進退兩難中解脫出來，重獲控制感。**

可悖論之外，還有一些別的。森田療法除了強調「帶著症狀生活」，還強調「為所當為」。弗蘭克的療法，更因為對生命意義的強調而被稱為「意義療法」。當我們為對症狀的恐懼所困時，我們也可以想想，為什麼那麼害怕演講，我們仍要去做演講？為什麼改變那麼難，我們還孜孜不倦地想要改變？因為這背後，有

我們所珍惜的意義和價值。這些意義和價值，才是推動我們前進的真正的動力。

04 我還能變好嗎？

「那麼，我還能變好嗎？」

她的眼神很複雜，焦慮、沮喪、迷茫，又懷著一絲期待。

「有時候，我會非常絕望。」她說，「我讀了很多心理學書，學了很多心理學課程，我試圖去了解自己的問題、去嘗試做改變。我有意放鬆自己的工作標準，學著對那些我看不上的人友好，可是這些努力卻總是半途而廢。這麼長時間了，我一直都沒什麼進步。我覺得自己糟透了。」

想起來，遇到楊小姐，已經是 10 年前的事了。那時候我剛學心理諮詢，對任何問題都充滿好奇。楊小姐並不是我的來訪者，因為我是諮詢師，所以經常會有一些朋友介紹他們的朋友過來跟我聊聊。那時候，大家並不覺得這有什麼問題，我也是來者不拒，覺得能學有所用很不錯，就當累積經驗了。

當然這樣的關係會有一些奇怪。因為並非諮詢室裡正式的心理諮詢，我會有意避開跟他們討論太深的問題。但既然我是心理諮詢師，他們總希望我能有所幫助，我也不可避免地順應了這種期待。

我第一次跟楊小姐見面是在一個咖啡廳的包廂裡。那是一個

炎熱的夏天夜晚，楊小姐穿著一件白色的碎花裙子，說話的時候會低頭，有時候還會臉紅一下。看著她的樣子，很難想像她已經是一個公司的高階主管了。

楊小姐說自己的問題，是覺得自己不夠好。她覺得很多心理學書籍和文章中講的問題，她都有。在平時生活中，她對人有些恐懼，能不接觸就不接觸。但是在工作中，她又像換了一個人，變得非常苛刻，只要同事的工作不符合她的要求，她就會大發雷霆。所以同事經常在背後議論她，甚至躲著她，這加劇了她對自己的負面評價。她覺得自己糟透了，也有些抑鬱。

但不是所有的人都這麼看她。比如，老闆就很器重她，準備讓她帶領一個挺大的團隊，這讓她更加恐懼，她覺得自己肯定做不好。

我知道這種負面評價。有時候，我們的不安來自別處，比如童年時我們沒來得及跟父母建立起親密關係，但是這種不安最終卻總會被歸為「自己不好」。當情緒和理智需要協調一致的時候，理智總會屈服於情緒。對楊小姐來說，她無法馬上驅散這種不安，所以就把自我評價往負面扭曲了，她對自己的成功視而不見，對自己的缺點卻無限放大。這聽起來很不合理，但持有這樣的觀點會讓她安心——這才是她熟悉的世界。

我理解這種感受。我想幫她。

於是，我向她擺事實、講道理。我列舉了她的很多優秀之處，試圖讓她明白她並沒有自己想像的那麼不堪。我還告訴她，不安會如何影響我們的自我評價，在我們的頭腦中混淆視聽。

經過近 1 小時苦口婆心的勸說，她好像意識到了什麼。她說：

「謝謝你，陳老師，我覺得你說得對。確實，我就是這樣沒來由地不停地貶低自己。」

「嗯。」我長吁了一口氣，剛想為自己的工作得意一下，卻看到她低下了頭，彷彿認罪般地接著說：「如果我是外人，看著自己這樣不停地貶低自己，傳遞負能量，估計也想要抽自己兩個巴掌。」

她的眼神又黯淡下去了。我忽然意識到，壞了，她貶低自己的武器庫裡又多了一件重型武器，這件武器是我剛剛添加上去的：「我在不停地貶低自己，卻控制不了自己！」

這可太糟糕了！讓她意識到自己在「貶低自己」非但沒能糾正她對自己的看法，反而讓她覺得自己更不好了。我得想想別的辦法。

想了一會兒，我說：「雖然你在不斷地貶低自己，但內心深處，也許你並不覺得自己有那麼糟糕。」

她迷惑地看著我。我接著說：「不信我們來打個賭。如果你能在 10 分鐘之內說出 10 個貶低自己的詞，還不重複，我就輸給你 100 元，否則你就輸給我 100 元。」

她更迷惑了，但也有些好奇：「這是什麼意思？我說出我的 10 個缺點，然後你給我錢？」

「是啊，要不要打這個賭？」

「那好吧。」她仍帶著點疑慮，但看我胸有成竹的樣子，就決定配合一下。

「脾氣不好、不寬容、社交恐懼……」她停頓了一會兒，「哎呀，想不出來了，應該沒有 10 個……」

「還有時間，還有時間。」我鼓勵她，「才這麼幾個，你不像是自己所說的那樣，是成天琢磨自己不好的人啊。」她頓了頓，接著說：「傳遞負能量、自控力差、沒安全感、不自信……太霸道……悲觀……疑心重。」

最後 1 分鐘，終於說完了。她鬆了一口氣，似乎有些沮喪，可這沮喪裡也有一些小得意。哪怕是一個故意設計的小遊戲，贏了也總是讓人開心的。

該清點數量了。不多不少，正好 10 個。於是，我從口袋掏出了 100 元，說：「願賭服輸，請收下。」

她沒想到我真的會給她錢，連忙推辭：「別別，千萬別，你聽我的問題，我感謝還來不及呢。」

我說：「你就收著，我有一句很重要的話要告訴你，你只有收下了，我才能說得出來。」

「啊，那我都害怕聽你說什麼重要的話了。」她推辭了一下，接過錢，攥在手裡，不知道該怎麼放。

我說：「這句話是，當你再用這些詞攻擊自己的時候，記得要跟自己說，這些標籤也不全是壞事，我用它們贏過錢。」

「啊，是啊！」顯然這句話出乎她的意料，她笑出了聲來。這是在談話中她第一次笑。氣氛一下子鬆弛了。想了一會兒，她說：「是很治癒。只是 100 元太少了，如果是千兒八百，那印象就深刻了。」

「嗯，你還得在你的負面詞彙裡加一條：貪心。」

「不算貪心了，如果說自己的缺點就能賺錢，我能說到你破產的……」

我這麼做的本意，是希望創造一種新的情境，在這種新情境裡，能說出更多負面詞彙不再是一件壞事，反而是一件好事。我想創造一個悖論：

　　「如果你說不出很多關於自己的負面詞彙，那很好，說明你並沒有那麼負面。」

　　「如果你說出了足夠多關於自己的負面詞彙，那也很好，你贏了遊戲，還贏了錢。」在這樣的悖論裡，無論你如何做，都是對的。

　　我得意極了。我覺得這樣的干預方式一定會起作用。尤其當分開時，她很誠心地跟我說：「陳老師，謝謝你，我很受益。」後來我就再也沒見過楊小姐。聽那個介紹我們認識的朋友說，楊小姐說那次見我，她覺得對她還是挺有幫助的。

　　「哦，怎麼有幫助呢？」我滿懷期待地問。是我的悖論起作用了嗎？

　　「她說你為了幫助她，給了她 100 元。諮詢師通常都是收錢的，她第一次見諮詢師為了幫助人，給人錢。她覺得你特別有誠意。」

　　「這樣……」跟我想的不太一樣。我想了一下，忽然明白了。也許悖論是有效的，但是更有效的是我花了心思和誠意在幫她，況且還付出了真金白銀。在這樣的舉動下，她覺得自己是重要的，被接納的。這樣的行動恐怕比語言和道理更重要。

　　「只是……」朋友停頓了下，「你這麼用心，是不是喜歡她啊？」

　　「啊？」

05 死去與重生

按：自我接納常常意味著，我們要去直接面對生活的苦難和自我的缺陷。後面答讀者信想告訴你，直接面對苦難也許並不會讓苦難消失，卻會讓我們自己倍感尊嚴。

海賢老師：

您好！

我是一名中學化學教師。關注您很久了。想跟您說說我的苦惱。

我現在有個很大的心理困擾，越來越不自信。我上課示範實驗容易手抖，自己做或當著少數學生的面做則不會手抖。手抖的起因是剛入職不久的一次公開課，縣市長官來聽課，我由於過於緊張，示範實驗時手抖得厲害。雖然那節課除了手抖這個插曲外，其餘部分都非常順利，長官評價也很好，可還是給我留下了心理陰影。從此以後，每次示範實驗，我或多或少都會手抖。

剛開始我選擇了逃避問題，示範實驗都是指導學生來做。後來覺得這不是辦法，就自己做。說實話，心裡很緊張，怕學生看我笑話。只要不做實驗，我對上課還是很自信的，也很享受上課的快樂。

今年暑假我選擇了辭職，打算給自己 1 年的時間去調整和改變。現在看來，當初的決定實在是愚蠢至極。如今，我

的問題不僅沒有改善，反而被不斷地放大。由於過於在意手抖這件事，我現在做別的事也總擔心會不會手抖，這使我異常痛苦。

我嘗試去公園做化學實驗，來來往往的人時不時投來好奇的目光，我發現自己並沒有絲毫手抖。現在準備應聘新的學校，可是還是很擔心自己會手抖。為什麼就不能忘掉以前失敗的經歷呢？好討厭現在的自己，把自己的生活毀得一團糟。

我自己分析容易出現緊張性手抖的原因在於自己的不自信和過於依賴別人的評價。這大概跟自己的原生家庭有關，窮困、壓抑、不被認同的童年導致我一直以來都很自卑。我是一個內向的人，從來都報喜不報憂。在朋友心中，我是一個正能量給予者，總能在他們有困難的時候給予他們力量，然而我自己的痛苦，卻難以言說。我的性格是矛盾的，既自卑到骨子裡，覺得自己處處不如別人，又有些自負，覺得自己並不比任何人差。

現在的我還是沒有學會接納自己。有時候也恨自己，生活本不易，何苦如此自毀？把自我鉗制在過去的陰影裡，就只會失去更多，何不放下一切，只專注於當前的工作和生活？然而，很多時候，越是想控制就越是控制不住，所以就越發焦慮和恐懼，進而陷入自我懷疑之中。這些情緒使我的注意力不能集中，給我的生活帶來了很大的困擾。

我想找回以前那個為了心中目標而不顧一切的自己，讓自己的心不再怯懦。如何才能走出困境？有時候真想有人能痛罵我一頓，把我從自我設定的怪圈中罵醒。

再次感謝您！祝您一切都好！

芊芊

芊芊老師：

你好！

你希望有人能痛罵你一頓，好讓你清醒。可一來我不善罵人，而且實在想不出你的罵點在哪裡，二來估計你自己也沒少罵自己，可看起來收效甚微。借他人之口（比如我）把你早已罵過自己的話再罵一遍，怕也不會有什麼效果。

所以我想做點別的，比如，講個故事。

你知道，在神話裡，有很多公主被放逐，經歷千辛萬苦，最終回家的故事。其中有一個故事是這樣的：

有一個叫賽姬的姑娘，她是整個王國裡最美麗的女孩。她太完美了，以至於神都妒忌她，給她父母下了一道神諭：她必須死。那時候，神的命令是不可違抗的。於是悲傷的村民們給賽姬舉行了葬禮，然後把她拋棄在荒涼的山頂。正當她恐懼和絕望時，英俊的愛神丘比特（不是那個小丘比特，是成人丘比特）救了她，並把她帶到自己的宮殿。他們在宮殿裡相愛，生活幸福極了。可丘比特總是晚上回來，早上離開。她從來沒見過他的真面目。

因為聽信他人攛掇，她開始懷疑自己的情人會不會是個醜陋的妖怪。於是有一天晚上，她一手拿蠟燭，一手拿匕首，偷偷來到了熟睡的丘比特床前，心想，如果他真是怪獸，我就刺死他。

結果當然是丘比特被驚醒了，並永遠離開了她。

於是她踏上了尋找愛人的漫漫旅途。要重新找回失去的愛人，她需要經歷很多考驗。比如要在一晚上把一屋混雜的種子分開，從會噴火的公羊身上拿點金色的羊毛，在陰陽交界處取一杯冥河的水⋯⋯她都一一做到了。最後一個考驗，是從冥界那邊取回一個美麗的盒子，交給這邊的女神。她也做到了。

如果你以為結局是她取回盒子時，就能重見自己的愛人了，那你就錯了。就在她取回盒子的時候，她想：「這麼美麗的盒子，一定奇妙無比，我為什麼要交給別人呢？我至少應該看看裡面是什麼。」於是她打開了盒子。可盒子裡的能量，對一個凡人來說過於強大，那種能量瞬間就使她解體了。

她死了。在她倒地的瞬間，丘比特出現了。他抱起賽姬柔軟的軀體，把她帶到了奧林匹斯山。在那裡，眾神商議，給予了她不朽的生命。和所有神話故事的結尾一樣，他們從此過上了幸福的生活。

你看，在神話故事裡，人要完成轉變，是非常艱難的。去經歷千辛萬苦只是在為轉變做累積，但還不夠。非得經歷「死去」，才能「重生」。

在手抖之前，你大概也有很多焦慮和自我懷疑的時刻，但那都在你的控制範圍之內。從縣市長官來聽你的公開課（我知道這一類公開課學校大都會安排很優秀的老師，而你恰好是），而你不可控制地手抖開始，你的人生越過了一條線。「手抖」開始承載你所有的生活挫折和自我懷疑。「怎麼控

制手抖」成了你生命的主題。你被放逐了，非得經歷漫漫歸途，才能重新找回以前的平靜。

和這個神話故事一樣，你也經歷了千辛萬苦。你有足夠的勇氣和決心，也願意為控制手抖付出巨大的代價。你辭了職來調整自己，到公園去做化學實驗，去勇敢面對人們好奇的目光。你發現，那時候你並沒有手抖，但你還是會擔心以後會不會。

這些考驗都很重要，但它們只像神話故事裡「把種子分開」或者「拿到金毛」那樣的小關卡。假如你要找回自信和平靜，你還要過最後一道關卡。你猜會是什麼？

我猜，最後一道關卡，不是要求你「在艱難的情況下控制手抖」，而是要求你在偶爾會手抖的情況下「過艱難的生活」，並努力讓它運轉良好。

這有點像「死去」，讓控制自己手抖的心死去。非得這樣，你才能重生。

現在，「手抖」對你來說是痛苦的。可真正讓你受盡折磨的，不是「手抖」本身，而是你千方百計想要控制手抖而不能。它背後連接著太多的東西：在大庭廣眾之下失控的恐懼、糟糕的童年、嚴重的自我懷疑和焦慮。

你想擺脫這種折磨，你就需要承擔另一種痛苦。這種痛苦不像你現在所受的折磨那樣飄忽不定，它很確實，那就是，「當你緊張的時候，你上課示範實驗會手抖」。這是一個簡單的事實，承擔它，是你找回內心平靜所需要經歷的最後一道關卡。

也許有很多人告訴過你，手抖並不是一件大事，你也只是偶爾會手抖，沒人會真的在意。但你並不相信他們，因為這種輕描淡寫的說法跟你感受到的痛苦並不相符，雖然你偶爾也會想，萬一他們說的是真的呢？

　　不要再有僥倖心理了。也許他們說的是真的，但都比不上你的痛苦來得真實。你應該去相信自己的感受，然後去承受這種痛苦。

　　去告訴你的朋友，你示範實驗時拿試管瓶的手會有些發抖；告訴你的學生，你示範實驗時拿試管瓶的手會有些發抖；告訴面試你的老師，你示範實驗時拿試管瓶的手會有些發抖；如果有機會縣市長官還來聽公開課，告訴他們你會有些緊張，以至於拿試管瓶的時候手都有些發抖了。如果他們好奇會「抖成什麼樣呢」，示範給他們看。

　　然後，再告訴他們，除此之外，你仍然是一個好老師。你熱愛學生，享受上課，除了手抖，你非常自信。

　　不要再去掩飾「手抖」了。你現在要去應聘新的學校，就讓這些面試老師來決定你的前途和命運。如果他們居然「收留」了你，那就心懷感激，好好工作回報他們。如果他們嫌棄了你，不要怪他們，再換一個學校繼續面試，繼續告訴他們這些。

　　這是你漫漫回家途中所要經歷的最後一道關卡。這很難，但是相信我，它並不會比辭職或者在公園當眾做演示更難，你有足夠的勇氣去完成它。也許你會嘀咕：那萬一我因此失去了一個工作機會呢？你要想到，你為了克服這個問題，已

經放棄了一份真實擁有的工作，只是失去一個「可能」的工作機會，又算得了什麼呢？

在這樣的痛苦下，你還要學習讓自己的生活正常運轉。我覺得，這也是可能完成的。畢竟，你人生的大部分時間，都不在倒弄瓶瓶罐罐。

你在公園並不只是做實驗，還會賞花、觀鳥、曬太陽，對嗎？趁著這段閒的工夫，去讀些閒書，去美麗的地方走走，去結識一下有趣的人，去品嘗美食，去學你一直想學但沒時間學的東西。如果能找個帥哥當男友，就更好了。

「那萬一他知道我有做實驗時手抖的問題該怎麼辦呢？」

「告訴他啊。萬一有個傻傻的帥哥不嫌棄呢？再說你並不會在家裡做實驗，對不對？」

期盼你的新消息。祝開心。

陳海賢

🧩 試一試

1. 關照「改變」背後的情緒

　　有時候，改變的衝動只是沒被看見的情緒在表達它自己。傾聽、了解和關照這些情緒，可能會帶來意想不到的改變。

　　觀察你很想要改變時，改變背後的情緒是什麼？

_____

　　記憶中，什麼時候曾有過這種情緒？那時你遇到了什麼事？

_____

　　在這種情緒中，誰能安慰你？他會對你說些什麼？

_____

2. 告訴別人你的擔心

　　你擔心別人會怎麼評價你。別人覺得你平庸、膽怯、無聊、自私、還是……

_____

你最擔心誰會這麼評價你？朋友、家人、同學還是同事？

_____

試著以某種方式，把你的擔心告訴那個你最擔心他這麼想你的人，觀察他的反應，並寫下事情的經過和你的感受。

_____

_____

_____

3. 讓擔心的事發生

你最擔心的事情是什麼？是演講時緊張、被嘲笑、與人爭吵，還是當眾出醜？

_____

有意識地讓自己擔心的事發生 1 次。如果你擔心演講時緊張流汗（或者手抖），那麼故意在演講時讓自己緊張流汗（或者手抖）。如果你擔心被人嘲笑，那麼故意做 1 件能引發對方嘲笑的事情。寫下事情的經過和你的感受。

_____

_____

_____

? 我想問你

（1）你是否遇到過這樣的生活難題——你並沒有解決，情況卻自然而然變好了？它是怎麼變好的？

（2）你是否遇到過這樣的生活難題——你努力解決問題，情

況卻變得越來越糟了？它是怎麼變糟的？

（3）你最大的優點是什麼？最大的缺點是什麼？你覺得這兩者之間有什麼聯繫？

（4）在什麼樣的情況下，你的缺點並不是一件壞事，反而可能是一件好事？

（5）你最害怕（焦慮、擔心）的事是什麼？怎麼才能讓這件事變得更糟一些？

（6）如果擔心這件事的人不是你，而是你的朋友，你會怎麼看他的這種擔心？

 ## 你也可以問自己

（1）為了解決這個問題我做了哪些嘗試？這些嘗試哪些有效，哪些無效？還有哪些嘗試可以做？

（2）如果這個問題無法解決了，我還能做些什麼來改進我的生活？

（3）假如奇蹟出現，現在困擾我的最大問題已經不存在了，但我自己並不知道。我會從生活的哪些細節中覺察到這個奇蹟已經發生了？

（4）假如奇蹟出現，現在困擾我的最大問題不存在了，我將如何規劃自己的生活？

多年後的回望

FIND YOURSELF AGAIN

這章的內容,是神學家萊因霍爾德.尼布爾的祈禱詞「上帝啊,請賜予我勇氣,讓我改變能夠改變的事;請賜予我胸懷,讓我接納不能改變的事;請賜予我智慧,讓我分辨這兩者」的注腳,只不過我把它放到了生活裡面來。

第一篇〈生活「有問題」還是「不如意」?〉中提到了一個特別的想法:有時候我們是在用解決問題的辦法,來應對生活中無可避免的不如意。這背後有一個重要的理念:真正的問題不是我們遭遇了什麼,而是我們如何應對這種遭遇。就像系統治療法裡所說:有時候,**維持問題的,正是錯誤的解決問題的辦法**。就像系統治療法的代表人物弗里茨.B.西蒙在《我的精神病、我的自行車和我》[1]裡所舉的例子,如果一個人膝蓋受傷了,弄了塊瘀青,他不去揉搓,過段時間這塊瘀青大概是會好的。可是如果他不停地去揉,想要讓它快點好起來,它可能反而好不了。

---

1. 中國《商務印書館》出版,2018 年。

這背後有關於人和心理疾病的隱喻。我們究竟是把人看作一種需要外力修復的機器，還是看作一種具有自我修復能力的有機體呢？

這麼說出來的時候，大部分人可能會說相信後者，可是他們對問題的處理，卻常常更接近前者。我們有一種本能的解題思維，覺得只要做對了事，問題就會消失。這背後有人對基本的控制感的追求——既然問題讓人痛苦，那我們總得做點什麼啊！

到底要做什麼呢？

如果第一篇文章給大家的印象，是心理諮詢除了承認生活的不如意，什麼都做不了，那其實是不對的。心理諮詢處理的不是來訪者遇到的問題，而是來訪者處理問題的方式。作為一個心理諮詢師，當來訪者帶來一個問題時，我會看來訪者定義的問題是否有解，有沒有更好的定義問題的方式，我也會看他們是如何應對他們的問題的，這個慣有的應對方式是否有效？有沒有更好的應對方式？如何幫他們發展更好的應對方式？以及，如何用這種新的應對方式，去解決原有的問題。

這些步驟說到底反映的就是一個理念：心理諮詢不是幫人找問題，而是幫人找出路。甚至有時候，我們會根據可能的出路，來重新定義問題。

而這些出路在哪裡呢？常常就在尼布林的這句祈禱詞裡：**接納該接納的，改變能改變的，以及做出明智的區分和選擇。**

在本章第 4 篇〈我還能變好嗎？〉講的是我遇到了一個總是覺得自己不夠好的朋友，我如何創設了一個情境，透過講缺點可以得到獎勵的方式，讓她把「覺得不夠好」這件事變成了情境中

的有利因素。這是改變自我懷疑的一個思路，但大家也不用太當真，覺得這樣就能治好了人家的自我懷疑。自我懷疑是很頑固的，不會輕易改變。只不過，就算不能徹底根治它，有時候拿它打打趣，讓它變得輕鬆一點，又何嘗不是一種應對的辦法呢？

我知道自我懷疑不容易改變，是因為我自己就經常有很多的自我懷疑，也對自己不滿意，很悲觀。相比之下，我們工作室的同事都比我樂觀積極很多。他們很多人是那種典型的成長型思維，總覺得我們做的事很好，遇到挫折也不急不躁。有時候我很好奇，就問他們怎麼做到的，他們說是因為讀了我的書、學了我的課，所以發生了很大的改變。可是我就納悶了，那為啥我自己沒有改變，還是那麼悲觀，稍遇挫折就覺得自己不行？

我想我唯一的進步，是慢慢能夠不讓這種自我懷疑影響我做事了。就像寫這本書，我還是很擔心大家看到我的局促和「小」，有時候恨不得大聲嚷嚷：「我知道的比我寫出來的還要多！」這句話看起來很理直氣壯，可是你看，它是一句辯解。它背後是，我從來沒有想像過怎麼應對大家對它的欣賞，只會設想在應對批評時如何為它辯護。可是這也不妨礙我把它再版啊。

仔細回想，無論我有多少的自我懷疑，這幾年我還是有一些進步的（雖然我也經常想，如果我的心態能更積極樂觀一點，說不定我的進步能更大一點）。但無論如何，這些進步是實實在在發生了的，它們跟我的自信或者自我懷疑無關，跟我做的事有關。

我的自我懷疑還是會讓我焦慮、沉重、受挫、不好受，可是既然我沒辦法改變它、消除它，我至少學會了盡量不讓它妨礙我做事。不讓自我懷疑變成生活的中心，把能做的、該做的事情做

了，然後再看看會發生什麼，這就是我找到的應對自我懷疑的辦法。從這個角度看，也許我也跟我的自我懷疑和解了。

在這一章裡，我最喜歡的是最後一篇〈死去與重生〉。其中回覆讀者的信，是寫給一個因為擔心自己上課手抖而陷入焦慮的老師，她總覺得手抖是一個問題，解決這個問題的辦法是控制自己的手抖，而在能夠成功做到這一點之前，她總是想把自己的手抖隱藏起來。而我想告訴她，去承認你一緊張會手抖，去承認這件事你暫時改變不了，然後把注意力放到你的教學上。

我之所以喜歡它，是因為它展現了一種我所理解的，面對和接納所需要的勇氣和決心。**接納不是軟弱，而是另一種勇敢**。去承認生活的殘缺，去應對因為這種殘缺而產生的必然的失落，然後去其他地方尋找生活的出路。這是生命最偉大的創造。

FIND YOURSELF AGAIN

第九章

FIND YOURSELF
AGAIN

結束與開始

人的偉大不是展現在目標上，而是展現在他的
變化之中。

——拉爾夫·沃爾多·愛默生

開始就是結束，結束就是開始。正是在結束之
處，我們重新開始。

——T·S·艾略特《小吉丁》

01 結束為什麼這麼難？

你是否還記得上一次轉變發生在什麼時候？那時候，你是就業了、離職了、戀愛了、失戀了、生病了，還是康復了？你是找到了一個夢想，還是放棄了一個夢想？你是否還記得自己怎麼適應了這些轉變，才成為今天的你自己？

有時候，記憶會把我們的過去整理成一條平順的曲線，讓我們誤以為生活是一個連續的過程。但實際上，生活經常是斷裂的。

當一些重要的變化出現在我們面前，和風細雨忽然變成了電閃雷鳴，我們在感慨世事無常的同時，經常會不知所措。這時候，我們就會反覆問自己一個問題：「我怎麼才能盡快開始新的生活？」

威廉‧布瑞奇在《轉變之後》中寫道，轉變要經歷 3 個階段：結束、迷茫、重生。大部分人都希望他們能直接跨過前 2 個階段，進入重生的階段。可是他們對「結束」這個主題茫然無知，或者

說也不太感興趣。他們理所當然地覺得,一件事結束了,那它就是結束了。當務之急是重整旗鼓,重新出發,而不是回顧過去的時光。

很少有人去思索結束背後的含義,更少有人會了解有時候**我們的生活無法完成轉變進入下一個階段,是因為在結束這個階段就被卡住了。**

有位女士在網路上提問,大意是說,她的男朋友抽菸喝酒,經常一個人玩網遊到深夜,從來不跟她談未來,有時候甚至動手打她。她覺得他不夠愛她,但他們交往已經有一段時間了,她要不要離開他。

下面有人簡潔明瞭地回答:「其實你內心知道答案,只是你怕疼。」

結束之所以艱難,是因為我們都會怕疼,所以才想在心理上延續它。

我有個來訪者,和前男友分開快 3 年了。她每天上班的第一件事,仍然是打開前男友的微博,看看他在做什麼,固定得像一個儀式。前男友的微博裡會有老婆孩子的照片,會有現在的生活,當然不會有她的痕跡了。每當看到這些,她都會黯然神傷。

我一直不明白,她為什麼非要用這種方式讓自己悲傷。直到有一天,她跟我說:「我在前男友那邊已經找不到感情的痕跡了。如果我還悲傷,說明這段感情還在。如果我也好了,那這段感情就真的結束了。」

她寧可讓自己悲傷,也不願去承擔結束的痛苦,因為後一種痛苦,要疼得多。

我聽到另一個姑娘跟我說過類似的話。她說：「失戀了。但我卻不想結束，不想從痛苦中走出來，覺得結束像是一種背叛，哪怕痛苦也寧願留在過去。」

停留在過去有什麼好處呢？大概是，過去還會在我們的心裡生起一些虛幻的希望，我們借由它來對抗孤獨。而承認了結束，就是從心底承認我們已經永遠失去了所愛的人。

當然不是所有的人面對結束都會有這樣的態度。我認識的另一個姑娘，和相戀多年的戀人分手以後，我從未見她自怨自艾、唉聲嘆氣，反而她加倍努力地工作。3 年後，她就升任了江浙的大區經理。

只是，從失戀開始，她就再也沒有談過戀愛。似乎她對戀愛這件事，再也提不起興趣了。看起來，她的戀愛結束了，而且結束得乾脆俐落。但我覺得，在她心裡，這件事從未結束。只是，她把疼痛藏了起來。

所以，怎樣才能判斷一件事在某個人心裡是否真的結束了呢？我自己有 2 個標準。

第一個標準，看他是否還有欲望，去追求他想要的東西。我知道一些人經歷了挫折以後，會給他們生活中的人和事重新排序。他們會更重視和家人的關係，更重視自己的自由，而相對看輕物質生活。

我說的不是這個。我說的是，如果一個人遭受挫折以後，不想賺錢、不想做事、不愛了，那不是結束。因為挫折在他心裡形成了一個痛點，他以後所有的生活都在努力繞開這個痛點。這樣，疼痛就支配了他的生活。而真正的結束，能夠逐漸消化這種疼痛，

並把它轉化為前進的力量。

第二個標準，看他是否還在期待彌補損失。如果他還在想著怎麼彌補損失，這件事就還未在他心裡結束。有時候，只有承認損失，一個人才能真的放下，然後在新的情境中發現新的自我和新的可能性。

因為讀過我的書，或者聽過我的課，經常有一些朋友會給我寫信，講述他們的痛苦。有一個讀者，他有一段不怎麼成功的大學生涯，被當，留級，父母陪讀，勉強畢業。畢業後，他工作了，又辭職了，一直找不到自己的道路。

他從小學到高中，都是一個非常優秀的學生，考上的也是明星大學。

所以他無法在心裡接受自己有過一段失敗的大學生活，他沒有被當的經驗。他想要一個光明的深「V」反轉的結尾，強烈到寧可不開始新的生活，也不願意在心裡為這段經歷畫上一個句號。所以他想要出國讀書，當回一個學生（第 2 章中的〈我想去遠方 把人生歸零重來〉），也許，只有當他真正意識到，無論他有多麼不甘心，這段大學生活都已經過去了，他才能真的重新開始。

我們的文化總是在宣導，從哪裡跌倒，就從哪裡站起來，哪怕跌倒的地方明明是個坑。這句話的潛台詞是：堅持是勇敢的，而放棄是懦弱的。**可有時候，我們還得學著，從哪裡跌倒，就在哪裡趴下。**認栽了、輸了，承認失敗了，才會發現，原來還可以換個地方，重新來過。這並不容易，因為有時候，放棄比堅持更需要勇氣。

結束是很艱難的，因為結束總是包含了失去。無論我們在結束中失去的是一種身分、一個習慣，還是一段關係，歸根究底，我們在結束中失去的是一部分舊的自我。失去它，像是我們身上的一部分死去了。

　　可是，自然正是以這樣的方式循環著。不經歷秋冬的蕭索，就不會有春夏的生機。我們的生命，也一直在這樣的循環中，不斷長出新的自己。

　　我喜歡的電影《情書》，講的正是一個關於結束的故事。電影裡的女主角渡邊博子一直走不出未婚夫登山去世的陰影，她照著未婚夫畢業冊上的地址寫信，在收到回信後，喜出望外，固執地相信這就是她的未婚夫寄來的。

　　寄信的當然不是她過世的未婚夫，而是另一個和他同名又和她相貌相似的姑娘。這是另一個關於結束的故事——她的未婚夫正是因為在高中暗戀過這個女生，才對渡邊博子一見鍾情。

　　故事的結尾，渡邊博子的新男友帶著她，去了她未婚夫遇難的雪山。哪怕在山腳下，渡邊博子還拉著新男友的手不安地說：「這太過分了，我們會驚擾到他的，我要回去。」

　　可是那天早晨，渡邊博子看著遠處聖潔又安寧的雪山，壓抑已久的悲傷終於痛快地釋放了出來，她跑向雪山，對著雪山一遍遍大喊：「我很好，你好嗎！」，淚流滿面。

　　那一刻，她終於願意去面對逝去的悲傷。而她的新男友，就在雪山這邊，微笑地看著她。雪山那邊是結束，雪山這邊是開始。生活在讓人心碎又帶著奇怪安寧的悲傷中，滾滾向前。

　　所以，該怎麼結束呢？去承認損失，去哀悼，去迷茫，去失

聲痛哭，然後去固執地相信，會有新的未來從生活中長起來，哪怕我們現在還看不到這個未來。

結束、迷茫、重生，生活就在這樣的循環中，滾滾向前。

02 無論多老 做一個兩眼有光的人

很久以前，我曾做過一段時間的拓展訓練培訓師。拓展訓練通常會利用一些高空項目，人為地製造恐懼，讓你透過克服這些恐懼，來獲得勇氣和信心。

其中有一個很經典的項目叫「斷橋」，8 公尺的高空中鋪設 2 塊窄窄的木板，木板間隔大概 1 公尺，學員需要從木板的這頭奮力一躍，跳到木板的那頭。我的任務，是站在斷橋的這頭，鼓勵和安慰這些學員。

通常學員們爬上 8 公尺高空時，已經很緊張了。他們站在高空的木板上時，就開始兩腳顫抖了。有些人會在木板這頭顫巍巍地站立很長時間，有些人會忽然跟我說：「教練，我不想折騰，我其實只想做個好人。」

多年以後，當我自己也面臨轉變時，我經常會想起這段斷橋上的經歷。它象徵了大部分人面對轉變時的人生境遇：你所站立的這頭、你想去的那頭和不確定的中間狀態。斷橋難的地方在於，要先放棄你所站立的地方，去經歷不確定的焦慮，才能到達你想去的地方。而比斷橋更難的是，大部分人在做人生選擇時是看不

清前面落腳的地方的。他們只能憑著對自己、對未來的信念，閉著眼睛往前跳。

這一年，我所經歷的最大的轉變，是從高校辭職。在體驗了很多焦慮和迷茫以後，如今，我也開始慢慢落地了。

離開浙大之前，我在浙大讀了 3 年多的博士，又留校工作了幾年。我喜歡這裡的學生，哪怕是帶著稀奇古怪的問題來諮詢，他們都有著非同一般的才能和志向。我還開了一門叫「正向心理學」的通識選修課，這門課的口碑不錯，教學評分一直是 4.9 分以上。當有人問我離開浙大是不是對浙大有意見時，我說當然不是，我對浙大深懷感情，並把它視為我的精神家園。

所以，很難解釋為什麼我從浙大離開。它不像蓄謀已久的行動，倒更像是一個事故。能說的理由，大概是我這個人生性自由，而這個工作要求值班，有諸多限制。不想說的理由，我就把它留在心底了。就像談了場不圓滿的戀愛，分手了，無論別人怎麼問起，我都會自然地說：「嗯，她是個好人。」

那時候，我在知乎答題，開始被一些人知道。我們正在做一個叫作《心理學你妹》的 Podcast 節目，有一群非常有才華和個性的朋友。我總覺得有很多事等著自己去做，滿腦子都是對自由的嚮往，對辦公室的蠅營狗苟也變得更加難以忍受。

只是要走實在太不容易了。不僅僅是因為浙大有這麼多聰明的學生，還因為浙大正在分房子。120 平方公尺的大房子，就在浙大美麗的校園旁，房子幾週以後就要分了，2 年後建成，我的名字就在分房人員的名單上，還挺靠前的。

我對此當然也心懷憧憬，無數次經過浙大美麗的啟真湖和大

草坪，看著這些青春洋溢的學子，我都會幻想，自己的女兒有一天會在浙大的校園裡長大，去圖書館做作業，在小劇場聽講座，跟我一起散步，穿過整個校園，晃晃悠悠地回家。

所以當我遞交了辭呈，走出浙大校門的那一剎那，一想到自己從此再也不屬於這裡了，我沮喪極了。

命運總是掩藏在瑣碎的日常中，只有當深刻的變動來臨時，你才能一窺究竟。那時候，我覺得我看到了它。可是，這一點都不妨礙轉變所要經歷的痛苦。一瞬間，物是人非。你發現舊的生活已經過去了，而新的生活還沒到來，你被留在原地，不知道如何自處。

但損失，卻開始變得真切起來。

遞交辭呈後不久，我接到一通電話，是房產處老師打來的。她問我：「咦，你為什麼不來選房子？」我想起來，那天是選房的日子。那時候雖然我遞交了辭呈，但還沒有辦手續，理論上，我還是浙大的員工。

我不知道該說什麼。沉默了很久，對方忽然說：「啊，我知道了，你一定是想下半年評上職稱以後，分更大的房子！」她終於找到了一個說得過去的解釋，高高興興地掛了電話。

而我卻開始失眠。我經常在半夜醒來，反覆回想這件事的細節，回想究竟發生了什麼，為什麼別人的生活可以這麼平順，而自己的生活卻有這麼多折騰。別人可以用常識判斷的事，我卻需要用肉身去經歷，才能知道其中的疼痛。

我不想跟任何人提我的工作變動，我把支持我辭職的朋友都罵了一頓。雖然他們委屈地表示，他們並沒有支持我辭職，只是

想支持我，誰知道我真辭啊！但能責怪一下他們，也緩解了我的部分痛苦。

那段時間，我的知乎的頁面老閃過一個問題：「現實生活中有哪些被雞湯害了的例子？」好幾次，我都很想去回答，覺得我最有資格回答這個問題，因為我被雞湯坑慘了。

對我來說，離開浙大真正的風險不是我失去了一個比市場價便宜幾百萬的房子，而是我總想很快把它賺回來。有一段時間，我經常關心房產新聞，房價的一輪暴漲，也把我心裡的損失，從幾百萬又多了幾百萬。我覺得我很難把它賺回來了。

我在公眾號和知乎專欄寫了一些文章，有不少粉絲。離開浙大的時候，我想，我完全可以透過為這些人提供心理服務來謀生。就像在浙大一樣，做諮詢、上課、做團體輔導，踏踏實實地做一些對大家有用的事。

可是那段時間，我的專欄和公眾號經常處於停更的狀態。我寫不了文章，一來覺得寫文章這事太小了，我應該多去賺錢；二來內心裡總是有一個聲音在跟我說：「你這麼平庸的人，你做不到的。」

我很浮躁，又有很多自我懷疑。大事做不了，小事做不到，這很危險。

我對自己說，既然你老想著房子，那就去買 1 間吧。你可能給不了女兒像浙大這麼好的教育條件，但你至少可以讓她不受太大影響。

我師兄和師姊（他們是一對夫妻）知道了我的事。他們離開杭州去北京發展了，正好有間房子要處理。師兄說，如果你要，

就賣給你吧。師兄的房子很老，在 6 樓，上下樓需要爬很高的樓梯，但學區很好。我說了我那時所能出得起的價格。他在電話那頭說：「我跟你師姊商量一下。」半分鐘後，他回電話給我，說：「好的。」

辦手續那天，仲介不斷地給我師姊打電話。有個客戶急著想買他們的房子。師姊斷然拒絕，說房子已經賣了。

「具體是什麼價格呢？我們這邊的客戶還可以再加。」仲介問，師姊掛斷了電話。後來我才知道，仲介給他們聯繫了客戶，客戶的報價要比我的高十幾萬元。

我很不好意思，向她道謝。她說：「賢子，我們是自己人，不用見外的。」

拿到房子以後，一家人聚在一起商量裝修的事。房子原來是帶裝潢修的，十幾年了，有些舊，但湊合也能住。家裡人的意思是，這房子畢竟要爬樓梯，不方便，如果只是住幾年，乾脆別裝修了，省錢省力。我說：「還是拆了重裝潢吧，我們可能要在這裡住好長一段時間呢。」

於是，做水電、鋪地板。在嘈雜的裝修聲中，房子從雜亂無章，開始變得整齊有序，而我自己，也慢慢進行著整理。

我要辭職的事不小心被母親知道了。她們那代人自然很難理解我為什麼要這麼做，尤其在分房這麼重要的關頭上。在苦勸了我幾次無果後，她跟我說了 2 句話。第一句是：

「兒子啊，人這一輩子其實很短的，每個人的得失都是命中註定的。人活著只要開心就好了，如果你覺得開心，那就去做。」

第二句是：「兒子啊，千萬別讓人知道你從浙大辭職了，要

不然那些做心理諮詢的人都不來找你了。」我覺得第二句才是我媽的內心話，所以我記住了第二句。

有一天，我接到一個電話，電話那頭的人說：「陳老師，我們的孩子在大學裡遇到了一些情緒問題，我聽朋友介紹，想來你這兒諮詢。」之前，確實有很多來訪者是因為我在浙大，才慕名來找我。接到這個電話，我的本能反應居然不是問他的孩子出了什麼問題，而是問她：「你知道我從學校裡辭職了嗎？」

「知道的。」她笑了下說：「我們信任你。」原來，他們信任我並不是因為我在學校工作，而是因為我這個人本身。這增加了我一些信心。我還是不知道該寫什麼文章，但我的帳號後台經常會有一些人留言，講他們的困惑。我開始給這些讀者寫回信。

在我寫回信的時候，我經常會假想，給我寫信的那個人就坐在我對面，述說他的苦惱（這些問答的一部分，也放到了前面的章節裡）。從傳播的角度看，這些回信不算成功。大家總是對自己的問題感興趣，很少有人會在乎別人的問題。但我知道，寫信的那個人一定會在乎。

那段時間，放在我枕邊的，是威廉‧布瑞奇斯那本叫《轉變之後》的老書。裡面講了一個故事：

奧德修斯是古希臘的英雄，大名鼎鼎，武功高強。他剛剛打贏了著名的特洛伊戰爭，要率領一幫戰士回家。沒想到，3週的路途卻變成了10年的旅程。他發現，自己越過了生命中一條神秘的邊界。原來習慣的戰鬥模式，忽然都不能用了。

他和船員到一個小漁村去搶酒和食物，卻因為醉酒被一個鄰近的部落抓住，然後他遇到了各種各樣的妖怪，海妖、巨人……

他唯一能做的，就是落荒而逃。

奧德修斯啟程回家的時候有 12 艘船，後來變成了 6 艘，3 艘……快到家的時候，最後一艘船也沉入了海底。他堅持著，抓著木船僅剩的一段殘骸漂到了岸邊。這個偉大的英雄帶著成群的戰艦出發，最後卻只能像一個無助的孩子一樣，抱著一根木頭逃生。他被剝奪了一切，只剩下他自己。

這時候的奧德修斯，不再是一個開疆拓土、意氣風發的英雄，而是一個想著回家的遊子。他身上，有了另一種力量，謙卑和沉著的力量。

我慢慢開始明白，我總希望自己的故事，是一個不斷拓展自己的心理舒適區、克服障礙、獲得成功的故事。也許 3、5 年後它會是，也許還要更長時間。但它首先得是另一個故事：一個從失去中得到的故事，一個在迷茫中沉靜的故事，一個逐漸發現真實自我的故事。真實的自我也許沒幻想的那麼好，但卻讓人踏實。如果我的才能只夠支撐我做一些簡單的事，那就做這些簡單的事，一直做，只要它們有價值。

我很幸運，有家可回。

我就這樣不緊不慢地做著我的事。期間還為一個奇怪的真人秀節目，做了 1 年的心理顧問。腦子裡經常冒出一些想法，靠譜的或者不靠譜的，但我總覺得缺了點什麼。這期間，我也能從自己身上看到一些變化，我變得不那麼糾結了，我的諮詢水準也有所提高。

好幾次，我都覺得自己快要好了，但偶爾陷入的焦慮和沮喪又讓我不得不面對這樣的現實：我並沒有痊癒。

百無聊賴之中，我會問自己：「假如接下來這半輩子只能做1件事了，你想做點什麼呢？」

當然，我會繼續做一名心理諮詢師。可是我究竟想回答哪方面的心理問題呢？

忽然有一天，我想到了。這個答案一直藏在我心裡，隱隱約約，現在它浮現出來了。

如果我的餘生只能用來做1件事，我大概會用來回答怎麼幫助人們從結束的痛苦中走出來，完成轉變，走向新的生活。這個問題首先是我自己的，但它同時也是很多人的。我想起了很多在轉變中迷茫的來訪者。當生活忽然斷裂成兩半，他們被留在生活的斷層中，驚慌失措，無法自拔。以前，我也知道這種轉變的痛苦，但無法感同身受。而如今，我和他們站在了一起。

那一瞬間，我自己經歷的痛苦也有了意義。

我開始做一些嘗試。我在知乎開了場題為「如何結束以及如何開始」的 Live（直播）。它是收費的，每人 39 元人民幣。開始之前，我擔心沒什麼人來，畢竟免費仍是線上的主流。那場 Live 最終來了 1,800 多人，很多人跟我交流他們在生活中遇到的變動和經歷的痛苦。Live 結束後，也有很多人跟我回饋說，他們從這場 Live 中受到啟發。

在我寫下這一段的時候，我希望讀者能夠明白，這件事我也僅僅做了個開頭。我是先把牛給吹了，事還沒怎麼做。也許你們要等讀到我下一本關於轉變的書，才會知道我真正做了些什麼。但是對我而言，這個「開頭」更深刻的含義，是那件讓我一直耿耿於懷、痛苦的事情，終於在我心裡慢慢結束了。

03 成為自己意味著什麼

在浙大的最後一節課，我做了一個演講，跟學生告別。其中有一段話：

辦公室的蠅營狗苟其實也是小事。但我需要辭職，是因為當我屈服於辦公室的蠅營狗苟時，我會在課堂上心虛，在文章裡心虛。我會懷疑自己，懷疑我跟你們講的一些東西。現在我終於可以說，當我說要聽從自己內心聲音的時候，當我說要不斷走出心理舒適區的時候，當我說選擇難是因為不懂捨棄的時候，當我說自由的心很可貴的時候，我是真誠的。我並不知道自己將來會不會成功，至少，在一條容易的路和一條難的路之間，我選擇了一條難的路，因為它自由。這條路未必好走，我去幫大家探探路。

我一直希望自己成為一個有趣的人。你知道，有趣其實是用來對抗世俗的煩瑣和無聊的。要成為一個有趣的人，總要做些不一樣的選擇，付出一些世俗的代價。我也經常懷疑，為這麼小的一點點驕傲，付出這麼大的代價是否值得。好在，有趣本身就是回報。

有時候，黑夜中，我站在陽臺上，看著城市的點點星光，我會想這些有趣的人在哪裡。他們散落在四方，卻彼此確認，像一隻螞蟻看見另一隻螞蟻，一棵小草看見另一棵小草，一個孤獨的旅者看見另一個孤獨的旅者。他們卑微地堅持著自

己的理想，這些理想若隱若現，卻無法熄滅。他們感恩相遇，匯流成河。他們是這個世界的鹽，讓生活有味道。

多年以後，回頭來看這一段話，我會選擇把那些一時激憤下的英雄主義情結去掉。我還是真誠的。只是我的學生和讀者並不需要我用這樣的方式現身說法，他們有他們自己的生活。

我這麼做，也並不是為了他們。一方面，我仍然堅信，最重要的選擇從來不是以利益理性計算的，它的作用在於塑造我們自己，讓我們確認自己所珍視的價值觀，知道自己是什麼樣的人。另一方面，我也不想誤導那些面臨選擇的年輕朋友。尊重常識很重要，因為它是很多人人生經驗的累積。在從浙大辭職這件事上，我有很多地方做得不成熟。如果你只看到「要勇敢地做不一樣的選擇」，那估計你很快也要去回答那個「現實生活中有哪些被雞湯害了的例子」的問題了。

我學到的真正重要的東西，是即使痛苦的變動來臨了，它也不是世界末日。你仍然能從失去中得到很多。得到什麼呢？大概是，你會發現，那些構成「常識」的規則開始在你的身上鬆動了。「住好房子很重要」、「有一個好的發展平台很重要」、「升職加薪很重要」、「當上 CEO，迎娶白富美很重要」，這些論斷都是對的，但也並非必須如此。

常識應該成為幫助我們決策的利器，而不是限制我們生活的枷鎖。當你能這麼看待常識和規則的時候，你既不需要在明明感覺受限的情況下，為了安全感而死死地墨守成規，也不需要用反抗常識來彰顯自己的勇敢和與眾不同。你會變動得更加靈活

和自由。

　　而有時候，人正是借由失去獲得成長。這可能是因為，我們的心理結構會在失去和變動中重組。而有時候，新的心理結構會變得更有智慧，更能容納失去，也更能適應新的現實。

　　在做完那場知乎 Live 後，我收到了一封讀者來信。信是這麼寫的：

海賢老師：

　　您好！

　　我是參加了「如何結束以及如何開始」知乎 Live 的一位「知友」。很遺憾報名晚了只能買到「站票」，沒有機會發言。我內心深處覺得必須給您寫這一封信，告訴您您所做的工作對我生活的影響。

　　過去幾年，我的生活發生了重大的改變，一開始我覺得一切過去就過去了，要堅強地往前走。可是一切卻沒有按照預料的進行。我在不斷地自責、自我否定，生活陷入了膠著。

　　最終我走出來了。而您的 Live 內容就是我過去 1 年生命經歷和個人體會的印證和提煉。我 20 多年來一直是「別人家的孩子」，一路順風順水。以前受到的學校教育都是遇到事情要樂觀、堅強，勇往直前。而在經歷了過去一系列變故以後，這套 mindset（思維方式）卻讓自己吃盡了苦頭。您不知道，我聽到有人說「失戀有它的節奏」、「迷茫期的必然性」這些話的時候，覺得自己的痛苦和疼癒終於被理解、被看見，因而感動和欣喜。

原來，傷心、難過是正常的；原來，迷茫期是必然的。而我過去 20 多年的人生經歷，從來沒有師長告訴過我這些。

在我過去的一段「迷茫期」，如您所說，我的生命裡確實長出了全新的東西。其中最寶貴和神奇的經歷就是，我能夠靜下心來看以前看不下去的文學作品了。我在自我懷疑、自我否定，遠離人群的時候，看到有人把這種痛苦、掙扎還有可能的救贖訴諸文字，就覺得自己一點都不孤單了。我的清單裡有那麼 2 本書特別契合您所講的內容，一本是村上春樹的《沒有色彩的多崎作和他的巡禮之年》；另外一本是里爾克的《給青年詩人的信》，這本書的很多論述，簡直就是對「轉變和重生」這一主題最詩意的闡述。

就讓我跟您分享《給青年詩人的信》裡的幾個段落，作為這封信的結束吧。

「我們怎麼能忘卻那各民族原始時都有過的神話呢，惡龍在最緊急的瞬間變成公主那段神話；也許我們生活中的一切惡龍都是公主們，她們只是等候著，美麗而勇敢地看一看我們。也許一切恐怖的事物在最深處是無助的，向我們要求救助。

親愛的卡卜斯先生，如果有一種悲哀在你面前出現，它是從未見過的那樣廣大，如果有一種不安，像光與雲影似的掠過你的行為與一切工作，你不要恐懼。你必須想，那是有些事在你身邊發生了；那是生活沒有忘記你，它把你握在手中，它永遠不會讓你失落。

……病就是一種方法，有機體用以從生疏的事物中解放

出來；所以我們只須讓它生病，使它有整個的病發作，因為
這才是進步。親愛的卡卜斯先生，現在你自身內有這麼多的
事發生，你要像一個病人似的忍耐，又像一個康復者似的自信；
你也許同時是這兩個人。並且你還須是看護自己的醫生。但是
在病中常常有許多天，醫生除了等候以外，什麼事也不能做。
這就是（當你是你的醫生的時候）現在首先必須做的事。

　　……關於我的生活，我有很多的願望。你還記得嗎，這
個生活是怎樣從童年裡出來，向著『偉大』渴望？我看著，
它現在又從這些偉大前進，渴望更偉大的事物。所以艱難的
生活永無止境，但因此生長也無止境。」

　　所以艱難的生活永無止境，但因此生長也無止境。

　　海賢老師，謝謝您的分享。我知道最近您的事業、生活
也有一系列轉變，在這個過程裡，希望您知道，您所做的工
作，對我心智的成長、生活的重建有過深刻的影響。生命影
響生命，沒有比這更美好的事情了。

　　祝一切順利。

　　「生命影響生命，沒有比這更美好的事了。」以前上「幸福
課」，總有人問我：「你幸福嗎？」我一般都會支支吾吾地說一
些類似「幸福其實有很多定義啦」、「幸福其實是一個過程啦」
之類的答案。但如果此刻有人問我這個問題，我大概會說：「是
的，我現在很幸福。」我也深知，這個答案並不是一個靜止的終
點，而是一段旅程新的開始。但對於這個新的開始，我充滿感激。

　　我有能住的房子，雖然有些老，但它很方便，還有一個能讓

我安靜讀書和寫作的大大的書房！我有和睦的家庭、可愛的女兒、親愛的朋友、那些信任我的來訪者，最重要的是我有一件對我自己、對他人都很有意義的事情要去做。這件事讓我對自己應該做什麼、不該做什麼有了判斷，它讓我不那麼在意別人的評價，也不需要著急做成什麼來證明自己。

我很幸運。生活給予我的，已經超出了我的期待。

我的生活仍在繼續。有時候我也會好奇：我希望自己的故事會怎麼結尾？我想起知乎上有人問過一個問題：老的感覺是什麼樣的？

「知友」YannF 這樣描述她遇到的一位老教授：

「一頭銀髮，看不出年齡，我猜是 60 多。他戴著助聽器，有時仍無法聽清學生的發言，會道歉，請學生再說一次，側耳認真傾聽。

他的父親曾經有一家規模為 500 人的公司，在大蕭條時期，生意一點一點萎縮，家裡漸漸付不起莊園的地稅，從賣地到賣公司的辦公桌椅。

他經歷過富裕，經歷過貧窮，中年時開辦過公司，至今打理著慈善，失去過愛妻，重組過家庭⋯⋯

後來，他精神矍鑠，兩眼有光，站在講台上，解析書中的理論，分享親身經歷。

他眼中的光和每一個學生望向他的眼神，讓我知道，經歷、得失、意義終融於時光，積累為人生，它僅屬於你，獨一無二。」

我所期待的故事結尾，正如這位老人的，無論多老，兩眼有光。我並不需要賺很多錢，取得很大的成功，我只需要在我的位

置，自在而豐富。不去追求能力之外的名聲，也不放棄讓自己成長的機會。腳踏實地，投入地生活。在痛苦和歡笑中，體驗命運給予我的一切。

結束、迷茫、重生，生活就在這樣的循環中，滾滾向前。但我希望，結束對於我，對於你，對於我們所有的人，也都是一個新的開始。祝你好運。

FIND YOURSELF AGAIN

思考
與
實踐

FIND YOURSELF
AGAIN

🧩 試一試

1. 與過去告別

如果你處在轉變中，可以試著做這樣的儀式：

（1）找一個夜晚，在一個安靜的空間裡，把燈光調暗一些，如果你想點一支蠟燭，也可以。

（2）找一個你想告別的那段時光裡的某樣東西。這個東西可以是1張相片、1本書，或者1個紀念品。一個能代表那段舊時光，又能觸發你情感的東西。

（3）想一想，你要告別那段舊時光裡的哪些東西？人物、事情、環境、身分⋯⋯

（4）跟這個東西道別。你可以跟它說：「嘿，現在我就要跟你告別了。我要慢慢轉向新的生活了。」或者任何其他你想說的話。

（5）用牛皮紙信封或包裝袋把它包裝好，收藏起來。

2. 畫一條生命線

畫一條從出生到現在的生命線。

出生 ━━━━━━━━━━━━━━━━━━━➤ **現在**

在這條生命線上，標注你生命中發生重要轉變的時間點。在每個時間點寫下這幾個問題：

(1) 那個轉變發生在什麼時候？

(2) 它是如何結束的？又如何有了新的開始？

(3) 這個轉變對你的意義是什麼？

(4) 你是怎麼經由這個轉變，成為今天的自己？

3. 從 90 歲回想現在的你自己

現在，閉上眼睛。想像一下，你已經 90 歲了。你的皮膚布滿了皺紋，你的頭髮也早已花白脫落。你躺在院子裡的搖椅上曬太陽，陽光很溫暖。你已經經歷了人生的大起大落，安享晚年。人生的謎底，已經揭開。

現在，你想回顧自己的一生。你想起了很多年前，正做這個練習的你自己。從 90 歲看來，現在的你，風華正茂。90 歲的你，會怎麼看你現在的生活呢？

他會覺得，你應該沿著現在的路徑一直向前，還是需要有一些改變？

他會怎麼看你現在的困惑呢？是非常滿意、充滿同情，還是有些不耐煩？

他會鼓勵你冒更多的風險，還是希望你珍惜已經擁有的一切，不再經歷無謂的動盪呢？

如果你已經有了答案，深吸一口氣，慢慢地睜開眼睛，回到當下。怎麼樣？那個 90 歲的你，跟現在的你說了什麼嗎？

我想問你

（1）假如剝離一切身分、角色、社會地位，你會怎麼描述你自己？

（2）你人生最迷茫的階段是在什麼時候？你是如何從中走出來的？

（3）在什麼時候，你曾強烈地渴望自己從那時的環境、角色或關係中擺脫出來？後來呢？

（4）你在轉變中經歷過哪些迷茫、脆弱的時刻？你是怎麼走過來的？

（5）你覺得自己現在需要經歷一些轉變嗎？假如要經歷轉變，你最擔心的事情是什麼？最期待的事情又是什麼？

❓ 你也可以問自己

（1）回想生命中經歷的最重要的轉變。為什麼這個轉變在那時候發生了？為什麼它發生在我身上？（如果你現在正經歷轉變，為什麼是現在？）

（2）在這個轉變中，我最不想結束的人或事是什麼？為什麼呢？

（3）最終，它是如何結束的，又如何迎來了新的開始？

（4）在轉變的過程中，我捨棄了什麼，又獲得了什麼？

（5）這個捨棄和獲得對現在的我來說，分別意味著什麼？

　　看最後一章的心情是最複雜的。這一章有我很重要的人生故事，記錄了我從學校辭職，在巨大的失落中開始尋找新自我的旅程。一方面，我很高興自己把它記錄下來了。太濃烈的情緒很難持久，如果沒有記錄，今天我恐怕已經忘了所有的細節，只記得故事的梗概。另一方面，我也很抗拒讀它。我有一種成年後讀初中日記的羞愧，總覺得那些強烈的失落反映的是我還不夠成熟，因此沒有必要。

　　我也很猶豫該怎麼處理這一章。當然，現在我可以把它寫得更好。從最初寫下這些文字的 2016 年到現在，這 7 年我又取得了一些進步。我可以把這些進步補充進去，來把這個轉變的故事講得更完善、更光鮮。我可以弱化我的掙扎和困惑，替換掉那些讓我顯得「小」的描述，進而讓我顯得更成熟、豁達。

　　可是最後我決定，我不改它。一個字都不改。因為這些文字既是我個人的故事，也是用來幫你理解轉變的素材。離轉變越近，轉變所含的資訊越真實，你也越能看清轉變真實的模樣。

這本書初版時，有很多正經歷重要人生轉變的讀者告訴我，這一章對他們的幫助很大。我猜一個很重要的幫助，就是他們從我的轉變故事中，看到了失落和慌亂，覺得他們自己的失落和慌亂也被理解了。我保留了這些失落和慌亂，就是想告訴你，重要的轉變，從來不是一個圓滿的故事。至少發生的時候它不是。**圓滿，那是多年以後重新整理的結果。**

　　我想把這個故事的不完美保留下來，同時保留的還有我當時講這個故事的方式。從那裡，你可以看到我走出失落的努力、為自己創造意義的掙扎和「想告訴所有人我已經走出來了，卻又懷疑自己是不是真的做到了」的猶疑。

　　在轉變期，你需要為自己講一個故事，來幫助自我完成轉變。我不想掩飾和修改故事原來的版本，是因為我相信，你也會面臨故事不夠圓滿的難題。所以，現在，我不僅不修改它，還要把這個故事的破綻講給你聽。

　　這個故事的破綻之一，是我可能誇大了做出這個選擇的英勇程度。正如我所描述的，離開學校並非計畫中的決定，多少有點負氣出走的衝動。如果按原來的計畫，我應該是會等分好房子再走——可能就一直都不會走了。

　　現在我知道了，**並不是所有的轉變都是理性計畫的產物。轉變經常是包含衝動的。甚至很多轉變，是從逃跑開始的。**逃跑算不上英勇，可是它也有用。

　　很多人會想，是不是因為我的轉變是從衝動開始的，所以我做了錯誤的選擇？我不這麼覺得。在轉變期，有時候衝動是一種美德。在人們習慣緩解矛盾，維持現狀的時候，轉變中的衝動以

擴大矛盾、加劇衝突的方式，來幫你完成艱難的脫離。

和其他的轉變相比，我的轉變有艱難的地方，也有容易的地方。艱難的地方，是因為我所放棄的東西實在太巨大。如果不是利用那種衝動，我很難完成脫離。可是也因為那種衝動，我很難消化它。容易的地方，是因為我一直在為自己找一條後路。從浙大離開之後，我又去一個高校短暫停留了一段時間，對後來去的學校，我一直抱有歉意，我並沒有真心想留在那裡，而是把那裡當作一個過渡期的容器，在培育新自我的同時，又不需要為自己的生計發愁。其實那跟生計無關，跟我的恐懼有關。我需要一個這樣的容器，來累積我的安全感。

我想用這個破綻告訴你，**在轉變期有恐懼很正常**。也許現在看起來這些恐懼不算什麼，可是對身處轉變中的人，每向前一步，所面臨的恐懼都很真實。並不是你有這些恐懼，你就不夠勇敢，相反，正是這些恐懼襯托了你的勇敢。如果你也能找到一個容器來培育新自我，用它。也並不是你衝動了或者退縮了，就走了彎路。**轉變沒有彎路，重要的是按你自己的節奏往前走。**

這個故事的破綻之二，是我和浙大的關係。現在我理解了，當時的那種失落是什麼。除了失去，那是一種被放逐的感覺。無論是主動離開，還是被動離開，那個你嚮往的光榮部落已經不屬於你了。可你還是千方百計地想要跟它聯繫在一起。轉變就是這樣，你離開了一個曾經保護你的部落，孤身一人來到荒野，重新尋找新的部落。你想告訴別人，你曾經是那個光榮部落的一分子。可是在別人看來，你不過就是一個流浪漢。

我現在也有些懷疑，我總說自己當年在浙大開了一門口碑還

不錯的課，是不是有些誇大。當然它還不錯，但也只是一門不錯的課而已。談不上對學生有多大影響，其實也沒有那麼好——至少沒有我後面做的課好。我說起它，更多反映的是那時候我想要透過強調跟這個學校的聯繫，來往自己臉上貼金。

那時候我還需要這些，臉皮又薄，經常為此羞愧。現在不需要了，反而放下了。我原來的那種做法，算是蹭學校的名聲嗎？也許算吧。可是那是我的經歷，我並沒有虛構它。現在每次遇到有人批評某個學生蹭學校的牌子，敗壞了學校的名聲，我就會覺得，學校應該高興才對。他們應該這樣想，哎呀媽呀，謝天謝地，我總算為學生做了一點好事！要不然呢？

在轉變期，當一個人脫離一個組織時，他很容易仰視它。這是放逐感的來源。等你的自我慢慢長大了，你就會獲得一種更平等的態度。比如說母校吧，如果它以你為榮，那你也可以以它為榮，挺好。從神話的角度看，一些著名高校代表著神聖部落，這種神聖性是無數優秀校友的傳奇共同締造的。可萬一母校對你不以為意，或者不幸以你為恥了，那你最好也能以它為恥。其實學校不會以你為恥，以你為恥的是學校裡的一些人，他們功利而不自知，最喜歡宣揚和成功校友的聯繫，而恨不得抹去不那麼成功的校友的痕跡。你當然有理由以它為恥。

我想透過這個破綻告訴你，**在轉變期，利用所有你能利用的資源**。不要在意別人的目光，尤其是那些看不起你的人的目光，哪怕他們看起來更強，聽起來更正確，代表更多的人。有些時候，你在意的不是別人的目光，而是你想像中的別人的目光，那也沒關係。你看自己的目光，也可以改變。自我轉變是你要走的路，

你走得好不好跟別人無關，只有你能走好它。

這個故事的破綻之三，是我太想給自己一個已經走出來的光明結尾，以至於當時那個結尾，看起來有點「小」了。比如文中我說的當時幾千人參加的自我轉變主題的知乎 Live，這跟後來我在得到 App 開設的，有近 20 萬人參加的「自我發展心理學」課程，和以此為藍本並銷售了近 50 萬冊的《了不起的我》相比，實在不算什麼。

我知道當時為什麼這麼講，我需要有一個看起來成功一點的情節，來告訴自己，我已經找到了這段經歷的意義，也讓它變成了我人生重要的資源。我沒想到，更站得住腳的情節，還需要我再稍等幾年。

這其實算不上破綻。那時候一點點小小的進步，我也願意賦予它深刻的意義。我需要牢牢地抓住它，來告訴自己，我已經走出來了，有了一個新的開始。

我為什麼要分享這個故事的破綻？不是為了顯示我的坦誠。我只是想透過我的例子，跟你分享轉變期的某種心理規律。在轉變期，我們都會努力為自己構建一個故事，來理解轉變的意義，為自己尋找出路，來克服迷茫和焦慮。這是對的。不用執著於轉變故事的圓滿。不要因為擔心自己的故事不夠圓滿，而害怕講它。不要害怕故事的破綻。情節會被補上，破綻會被修復。故事是講著講著，才逐漸平順和完整的。

我曾遇到一個來訪者，遭遇了職場的 PUA（玩弄對方感情的人）。她的老闆既保護她，又控制她，讓她很不適。

她鼓起勇氣脫離了這段關係，卻總後悔自己是不是因為一時

衝動而錯過了職場的重要機會。所以有一次，她實在沒忍住，又去找前老闆，問能否回去。前老闆非常簡單粗暴地拒絕了她，並痛斥她利用了自己。那時候，她痛苦極了。她的痛苦不僅在於前老闆的拒絕，還在於她因為去找他而失去了一個故事。原本就算再痛苦，她可以跟自己說，這是一個透過英勇反抗前老闆，來擺脫一段不適合的關係的故事。而現在，它變成了一個軟弱的自己做出衝動決定，後悔了卻又被拋棄，再也回不去了的故事。

我問她：「你想過前老闆會拒絕嗎？」她說：「當然，以我對他的了解，他一定會。」

我說：「在我眼裡，那仍然是一個英勇反抗的故事。從你決定離開前老闆，它就是這樣的故事了。你去找前老闆，只是不想再後悔、糾結，透過讓自己碰壁，來斷了自己的念想。」

誰說不是呢？轉變是很艱難的，它充滿了混亂、反覆、糾結，沒有乾脆俐落的離開，也就沒有容易的走出來。如果有這樣一個故事能幫你完成轉變，講那個故事。講那個對你有利的故事，而不是讓你無力的故事。

現在回想我自己當初講的故事，我更清晰地看到了這一點。即使有這麼多破綻，我仍然覺得，它是一個傳奇。我驚嘆自己當時的勇氣，也讚嘆人生的神奇。當我離開部落去遠方尋找自己，慢慢成為自己想要成為的樣子，我更理解了轉變的歷程和它的意義。它也深刻地影響了我所做的事情。我做了一個關於自我轉變的訓練營，來幫助人們實現自我的轉變。不久的將來，我還會專門寫一本關於轉變的書，把我所知道的關於轉變的知識和故事，講給你聽。

但我對轉變的艱難仍心有餘悸。每次聽到學員講他們要離開原有的工作和關係，去尋找新自我，我都會驚一下。尤其當他們講，他們走上這條路，是受了我的影響。因知其艱難，我更會慎重。我會問他們，轉變真的是一條走得通的路嗎？有沒有別的路可走？是真的到了需要轉變的時候了嗎？我也會問自己，當我要把轉變的規律教給別人的時候，我的道路所印證的究竟是普遍規律，還只是因為我自己運氣不錯，獲得了一些重要的機會？萬一我混得不好，會不會對當初的決定又有不同的看法？

當我這麼問自己的時候，我知道了答案。我心裡相信，它絕對不只是因為運氣。我所歸納的道路，就是普遍規律，因為我從自己的成長、學員的回饋和很多人的成長軌跡中，不停地看到它。

最後，也許最不重要的，是我後來又買了一間新房子。比原來學校的更好、更大，很巧的是也在學校旁邊。這不是有意為之的補償，實在是因為我愛人喜歡的一個社區恰好就在那兒。這種巧合作為現實並不重要，但作為隱喻，它又很重要。它告訴我，你曾經失去的東西，會從別處得到。你會得到的比失去的更多，那是這條自我轉變之路給你的嘉獎。

同樣重要的還有故事。現在，我又為你講了一個新故事。現在，這個新故事又有了一些新的情節。但它也遠遠沒有結束，有的只是不斷展現的新的開始。

祝你找到屬於你的人生故事。

重新找回自己

不完美也沒關係！你不用活成別人眼裡的 100 分

作者：陳海賢

總編輯：張國蓮
副總編輯：周大為
責任編輯：李文瑜
封面設計：謝仲青
版面設計：楊雅竹、黃慈玉 (特約設計)

董事長：李岳能
發行：金尉股份有限公司
地址：新北市板橋區文化路一段 268 號 20 樓之 2
傳真：02-2258-5366
讀者信箱：moneyservice@cmoney.com.tw
網址：money.cmoney.tw
客服 Line@：@m22585366

製版印刷：緯峰印刷股份有限公司
總經銷：聯合發行股份有限公司

初版 1 刷：2024 年 5 月

定價：420 元
版權所有 翻印必究
Printed in Taiwan

本書繁體版由四川一文化傳播廣告有限公司代理，經
中南博集天卷文化傳媒有限公司授權出版。

國家圖書館出版品預行編目（CIP）資料

重新找回自己：不完美也沒關係！你不用活成別人眼裡的 100 分
= Find yourself again/ 陳海賢著 . - 初版 . - 新北市：金尉股份有
限公司 , 2024.05
　面；　公分
ISBN 978-626-98574-2-5(平裝)

1.CST: 自我肯定 2.CST: 自我實現

177.2 113006507

Money錢

Money錢